MAGIE INDIENNE

DU MÊME AUTEUR
CHEZ POCKET

Apparition
Démences
Le démon des morts
Le Djinn
Le jour J du jugement
La maison de chair
Le maître des mensonges
Le miroir de Satan
La nuit des salamandres
Le portrait du mal
Les puits de l'enfer
Rituel de chair
Tengu
Transe de mort
Le trône de Satan
Sang impur
Hel
Les visages du cauchemar
Walhalla
Les escale du cauchemar
Magie vaudou
Magie maya

Trilogie de Manitou

Manitou
L'ombre du Manitou
La vengeance du Manitou

Trilogie des Guerriers de la Nuit

Les guerriers de la nuit
Les rivages de la nuit
Le fléau de la nuit

COLLECTION TERREUR
dirigée par Patrice Duvic

GRAHAM MASTERTON

MAGIE INDIENNE

POCKET

Titre original :
TOOTH AND CLAW

Traduit de l'anglais
par François Truchaud

Si vous souhaitez recevoir régulièrement
notre zine « **Rendez-vous ailleurs** », écrivez-nous à :

« Rendez-vous ailleurs »
Service promo Pocket
12, avenue d'Italie
75627 PARIS Cedex 13

PRESSECO

PAPIER RECYCLÉ
NATURE PROTÉGÉE

ISBN 2-266-08721-5

1

Il sortit de la cuisine et aperçut son grand-père, mort depuis belle lurette, assis dans le fauteuil vert de l'autre côté du séjour. Son grand-père portait les mêmes vêtements qu'il avait portés la dernière fois que Jim l'avait vu : manches de chemise retroussées et paire de bretelles rouge foncé. La lumière du soleil de ce début d'après-midi donnait à ses verres de lunettes l'éclat des pièces de monnaie polies. Enfin, sa moustache jaunie par le tabac était hérissée tel un balai-brosse.

— Salut, Jim. Alors, ça va ?

— Grand-père ? s'exclama Jim.

Il tenait une boîte de Schlitz dans une main et un sandwich au gruyère dans l'autre. Sa chatte écaille de tortue se glissa entre ses chevilles et faillit le faire trébucher.

— Qu'y a-t-il, mon garçon ? sourit son grand-père. On dirait que tu as vu un fantôme !

Jim posa sa bière et son sandwich, puis il s'approcha de son grand-père jusqu'à ce qu'il se tienne suffisamment près pour le toucher. Néanmoins il ne le toucha pas. Il n'était pas très calé sur les apparitions, mais il en savait suffisamment pour réaliser que s'il y avait le moindre contact physique entre eux, son grand-père disparaîtrait sur-le-champ. Les apparitions étaient seulement de la lumière et des souvenirs, mélangés.

Le soleil brilla sur le visage de son grand-père et éclaira ses yeux gris-vert, les rides de son cou, ses cheveux blancs coupés court comme ils l'avaient toujours été par le coiffeur de Main Street, à Henry Falls. Il avait le même grain de beauté foncé sur sa lèvre supérieure.

— Tu n'as pas besoin d'être inquiet, mon garçon. Je suis juste venu te faire une visite amicale. J'ai pensé que nous pourrions parler des jours anciens, et peut-être aussi des jours nouveaux.

Jim appuya sa main sur sa poitrine. Sa bouche était aussi sèche qu'une litière pour chats, et son cœur battait à grands coups.

— Je n'avais jamais imaginé que je te reverrais un jour, dit-il. Pas ici dans mon appartement, en tout cas. Ni que je te parlerais.

— Tu as reçu le don, Jim. Tu peux voir n'importe qui, les vivants comme les morts. Tu sais cela.

— Je dois m'y faire, c'est tout, lui dit Jim. Puis : — Ecoute... tu veux une bière ?

Son grand-père secoua la tête d'un air triste.

— Etre ici, c'est tout ce que je peux faire, avoua-t-il, et ce n'est pas facile. Une bière... bah, c'est un plaisir du passé !

Jim tira l'autre fauteuil, marron et délabré, et dont la bourre de mousse de plastique jaune tentait de s'échapper aux endroits où le tissu était le plus usé.

— Bon, raconte, dit-il. C'est comment ? Tu vois toujours grand-mère ? Enfin, ça ressemble au paradis, ou quoi ?

Son grand-père sourit.

— Je pense qu'on pourrait dire que c'est le paradis, dans un sens. Chaque jour est différent. Parfois tu te réveilles et tu as neuf ans, et c'est l'été, et le soleil brille. Parfois tu te réveilles et tu es vieux et malade, la pluie ruisselle sur les vitres, et tu voudrais être à même de mourir une seconde fois.

— Et grand-mère ?

Le vieil homme secoua la tête.

— Je ne la vois pas très souvent. Tu comprends, ce que tu fais lorsque tu es mort, c'est essayer de toutes tes forces de régler les affaires pendantes, les choses que tu n'as pas pu faire quand tu étais vivant, en fait les choses que tu n'as pas *réussi* à faire.

— Qu'est-ce que tu n'as pas réussi à faire, grand-père? lui demanda Jim. Tu étais le grand-père le plus merveilleux que l'on puisse souhaiter avoir.

— C'était tes yeux d'enfant, Jim. Lorsque j'avais neuf ans, je n'ai pas réussi à collectionner suffisamment de dessus de boîtes de Ralston's pour avoir un revolver Tom Mix. Lorsque j'avais dix-neuf ans, la fille que j'aurais dû épouser m'a laissé tomber pour le héros de l'équipe de football du collège. Quand je travaillais à la General Electric, un avancement m'a été refusé à trois reprises.

— Tu essaies de te faire passer pour une sorte de raté. Tu n'as jamais été un raté. J'ai toujours pensé que tu étais un gagnant.

— Tu pensais vraiment cela? demanda son grand-père d'un ton grognon mais manifestement ravi.

— Et je continue de le penser. De plus, maintenant que tu es mort... quelle différence cela peut faire?

— La différence, c'est que je ne peux plus te toucher, mon garçon. Je ne peux pas te serrer dans mes bras, comme j'aimerais le faire. Mais je peux faire la chose suivante. Je peux te mettre en garde.

— Me mettre en garde?

— C'est la moindre des choses que les morts puissent faire pour les vivants. Les morts peuvent voir au-delà du tournant, pour ainsi dire... voir ce qui vient.

— Et qu'est-ce qui vient, grand-père?

Son grand-père s'humecta les lèvres, comme le font les hommes âgés.

— Cela vient de l'est, quoi que ce soit. C'est sombre, et c'est très vieux, et c'est *hérissé*, si tu vois ce que je veux dire. Cela ressemble plus à un animal sauvage qu'à un homme, mais c'est rusé, comme un homme, et cruel, comme un homme.

— Bon sang, qu'est-ce que c'est ?

— Je ne vois pas cette créature distinctement, autrement je te le dirais. Mais je te préviens, mon garçon, elle vient très vite, et lorsqu'elle sera arrivée ici, bien des gens souhaiteront ne jamais avoir vu le jour !

Son grand-père n'en dit pas plus — il ne voulait pas en dire plus, ou ne le pouvait pas. Jim demanda « quoi ? » et « quand ? » et « d'où cela vient-il ? » mais son grand-père leva les mains parce qu'il n'en savait rien, tout simplement.

Ils bavardèrent un moment encore, tandis que le soleil se déplaçait petit à petit sur les épaules de son grand-père. Ils parlèrent des après-midi où ils allaient se baigner dans la mare à proximité de la maison de son grand-père. Ils parlèrent de la fierté et de la joie de son grand-père, sa berline Pontiac Streamliner de 1947, écarlate et crème, que Jim astiquait jusqu'à ce qu'elle donne l'impression de sortir tout juste du magasin d'exposition. Ils parlèrent football... puis Jim consulta brusquement sa montre et s'exclama :

— Nom d'un chien... j'ai déjà vingt minutes de retard ! West Grove rencontre Chabot cet après-midi, et l'un de mes élèves a constitué l'équipe.

— Alors tu ferais mieux d'y aller, dit son grand-père.

Il se leva et tendit les mains comme s'il voulait donner à Jim une dernière étreinte d'adieu.

— J'espère que tes garçons seront à la hauteur.

— Je te reverrai ? lui demanda Jim.

— Je n'en sais rien... les choses ne sont pas exactement les mêmes lorsque tu es mort. Disons qu'elles sont moins prévisibles.

Il marqua un temps, puis il ajouta :

— Tu n'oublies pas ma mise en garde, d'accord ? Aie l'œil ouvert. Aie l'oreille aux aguets. Tu entendras peut-être cette créature avant de la voir !

— Au revoir, grand-père, dit Jim, et il n'essaya pas de dissimuler les larmes dans ses yeux.

Son grand-père se retourna, et comme il se retournait, il disparut, aussi immédiatement que s'il avait franchi la porte. Jim demeura immobile, fixant l'endroit où son grand-père s'était tenu, puis le félin qui répondait jadis au nom de Tibbles sauta sur l'accoudoir du fauteuil près de lui et de sa tête lui caressa la main.

— Je suppose que tu veux manger, insatiable boule de poils, lui dit-il. Ensuite il faut que je file. Russell ne me le pardonnerait jamais si je n'assistais pas à son premier match.

Il se gara à proximité du terrain de football du collège en faisant crisser ses pneus comme un vrai chœur d'opéra, et sa SST Rebel de 1969 laissa échapper une double pétarade retentissante. Il avait plus de vingt minutes de retard, et fut surpris de constater que le match contre Chabot n'avait pas encore commencé, et que élèves et parents attendaient impatiemment aux abords du terrain. Il descendit de sa voiture et se fraya un chemin à travers la foule jusqu'à ce qu'il aperçoive Ben Thunkus, l'entraîneur de l'équipe de West Grove. Ben était courtaud et râblé, et sa tête aux cheveux coupés ras ressemblait à l'un de ces morceaux de cartilage que l'on essaie de cacher sous sa salade. Il parlait à plusieurs garçons de son équipe, dont Russell Gloach. Tous semblaient consternés et désorientés, et ils étaient toujours en jeans et T-shirts.

— Que se passe-t-il ? demanda Jim. Vous avez déclaré forfait, ou quoi ?

— Vous n'allez pas le croire, mais il y a eu un acte de vandalisme, répondit Ben. Quelqu'un s'est introduit par effraction dans les vestiaires et a déchiré toutes les tenues. Et merde, même les casques ont été brisés !

— C'est une plaisanterie ! Quand cela s'est-il passé ?

— Nous ne le savons pas. Ce matin, probablement entre onze heures et onze heures un quart. Je suis furieux. Croyez-moi, je suis fou de rage !

— Vous savez qui a fait ça ?

— Quoi ? Godzilla, bien sûr ! Quand vous verrez les dégâts !

Martin Amato, le capitaine de l'équipe, déclara :

— Les joueurs de la deuxième équipe vont nous prêter leurs tenues. Le problème, c'est ce que ces tenues sont chez eux, dans la machine à laver, ou bien dans le coffre de leurs voitures, chiffonnées et empestant la sueur. Vraiment *dégueu* ! Et cela va nous prendre au moins une heure pour être prêts.

Martin était très grand, beau garçon, la mâchoire énergique. Il avait des cheveux blonds frisés, des yeux marron foncé, et une élocution délibérément lente. Il ne brillait guère par son intelligence, mais c'était l'un des meilleurs capitaines que West Grove ait jamais eus ; et si les autres joueurs avaient été aussi athlétiques que lui, ils auraient probablement gagné tous leurs matches. Les choses étant ce qu'elles étaient, les joueurs de l'équipe de football du collège de West Grove étaient surnommés « Les Empotés ».

— Quelqu'un a prévenu la police ? demanda Jim.

— Hon-hon, grommela Ben. Je ne pense pas que le docteur Ehrlichman ait très envie de voir la police débarquer ici durant le match !

— Dans ce cas, je ferais mieux d'aller voir ça par moi-même. Bonne chance pour le match, Martin, si je ne te revois pas d'ici là. A toi aussi, Russell.

Russell Gloach adressa à Jim un salut amical. Russell était l'élève le plus gros de la Classe Spéciale II, presque cent vingt-cinq kilos, et il avait bataillé durant tout l'été pour réduire sa consommation de gâteaux et de hamburgers afin d'être suffisamment en forme pour être pris dans l'équipe de football. Il était encore trop lent, mais Martin l'avait sélectionné en raison des efforts surhumains qu'il avait déployés pour s'entraîner, et parce qu'il avait la capacité d'obstruction d'un petit mur.

Tandis que Jim se dirigeait vers les bâtiments du collège, il faillit entrer en collision avec le Dr Ehrlichman, le principal, qui retournait en hâte vers son bureau. Le Dr Ehrlichman portait un costume en coton gaufré blanc cassé, et il semblait aussi agité que le Lapin Blanc d'*Alice*.

— Docteur Ehrlichman ? Je viens d'apprendre ce qui s'est passé dans les vestiaires.

— Excusez-moi, Jim, mais je n'ai pas le temps. J'attends un appel téléphonique très important.

— Ben Hunkus m'a dit que vous n'aviez pas prévenu la police ?

— Je préfère que nous menions notre propre enquête d'abord. Dieu sait que nous avons trop souvent fait appel à la police ce semestre ! Nous devons penser à la réputation du collège.

— Oui, docteur Ehrlichman, m'est avis que vous avez raison.

Jim franchit la porte à double battant qui donnait sur les vestiaires des garçons. Il y avait quelques élèves dans le couloir, mais les vestiaires étaient gardés par l'agent de la sécurité du collège, M. Wallechinsky, engoncé dans son uniforme marron. Il bloquait l'entrée, ses bras charnus, rougis par le soleil, croisés sur sa poitrine.

— Monsieur Rook ?

— Comment allez-vous, monsieur Wallechinsky ? Je viens jeter un coup d'œil.

— Je vous préviens, monsieur Rook, vous allez être affligé !

— Est-ce que vous savez comment cela s'est passé ?

M. Wallechinsky secoua la tête.

— Jusqu'à onze heures, tout allait bien. Une demi-heure plus tard, quelqu'un avait réussi à transformer ces satanés vestiaires en une véritable zone sinistrée !

— Personne n'a rien entendu ? Cela a certainement dû faire un boucan de tous les diables.

— Personne n'a rien *entendu*. Personne n'a rien *vu*. La dernière personne que l'on ait aperçue à proximité des vestiaires, c'était l'une de vos élèves, cette Peau-Rouge.

— Une Indienne, monsieur Wallechinsky, si cela ne vous dérange pas.

— Oh, voyons, monsieur Rook, les noms, quelle

importance ? Je suis un Polak, d'accord ? Vous pouvez me traiter de Polak, si vous voulez. Je me fiche complètement des noms.

— Néanmoins, Catherine Oiseau Blanc est une Indienne. Ou une Navajo. Vous avez le choix entre ces deux noms.

Il marqua un temps, puis il demanda :

— Qu'est-ce qu'elle faisait ici ? Vous l'avez interrogée ?

— Bien sûr. Elle était venue chercher le portefeuille de Martin Amato. Je pense que vous savez que Martin sort avec elle ?

Jim hocha la tête.

— Bien sûr.

Il s'efforçait toujours de se tenir au courant de la vie amoureuse de ses élèves. Cela lui permettait souvent de comprendre plus facilement pourquoi un élève était déprimé, ou distrait, ou inhabituellement susceptible. Et cela ne l'avait pas du tout surpris que Catherine Oiseau Blanc et Martin Amato aient eu le coup de foudre l'un pour l'autre. Ils formaient un jeune couple des plus attrayants. Jim lui-même aurait pu s'éprendre de Catherine Oiseau Blanc s'il avait eu quinze ans de moins, et s'il ne s'était pas fait une règle d'acier de ne jamais avoir une liaison avec l'une de ses élèves. A part traiter le Dr Ehrlichman de crâne de piaf bureaucratique, c'était la façon la plus rapide pour n'importe quel enseignant de se retrouver au chômage.

— Catherine n'a rien vu, elle non plus ?

— Absolument rien. Et elle aurait été incapable de commettre de tels dégâts, de toute façon.

M. Wallechinsky ouvrit la porte des vestiaires et laissa entrer Jim. Il faisait sombre à l'intérieur, parce que tous les néons avaient été brisés. De l'eau chuintait et s'échappait de trois lavabos qui avaient été complètement arrachés du mur. Des casiers métalliques gisaient sur le côté, sur le dos, dans toutes les positions. Mais ils n'avaient pas été simplement renversés : ils avaient été pliés, tordus, certains même complètement. Trois ou quatre casiers avaient été éventrés et déchiquetés, comme par les dents d'une pelleteuse mécanique.

Des monceaux de tenues de football étaient éparpillés, et toutes sans exception avaient été mises en lambeaux. Les tenues vert et orange flambant neuves étaient un don du magasin Portes & Fenêtres de West Grove, et avaient coûté plus de 3 500 dollars. A présent elles n'étaient plus que des loques informes, détrempées. Même les épaules renforcées étaient déchiquetées, et les casques vert et orange fracassés. Jim se pencha et ramassa l'un des casques écrasés et qui ressemblait à un M&M's sur lequel on aurait marché. Le mystère, c'était qu'on ne pouvait pas écraser un casque comme celui-ci avec une masse, ni même en passant dessus avec une Jeep.

Les murs des vestiaires n'avaient pas été épargnés. Tout le long de celui du fond, les carreaux de porcelaine blanche avaient été éraflés jusqu'à l'argile. Jim s'approcha et passa ses doigts sur les rayures. Il y en avait cinq, parallèles, comme des marques laissées par des griffes. Pourtant même un grizzly de grande taille aurait été incapable de faire des entailles aussi profondes.

Ben Hunkus entra et vint se mettre à côté de lui.

— Un spectacle plutôt lamentable, non ? dit-il.

— Je pense que nous devrions prévenir les flics, sans aucun doute, déclara Jim. Celui qui a fait ça était totalement fou furieux. Indépendamment de ce fait, il avait forcément un genre de pioche ou un outil de jardinage qui était capable de transpercer ces casiers. Imaginez un peu ce qui aurait pu se passer si quelqu'un était entré à ce moment !

Il laissa tomber sur le sol le casque écrasé.

— Ce que je n'arrive pas à comprendre, c'est pourquoi quelqu'un a eu envie de saccager les vestiaires d'un collège ? Bon sang, mais pour quelle raison ?

— Quelqu'un de Chabot a peut-être voulu s'assurer que West Grove perdrait le match.

— Vous vous fichez de moi ? Les joueurs de Chabot pourraient battre à plates coutures Les Empotés en se mettant des sacs en papier sur la tête ! Ils n'avaient absolument pas besoin de faire une chose pareille.

— Allons, Jim, l'équipe de West Grove a de bonnes chances de gagner ce match. Ou du moins de ne pas être battue sur un score trop sévère.

— Bien sûr, Ben, excusez-moi. Mais je ne comprends vraiment pas ce qui s'est passé.

Tandis que Ben s'efforçait de redresser certains des casiers renversés, Jim se tint au milieu de la pièce et regarda autour de lui. Il était certain de percevoir quelque chose, mais il ne savait pas ce que c'était au juste. C'était aussi fort que ce sentiment que l'on a lorsqu'on entre dans une pièce remplie d'inconnus hostiles.

C'était une profonde animosité... presque de la *rage*.

— Est-ce que vous sentez quelque chose ? demanda-t-il à Ben.

Ben se démenait avec un banc renversé et son visage était tout rouge.

— Je me sens foutrement furieux, croyez-moi !

— Je sais. Mais est-ce que vous *sentez* quelque chose, ici dans cette pièce ?

Ben se redressa et jeta un regard à la ronde.

— Je ne comprends pas ce que vous voulez dire.

— Hm. Je n'en suis pas bien sûr, moi non plus. Vous voulez un coup de main ?

Ben ne répondit pas. Il était trop occupé à secouer la porte d'un casier qui avait été tordue et ressemblait à un énorme nœud papillon gris.

Il laissa Ben à sa remise en ordre et repartit vers le terrain de football. C'était une journée d'octobre parfaite — un ciel sans nuages et un air frais, avec une légère brise qui faisait claquer les drapeaux du collège. L'orchestre de West Grove jouait *99 Red Balloons* pour la septième fois, avec tout l'enthousiasme de musiciens des rues mexicains jouant faux. Les meneuses de ban se trémoussaient dans leurs jupettes plissées et agitaient leurs pom-poms vert et orange.

S'il y avait une chose dont West Grove pouvait se vanter, c'était bien d'avoir les plus jolies filles. Se déhanchant devant elles, il y avait une élève de sa classe, Sue-Robin Caulfield. Elle faisait tournoyer sa baguette comme un rotor d'hélicoptère. Jim lui fit un sourire et un salut de la main, et elle lui fit un sourire conquérant en retour. Seigneur, pensa-t-il, si seulement cette fille savait lire et écrire aussi bien qu'elle savait se déhancher !

Il rejoignit Martin Amato, près de la ligne des vingt mètres. Catherine Oiseau Blanc était avec lui.

— Alors, monsieur Rook, qu'en pensez-vous ?

— Ce que j'en pense ? Je pense que je vais persuader le docteur Ehrlichman de prévenir la police. En attendant, dis à tous tes joueurs d'ouvrir l'œil. Nous recherchons peut-être quelqu'un qui prend son pied en dévastant des vestiaires, tout simplement. Mais d'un autre côté, il s'agit peut-être d'un allumé de la tête qui a une dent contre vous.

— Hein ? Qui aurait une dent contre une équipe de football de collège ?

— Les gens ont parfois des rancunes encore plus étranges, lui dit Jim. Il y avait une femme qui habitait à côté de chez moi et qui avait une dent contre Lou Costello. Elle lui a envoyé des lettres de haine jusqu'au jour où elle est morte.

— Il ne peut pas s'agir d'un élève, n'est-ce pas, monsieur Rook ? intervint Catherine Oiseau Blanc.

Catherine faisait partie de la Classe Spéciale II depuis peu. Trois mois auparavant, elle vivait encore sur la réserve navajo de Window Rock, à proximité de la frontière entre l'Arizona et le Nouveau-Mexique, et faisait ses études au collège navajo. Mais son père avait décroché le rôle principal dans une nouvelle série télévisée sur la police navajo, *Frères de sang*, et ses deux frères et elle avaient saisi cette occasion pour venir le rejoindre à Los Angeles.

Sa mère était morte quand elle avait quinze ans, mais l'une des premières choses qu'elle avait dites lorsqu'elle s'était présentée aux autres élèves de la classe avait été : « Je ressemble exactement à ma mère. Je *suis* ma mère. » Auquel cas, sa mère avait certainement été très grande, presque un mètre quatre-vingts, avec de longs cheveux noirs qui lui descendaient quasiment jusqu'à la taille. Catherine avait des pommettes saillantes, des yeux marron en amande, et des lèvres pulpeuses à l'expression légèrement boudeuse. Elle avait des seins fermes et pleins, et de longues jambes. Aujourd'hui, elle portait une chemise bleue à carreaux et un jean moulant. Autour de son cou il y avait un collier en argent orné d'un aigle en émail.

— S'il *s'agit* d'un élève, répondit Jim, alors crois-moi, nous découvrirons qui c'est et nous ferons des cordes de guitare avec ses tripes !

— Ma grand-mère avait un moyen pour trouver les gens qui causaient des ennuis, déclara Catherine. Elle utilisait des ossements magiques qui les désignaient.

— Je ne pense pas que nous aurons besoin d'ossements magiques pour trouver ce salopard, fit Martin. Il est probablement d'un vert vif et ses vêtements sont explosés[1] !

— Cela me dépasse que personne n'ait rien vu, dit Jim. Celui qui a fait ça devait porter une hache ou un outil de ce genre. Et le bruit a certainement été épouvantable. Tous ces casiers qui ont été renversés !

— Je n'ai absolument rien entendu, dit Catherine. Et vous savez, j'entends quasiment l'herbe pousser !

Russell prit part à la conversation :

— Ce truc que les Indiens font dans les westerns, tu sais, quand ils appliquent leur oreille sur le sol et disent « Moi entendre beaucoup chevaux venir par ici », tu peux faire ça ?

— Russell, gronda Jim, je t'ai déjà averti au sujet des stéréotypes raciaux !

— Cela ne me dérange pas, sourit Catherine. Mais évite de parler comme ça en présence de mes frères, Russell !

1. L'Incroyable Hulk ! *(N.d.T.)*

— Ouais, Russell, ricana Martin. Sinon tu te retrouveras hérissé de flèches !

Hérissé, pensa Jim. C'était le terme que son grand-père avait employé. *C'est sombre, et c'est très vieux, et c'est hérissé, si tu vois ce que je veux dire.* En fait, il *n'avait pas vu* ce que son grand-père voulait dire, pas vraiment, mais il n'avait pas été à même de le persuader de donner plus de détails. Celui-ci s'était contenté de déclarer « Attends et tu comprendras ».

Pourtant il y avait quelque chose à propos de ce qui s'était passé aujourd'hui, et à propos de cette étrange impression d'animosité qu'il avait éprouvée dans les vestiaires, qui l'amenait à repenser à la mise en garde de son grand-père. Peut-être que cette menace sombre, ancienne et hérissée avait dépassé « le tournant » plus vite qu'il ne s'y attendait.

Le match de football commença à trois heures un quart. Jim était assis dans les gradins sur le côté nord du terrain, en compagnie de George Babouris, le professeur de physique, et de Susan Randall, le professeur de géographie. George était corpulent et barbu, et il dévorait des kebabs grecs comme s'il n'avait pas mangé depuis trois semaines. Susan était aussi fraîche et jolie qu'une jeune femme dans un tableau de Norman Rockwell : des cheveux bruns coiffés à la Louise Brooks, des joues vermeilles, un chandail rouge à torsades et un jean à revers. Susan et lui avaient eu une relation avec des hauts et des bas au cours de ces deux derniers mois. La réalité était qu'ils n'étaient pas du tout assortis. Susan donnait dans l'aérobic, l'aromathérapie et les cartes anciennes, tandis que Jim était accro de plats chinois à emporter et des films de Bruce Willis. Néanmoins Susan était attirée par l'aspect échevelé, sous-alimenté, de Jim, par ses cheveux bruns mal coiffés et par ses yeux vert bouteille. Elle adorait sa façon d'appuyer le bout de deux doigts sur son front et de fermer les yeux avec force lorsqu'il s'efforçait de réfléchir, et il la faisait toujours rire. Elle savait également qu'il se consacrait entièrement à ses élèves. Un jour, elle s'était assise au fond de la Classe Spéciale II et elle avait écouté un jeune Noir immense à la coiffure rasta réciter *A propos de la poésie* de John Peale Bishop.

Traditionnelle, avec tous ses symboles
Aussi ancienne que les métaphores dans les rêves ;
Étrange, avec une musique entendue pour la première fois ;
Continue jusqu'à ce que les torches s'assourdissent à la porte de la chambre.

L'adolescent lui-même avait été impressionné par ce qu'il disait, et Susan avait eu toutes les peines du monde à refouler ses larmes, d'autant plus que lorsqu'il était arrivé dans la Classe Spéciale II, il avait été l'un des élèves les plus turbulents et les plus agressifs, et son vocabulaire se réduisait à un mélange pitoyable de langage argotique et de mots de cinq lettres.

— *Une musique entendue pour la première fois,* avait dit le jeune Noir après avoir fini de réciter, en pointant son index vers ses camarades de classe, les uns après les autres. Réfléchissez un peu à ce que cela signifie, *une musique entendue pour la première fois.* Merde, vous pouvez pas savoir à quel point j'adore ces mots !

Susan se tourna et posa sa main sur le genou de Jim. Il la regarda et lui adressa un sourire crispé.

— Tu as l'air préoccupé, dit-elle.

Jim haussa les épaules.

— West Grove est en train de perdre sur un score de huit milliards et demi à rien. Tu t'attendais à quoi ?

— Ce n'est pas cela qui te préoccupe, Jim. Habituellement, nous perdons sur un score encore plus sévère !

— Je ne sais pas... c'est cette affaire dans les vestiaires. J'ai un mauvais pressentiment, c'est tout.

— Allons, détends-toi. La police trouvera qui a fait ça.

— J'en suis moins sûr que toi.

Il ne pouvait pas dire à Susan que son grand-père lui était apparu aujourd'hui, ni ce qu'il lui avait appris. Elle ne le croirait pas. Et merde, lui-même avait du mal à y croire — même s'il s'habituait petit à petit au fait qu'il voyait des esprits et des apparitions que la plupart des gens ne pouvaient pas voir. A l'âge de dix ans, il avait failli mourir d'une pneumonie, et son expérience de mort rapprochée lui avait donné la possibilité de voir les esprits qui continuaient de côtoyer les vivants, qu'ils soient venus pour les réconforter, les protéger, ou bien pour assouvir leur vengeance.

— Tu *sais* quelque chose sur cette affaire? demanda Susan. J'ai l'impression que tu *sais* quelque chose !

Jim secoua la tête.

— Je te répète que j'ai un mauvais pressentiment, c'est tout.

Sur le terrain, Russell avait passé la plus grande partie du match à courir d'un pas lourd en une poursuite vaine des joueurs de Chabot, infiniment supérieurs. Cependant, alors que le match tirait à sa fin, et que le capitaine de l'équipe de Chabot, Wayne Dooly, sprintait vers la ligne de touche pour un touché-en-but de dernière minute, Russell se plaça devant lui. Dooly courait trop vite pour être à même de l'éviter. Il trébucha, perdit l'équilibre, et heurta Russell de plein fouet dans un fracas retentissant. Dooly resta debout un moment et vacilla. Puis — comme le coup de sifflet final était donné — il tomba à la renverse et s'affala de tout son long sur le gazon. Les supporters de West Grove poussèrent des acclamations et envahirent le terrain. Ils mirent Russell sur leurs épaules, ce qui ne demanda pas moins de six personnes, et ils le portèrent en triomphe le long de la ligne de touche. Jim se leva et applaudit. Il n'avait jamais vu Russell avoir l'air aussi heureux depuis qu'il était arrivé à West Grove.

Martin quitta le terrain et Jim et Susan allèrent le consoler.

— Cela aurait pu être pire, lui dit Jim. Vous vous êtes bien comportés, attendu que vous n'aviez pas vos tenues.

— Bien sûr, et attendu que j'avais l'équipe la plus lente et la plus maladroite de toute l'histoire du football de collège. Quand je pense que des porcs parfaitement inoffensifs ont été tués pour que ces idiots puissent envoyer leur peau du mauvais côté du terrain !

Catherine passa son bras autour de la taille de Martin, l'embrassa sur la joue et le serra contre elle.

— Tu es toujours mon héros ! sourit-elle, et elle lui envoya un baiser.

— Qu'est-ce que vous faites maintenant, les garçons ? leur demanda Jim. Je suppose qu'une petite fête est prévue dans le gymnase ?

— Ce sera une Fête du Désastre, déclara Martin. Nous allons célébrer la plus longue série de défaites sans interruption de toute l'histoire de ce collège.

— Non, absolument pas, intervint Catherine. Nous allons célébrer le tout dernier match que nous perdons. La prochaine fois, nous allons gagner, d'accord ? Et nous continuerons de gagner, même si je dois avoir recours à la magie de ma grand-mère pour que cela se produise !

— J'ai l'impression que ta grand-mère était une femme formidable, dit Jim.

— Oh, oui ! répondit Catherine. Elle pouvait faire danser des cigales mortes et elle pouvait faire tomber la pluie. Elle traversait une prairie et toutes les fleurs sauvages poussaient sur son passage.

Jim la regarda fixement et elle soutint son regard, et durant ce moment, il comprit qu'elle ne lui disait pas des mensonges — que les histoires qu'elle avait racontées à propos de sa grand-mère n'étaient pas simplement de jolies histoires. Elles étaient vraies. Et elle savait qu'il savait. Cela se passe ainsi entre personnes aux pouvoirs magiques.

— Bon, dit Martin. Je dois vraiment prendre une douche. Ensuite nous arroserons ça dignement !

— Nous avons pris des dispositions pour que vous puissiez utiliser les douches des filles, annonça Ben. Monsieur Wallechinsky sera dans les parages, pour s'assurer que vous vous conduisez bien. Par exemple, vous n'utilisez pas leur shampooing ni de rouge à lèvres, et vous ne mettrez pas non plus leurs petites culottes. Je ne veux pas avoir affaire à des travestis, ce serait le comble !

Russell les rejoignit, le visage tout rouge et en sueur, mais il était infiniment heureux. Jim lui en serra cinq et dit :

— Bravo, Russell. Vous avez peut-être perdu le match mais tu t'es fait une réputation.

— Aux vaincus l'Histoire peut dire hélas ! mais elle ne peut ni les aider ni leur pardonner, répliqua Russell.

Jim fut déconcerté.

— C'est une phrase de W.H. Auden. Qui t'a appris cela ?

— Vous, monsieur.

— Vraiment ?

— C'est l'une des choses qui m'ont poussé à m'entraîner pour faire partie de l'équipe. C'est l'une des choses qui m'ont poussé à essayer de m'arrêter de manger toute la sainte journée !

Jim considéra Russell, et pour la première fois il vit en lui non pas un élève obèse qui faisait toujours le pitre, mais un homme. Il posa sa main sur l'épaule de Russell et hocha la tête, et cela suffisait. Pourtant son sourire fut de courte durée. Une Firebird noire venait de s'arrêter sur le parking des visiteurs, dans un grondement de moteur, et deux adolescents de haute taille en descendirent. Ils traversèrent la pelouse avec toute la résolution de personnes qui ont un compte à régler.

Jim les reconnut tout de suite. C'étaient les frères aînés de Catherine, Paul et Nuage Gris. Ils venaient chercher Catherine tous les jours après la fin des cours, et la seule fois où Jim avait vu Catherine en dehors du collège, sur la promenade de Venice Beach, ses frères l'escortaient tels des gardes du corps, le visage sévère au milieu des amateurs de skate souriants et des cyclistes en bikini. Cet après-midi, Paul portait un costume gris anthracite et un pull à col roulé, tandis que Nuage Gris portait un veston croisé noir et un jean. Les cheveux de Nuage Gris étaient attachés en une longue queue de cheval et des colliers navajos étaient passés à son cou. Tous deux portaient des lunettes de soleil aux verres noirs impénétrables.

— Tu es en retard, dit Nuage Gris à Catherine. Tu sais l'heure qu'il est ?

— Le match a commencé en retard, intervint Martin. Quelqu'un a saccagé nos vestiaires.

— Dis donc, je t'ai parlé ? répliqua Nuage Gris.

Puis il se tourna vers Catherine et gronda :

— Je t'avais bien précisé de téléphoner si jamais tu devais être en retard.

— Hé, on se calme, mon vieux ! fit Martin. Catherine n'est pas une gamine de douze ans !

— Te mêle pas de ça, mec, dit Paul. C'est la famille et cela ne te regarde pas.

— Il se trouve que Catherine est ma petite amie. Je pense que cela me regarde, OK ?

— Catherine n'est la petite amie de personne et surtout pas *ta* petite amie. Lorsqu'elle se trouvera un homme, ce sera un Navajo.

Nuage Gris voulut prendre Catherine par le bras mais Martin saisit son poignet et lui tordit le bras derrière le dos.

— Lâche-moi, espèce de salaud ! cria Nuage Gris. Tu me lâches, ou je te tue !

Mais Martin continua de le tenir et déclara :

— Maintenant tu m'écoutes ! Catherine est assez grande et suffisamment intelligente pour être capable de décider elle-même de l'endroit où elle a envie de se trouver, et de qui elle a envie de voir. Pigé ?

Jim s'approcha et les sépara.

— Bon, ça suffit comme ça ! Si vous voulez une seconde bataille de Little Big Horn, faites-le ailleurs.

— La bataille de Little Big Horn a été livrée par les Sioux, répliqua Nuage Gris d'un air dégoûté.

— Ouais... et les Blancs ont été massacrés, ajouta Paul.

— Écoutez-moi, vous deux, dit Martin. Pour le moment, nous organisons une petite fête. Catherine vient, et si ça vous dit, vous pouvez venir aussi. Après la fête, Catherine et moi on ira au L.A. Buzz pour manger un chili à réveiller un mort. Après *cela,* je reconduirai Catherine chez elle, saine et sauve. Bon, ça vous pose un problème ?

— Catherine... tu rentres à la maison, maintenant, fit Nuage Gris d'un ton sec.

Catherine hésita un moment, puis elle secoua la tête.

— J'ai envie d'aller à cette fête. Voyons, Nuage Gris, c'est juste une fête !

— Père veut que nous soyons tous ensemble ce soir.

— Père veut que nous soyons tous ensemble *tous* les soirs. J'ai le droit d'avoir une vie à moi !

— Avec *eux* ? fit Nuage Gris avec mépris, en parcourant du regard Martin, Russell, Mark Foley et Rita Munoz.

— Ce sont mes amis.

— Ils ne seront *jamais* tes amis.

Nuage Gris essaya à nouveau de la saisir par le bras, mais cette fois Martin et Russell le repoussèrent.

— Écoute, mec, dit Russell. Tu essaies encore de la toucher et je m'assieds sur ta tête !

— Ouais, ricana Mark. Tu as entendu parler d'une tribu qui s'appelle les Têtes Plates ? Eh bien, c'est ce qui leur est arrivé !

— N'insulte pas ma culture ! répliqua vivement Nuage Gris en lui donnant un coup dans la poitrine de son index. C'est tout juste si ma culture a survécu à cause de gens comme toi !

— Bon, on arrête maintenant ! intervint Jim. Si Catherine n'a pas envie de rentrer à la maison avec vous, vous n'y pouvez rien. Alors vous quittez le campus bien gentiment avant que je sois obligé de faire quelque chose que je n'ai pas envie de faire, comme appeler la sécurité.

Nuage Gris eut un haussement d'épaules agressif. Il regarda Martin droit dans les yeux et déclara :

— Je peux te promettre une chose, mon ami. Si tu sors avec Catherine ce soir, tu ne verras pas le soleil se lever demain.

— Tu me menaces ? fit Martin avec un large sourire. Parce que si c'est le cas, tu es complètement cinglé. J'ai tous ces témoins !

— Je ne te menace pas, répliqua Nuage Gris. Je te dis ce qui t'arrivera, tout aussi sûrement que les lunes se succèdent.

Sur ce, Paul et lui tournèrent les talons et repartirent vers leur voiture. Ils montèrent et démarrèrent lentement. Néanmoins ils s'arrêtèrent un moment pour permettre à Nuage Gris d'ôter ses lunettes de soleil et de lancer à Martin un dernier regard d'acier.

— Plutôt protecteurs, tes frères ! fit remarquer Jim.

Catherine était furieuse.

— Ils sont sans cesse en colère ! Ils détestent la culture des Blancs, tous les deux. Surtout Nuage Gris.

— Oui, on le voit à sa veste Armani et à ses Ray-Ban.

— Oh, ce ne sont pas les accessoires, monsieur Rook. Les Navajos ont toujours su s'adapter, changer leur mode de vie. Jadis, c'étaient des cultivateurs. Ensuite ils sont devenus des chasseurs, des nomades et des pillards. Autrefois, ils se déplaçaient à pied. Ensuite ils ont appris à monter à cheval et ils ont eu des fusils. Mais ce que Paul et Nuage Gris n'aiment pas, c'est la façon dont les Navajos essaient de singer la société des Blancs.

« Ils pensent que trop de Navajos oublient les coutumes d'autrefois... oublient ce que nous sommes, oublient ce que nous représentons. Ils pensent que nous oublions les légendes, les récits de notre peuple, et la magie. Ils pensent que dans dix ans nous ne serons rien d'autre que des Blancs de deuxième catégorie.

— Et c'est pour cette raison qu'ils ne veulent pas que tu sortes avec Martin ?

Catherine prit la main de Martin et la serra.

— Ils ne veulent pas que je sorte avec n'importe quel homme blanc. Mais ils ne m'en empêcheront pas, quoi qu'ils disent !

— Écoute, je ne veux pas te causer d'ennuis, fit Martin.

— Je sais, répondit Catherine. Mais tu as promis de m'emmener à la Fête du Désastre, non ? Et tu as promis de m'emmener au L.A. Buzz, d'accord ? Ne me dis pas que tu vas devenir l'un de ces hommes blancs à la langue fourchue !

— Bien, dit Jim. Je vous laisse vous préparer pour votre soirée. Martin... dommage pour le match. Un jour, peut-être...

— Bien sûr, monsieur Rook, lui dit Martin. Et peut-être qu'un jour les poules auront des dents !

Jim et Susan assistèrent à la Fête du Désastre pendant une demi-heure environ, juste pour faire preuve de bonne volonté, mais Jim n'était pas d'humeur à apprécier la techno, les lumières scintillantes et les élèves bruyants. En outre il avait envie de boire quelque chose un peu plus corsé que du punch à la fraise. « Je crois que je suis un peu trop vieux pour tout ça », cria-t-il dans l'oreille de Susan. Celle-ci acquiesça, mais n'en continua pas moins de se trémousser avec enthousiasme en écoutant TYOUSSI et DJ Ham, et il se rendit compte qu'elle brûlait d'envie de danser.

Amanda Zaparelli s'approcha et le prit par le bras.

— Venez, monsieur Rook, montrons-leur ce que nous pouvons faire !

Mais il parvint à l'aiguiller vers Ray Vito, lequel était amoureux d'Amanda depuis toujours, et il l'entraîna dans un merengue techno que tout le monde se mit à applaudir.

Une fois sortis, Jim prit la main de Susan. Les yuccas se détachaient, noirs et dentelés, sur un soleil couchant aussi criard qu'une chemise hawaiienne.

— Tu viens chez moi ? lui demanda-t-il. En cours de route, on pourrait acheter des plats chinois et une bouteille de vin. J'ai découvert un endroit génial... leur canard laqué, tu serais prêt à tuer ta mère pour en avoir !

Susan secoua la tête.

— Je suis désolé, Jim. J'ai un tas de rapports à faire. Et lundi nous avons une excursion au mont Wilson. Je dois tout préparer.

— Hé, nous ne sommes pas en train de nous séparer peu à peu, hein ? lui demanda Jim.

— Je ne le pense pas. Nous sommes comme deux barques qui flottent sur un étang. Parfois nous nous heurtons, et parfois nous ne nous heurtons pas.

— Je sais. Mais nous n'avons pas eu un bon choc depuis une éternité.

Elle l'embrassa.

— Je t'aime bien, Jim. En fait, je pense que je ne suis pas loin de t'aimer tout court. Mais je ne veux pas trop m'engager, pas pour le moment.

Jim l'accompagna jusqu'à sa Coccinelle décapotable rose et lui tint la portière. Il avait envie de lui demander de l'épouser sur-le-champ, mais il savait quelle serait sa réponse, et il préférait continuer d'espérer que ce « presque amour » finirait par s'épanouir en quelque chose de plus sérieux. Il l'embrassa et lui dit :

— Je te téléphonerai plus tard. Tu auras peut-être changé d'avis.

— Je serai plongée dans mes rapports jusqu'au cou.

— Tu sais quoi ? C'est ce que j'ai tout de suite aimé chez toi... tes rapports... avec moi.

— Bonne *nuit,* Jim, dit-elle énergiquement.

Jim la regarda démarrer et lui fit des signes de la main tandis qu'elle s'éloignait. Il resta là à l'observer jusqu'à ce qu'elle ait dépassé le virage devant le collège, puis il retourna vers sa voiture d'un air pensif. Il devrait peut-être parler de Susan à son grand-père. Les morts en savaient peut-être plus sur l'amour que les vivants. Cela valait toujours le coup d'essayer.

Il se confectionna un sandwich au thon et regarda les sports à la télé pendant le restant de la soirée. Le félin répondant jadis au nom de Tibbles était assis sur l'accoudoir du fauteuil placé en face de lui, les yeux rivés sur le moindre mouvement que faisait son sandwich. Lorsqu'il eut fini de le manger entièrement, la chatte lui lança un regard si funeste qu'il la fit sortir de son appartement et lui dit de ne pas revenir tant qu'elle serait aussi rancunière.

Il se coucha de bonne heure mais eut un sommeil agité. Il rêva que son grand-père s'avançait sur Electric Avenue en une étrange glissade et le distançait. Il n'arrêtait pas d'appeler son grand-père, lui criant de s'arrêter et de l'attendre.

— Que veux-tu dire par « c'est hérissé » ? criait-il continuellement. Tu as dit que « c'était hérissé » ? Qu'est-ce que tu veux dire par là ?

Mais son grand-père ne s'arrêtait pas et ne se retournait pas. Il continuait de s'éloigner dans la rue en glissant, et le ciel était d'un violet lumineux, avec un soleil blanc comme des ossements.

Il entendit une sonnerie d'alarme, et il pensa qu'il devait prévenir Susan que quelque chose d'effroyable allait se produire. L'ennui, c'est qu'il ignorait comment trouver où elle habitait. Il se mit à courir, puis il réalisa que c'était la sonnerie de son téléphone et qu'il ne courait pas du tout. Il donnait des coups de pied contre ses draps comme un petit garçon qui pique une colère.

Il se mit sur son séant et s'empara du combiné.

— Oui ? Qui est à l'appareil ?

— Monsieur Rook ? Monsieur Jim Rook ? Désolé de vous déranger, monsieur. Ici le lieutenant Harris.

— Le lieutenant Harris ? (Il chercha à tâtons sa lampe de chevet.) Bon sang, quelle heure est-il ?

— Un peu plus de sept heures trente. J'espère que je ne vous ai pas réveillé.

— Non, non, je suis toujours éveillé en pleine nuit.

— Hum, c'est plutôt le matin à présent. Et j'ai bien peur d'avoir une très mauvaise nouvelle à vous annoncer.

Jim se frotta les yeux et se pinça l'arête du nez.

— Mauvaise ? Mauvaise jusqu'à quel point ?

— A peu près aussi mauvaise que cela peut l'être. Martin Amato a été retrouvé mort sur la plage de Venice ce matin.

Jim éprouva un flot d'épouvante.

— Mort ? Martin ? Je n'arrive pas à le croire. Vous êtes sûr que c'est Martin ?

— Son père vient de l'identifier, désolé.

— Mais que lui est-il arrivé ? C'était un accident ?

— Je ne le pense pas. Apparemment, il a été attaqué par un animal. Et quand je dis animal, je veux dire quelque chose de très sauvage, de très féroce, et de très, très fort.

— Que voulez-vous que je fasse ? demanda Jim.

— Cela nous aiderait énormément si vous veniez à la morgue. L'amie de Martin est ici... mademoiselle Catherine Oiseau Blanc ? Elle est complètement effondrée et elle vous réclame continuellement. Je pense également que vous pourriez en profiter pour parler avec l'un de nos psychologues... vous savez, afin de savoir comment annoncer la nouvelle aux camarades de classe de Martin.

— Oui, dit Jim. Bien sûr, je viens tout de suite.

Il raccrocha et s'assit au bord du lit. Il tremblait de tous ses membres. *Un animal*, avait dit le lieutenant Harris. *Très sauvage, très féroce, et très, très fort*. Jim pensa aux profondes rayures sur les murs des vestiaires, et à la façon dont les casiers avaient été tordus et éventrés, comme par d'énormes griffes.

2

Le lieutenant Harris dit : « par ici » et ouvrit la porte qui donnait sur une petite salle d'attente. La pièce comportait deux canapés de couleur beige, une pile de *National Geographic*, et un poster encadré défraîchi représentant une orangeraie. Catherine Oiseau Blanc était assise dans le coin opposé, les bras croisés avec force sur sa poitrine, le visage rigide. Elle donnait l'impression d'être sur le point de faire son premier saut en parachute.

Debout devant la fenêtre, il y avait Henry Aigle Noir, le père de Catherine. Il était aussi grand que ses fils et avait de longs cheveux noir argenté qui lui descendaient jusqu'aux épaules. Il avait les mêmes pommettes saillantes que Catherine, mais son nez était bien plus busqué et ses joues étaient creusées de rides. Il portait une veste à franges en daim noir et un jean noir.

— Monsieur Aigle Noir, je vous présente monsieur Rook, le professeur de Catherine à West Grove, annonça le lieutenant Harris.

Jim tendit la main.

— Bien sûr, nous nous sommes déjà rencontrés. Comment allez-vous, monsieur Aigle Noir ? Je regarde votre série télévisée chaque fois que cela m'est possible.

Il se tourna vers Catherine et dit :

— Comment te sens-tu, Catherine ? Tu as besoin de quelque chose ?

Elle leva vers lui des yeux désespérés.

— Je veux que Martin revienne, c'est tout. Je veux que vous me disiez que tout ça n'est qu'un mauvais rêve !

Jim s'assit à côté d'elle et passa un bras autour de ses épaules pour la réconforter.

— Je suis tellement désolé, je ne sais pas quoi te dire. Martin est un garçon si formidable.

Il ne se reprit pas et ne dit pas « *était* ».

Le lieutenant Harris passait ses dents sous l'ongle de son pouce pour le nettoyer.

— Elle dit que Martin et elle ont mangé un chili au L.A. Buzz, ensuite ils ont fait une longue promenade sur la plage. La dernière fois qu'elle l'a vu, c'était lorsqu'il l'a déposée devant chez elle.

— Alors pourquoi est-il retourné sur la plage ? Il habite dans la direction opposée.

— Qui sait ? Sa voiture était garée à huit cents mètres environ de la plage.

— Est-ce que Martin t'avait dit qu'il retournait sur la plage ? demanda Jim à Catherine.

Catherine secoua la tête en pleurant.

— Il m'a dit au revoir en m'embrassant et il est parti. Je vois encore son visage, la façon dont il riait.

— Et si tu rentrais à la maison à présent, Catherine ? dit son père. Tu ne peux rien faire de plus ici.

— Je ne veux pas quitter Martin. Je ne peux pas.

— Catherine, ce qui est arrivé est affreux, déclara Henry Aigle Noir. Mais Martin n'est plus là, et rien ne pourra jamais le faire revenir. En outre, il ne pouvait être à toi, tu le sais parfaitement.

Jim le regarda en fronçant les sourcils.

— Qu'est-ce qui vous fait dire cela ?

— Parce que, monsieur Rook, Catherine est déjà prise. Elle a été promise en mariage lorsqu'elle avait douze ans, et le moment venu, elle devra honorer cette promesse.

— Je croyais que les mariages arrangés n'existaient que chez les Indiens de l'Inde.

Henry Aigle Noir ne répondit pas. Il se contenta de tendre la main et de prendre Catherine par l'épaule.

— Viens, à présent, Catherine. Tes frères t'attendent.

— Je t'en prie, papa. Je ne veux pas partir. Je veux rester ici un moment encore.

— Et si vous lui permettiez de rester, Henry ? intervint Jim. Je vais lui parler, ensuite je la reconduirai chez elle. Je pense qu'elle a besoin de s'épancher un peu, si vous voyez ce que je veux dire. Allons, dites oui. Faites un effort !

Henry Aigle Noir plissa les lèvres, et elles donnèrent l'impression d'avoir été cousues ensemble par des Jivaros. Puis il consulta sa Rolex Oyster en or et dit :

— Entendu. Du moment que vous la ramenez à midi au plus tard.

— Je serai à l'heure, j'ai dit, *ugh!* promit Jim.

Puis il devint rouge comme une pivoine en réalisant ce qu'il venait de dire. Quoi qu'il en ait pensé, Henry Aigle Noir ne réagit pas. Il adressa au lieutenant Harris un petit salut de la tête et sortit de la salle d'attente.

Le lieutenant Harris se tourna vers Catherine.

— Votre père ne badine pas, hein ? C'est curieux. A la télé, il donne l'impression d'être un type tellement amusant.

— A la télé, il s'en tient à son scénario, répondit Catherine.

Sa voix contenait une lassitude qui amena Jim à penser qu'elle avait déjà eu des heurts avec son père à ce sujet, et qu'elle avait souvent dit ces mêmes mots.

Un policier en uniforme entra pour prévenir le lieutenant Harris que le médecin légiste désirait lui parler. Celui-ci sortit, et Jim et Catherine se retrouvèrent seuls.

— Tu as envie de parler de ce qui s'est passé la nuit dernière ? demanda Jim.

— Je vous ai déjà tout raconté. Nous sommes partis

de la Fête du Désastre pour aller manger un chili à Venice. Ensuite nous nous sommes promenés sur la plage un moment. Je n'osais jamais aller là-bas le soir à cause des voyous qui rôdent dans le coin. Mais avec Martin, je me sentais en sécurité. Avec Martin, je me sentais *toujours* en sécurité.

— Il ne plaisait pas beaucoup à ton père ni à tes frères.

— Ce n'était pas Martin en particulier. Ils n'ont jamais aimé aucun des garçons avec lesquels je suis sortie, jamais ! Si cela leur était possible, ils me renverraient en Arizona, où je n'aurais rien à faire, à part rester assise devant un *hogan*[1] toute la journée, à tisser des couvertures.

— Ce type que tu es censée épouser... comment est-il ?

Elle secoua la tête.

— Je ne l'ai vu qu'une seule fois. Il vit à Fort Defiance. Papa m'a emmenée faire sa connaissance le jour de mon douzième anniversaire, et il a dit : « Voici l'homme que tu épouseras. » Vous vous rendez compte ? Il faisait très sombre dans la caravane, et j'ai tout juste distingué un jeune homme très maigre, au torse nu. C'est le seul souvenir que j'ai gardé. Si ce n'est que mon père a incisé nos poignets et les a pressés l'un contre l'autre, et il a dit que notre sang était uni à présent, pour toujours, quoi qu'il arrive. Il me semble que j'ai pleuré. En tout cas, mon père ne m'a plus jamais emmenée voir cet homme, et j'ai plus ou moins oublié cela. Je n'avais jamais pensé que je *devrais* vraiment l'épouser. Mais lorsque nous sommes venus ici, et que j'ai commencé à sortir avec Ray, et ensuite avec Martin... toute cette histoire a refait surface.

— Tu ne connais même pas le nom de cet homme ?

— Non. Et je n'ai jamais eu envie de le savoir. Je veux épouser quelqu'un dont je suis amoureuse. Je

1. Maison de l'Indien Navajo, au toit arrondi, faite de rondins et de boue séchée. *(N.d.T.)*

veux épouser quelqu'un ici à Los Angeles. Je veux m'amuser, vous comprenez ? Je n'ai pas envie de passer le reste de ma vie cloîtrée dans une caravane en Arizona !

— Mais tu es en âge de faire ce qui te plaît, enfin !

— Essayez de dire ça à mon père. Essayez de dire ça à Paul et à Nuage Gris.

— Tu y parviendras, j'en suis sûr. Et si tu n'y parviens pas, viens me voir et nous en reparlerons. Pour le moment, tu ne dois pas penser à tes problèmes familiaux, de toute façon. Tu dois essayer de faire face à ce qui est arrivé à Martin. Cela a été un sacré choc pour toi, et cela prendra des jours avant que tu sois prête à accepter que cela s'est vraiment passé. Des semaines avant que tu cesses de pleurer tout le temps. Et des *mois,* crois-moi, avant que tu sois à même de passer toute une journée sans penser à lui, ne serait-ce qu'une seule fois.

Les yeux de Catherine se remplirent de larmes et ses épaules commencèrent à tressauter.

— Il est mort, pleura-t-elle. Il est mort, et il est mort, et il est mort.

Jim la serra dans ses bras et sentit le parfum légèrement musqué qu'elle portait. Il n'aimait pas particulièrement ce parfum, mais c'était ce que les jeunes filles portaient, et chaque fois qu'il le sentirait à nouveau, il penserait à cette salle d'attente vide avec ses canapés de couleur beige et son poster défraîchi.

— Est-ce que tu te rappelles, lorsque je vous ai parlé, voilà deux semaines, d'Edna St Vincent Millay ? dit-il de la plus douce des voix. Elle a écrit un sonnet que j'ai envoyé à ma sœur, lorsque son mari est mort d'une crise cardiaque. Il se termine de cette façon :

Ainsi dans l'hiver se dresse l'arbre solitaire,
Et il ne sait pas que les oiseaux ont disparu un à un
Pourtant il sait que ses branches sont plus silencieuses qu'avant :
Il ne peut dire quelles amours sont venues et reparties ;

Moi seule sais que l'été a chanté en moi
Un petit moment, et qu'il ne chante plus en moi.

Catherine releva la tête et le regarda. Ses cils étaient collés par les larmes.

— C'est tellement triste, murmura-t-elle.

— Oui, mais cela te dit que tu n'es pas seule, que d'autres personnes sont affligées également. Cela te dit que d'autres personnes comprennent la douleur que tu éprouves.

Catherine sortit de sa poche un Kleenex chiffonné et s'essuya les yeux.

— Ils ne m'ont pas permis de le voir. Est-ce que vous pourriez leur demander si je peux le voir, juste une dernière fois ?

— Bon, je vais poser la question au lieutenant Harris. Mais je ne peux rien te promettre.

Il se leva, et il s'apprêtait à sortir de la pièce lorsque la porte s'ouvrit, et les frères de Catherine entrèrent. Tous deux portaient des T-shirts noirs et des jeans noirs. Le T-shirt de Nuage Gris était orné des initiales DNA — le sigle couramment employé pour désigner le *Dinebeiina Nahiilna be Agaditahe,* le service d'assistance juridique navajo[1].

— Qu'est-ce que vous voulez ? demanda vivement Jim. Vous ne pensez pas que vous avez déjà causé suffisamment d'ennuis ?

— Nous sommes venus chercher notre sœur pour la remmener à la maison, déclara Nuage Gris en ôtant ses lunettes de soleil.

— Dans ce cas, vous devrez attendre, répliqua Jim. Nous n'avons pas encore terminé ici, et votre père a donné à Catherine la permission de rester jusqu'à midi.

— Vous avez des troubles de l'audition ? J'ai dit que nous étions venus chercher notre sœur.

1. Organisme de défense du public devant la loi, lequel, dans les premiers temps, avait essentiellement attiré de jeunes activistes militants dans le domaine des réformes sociales. *(N.d.T.)*

Jim s'approcha de lui jusqu'à ce que leurs visages soient à quinze centimètres l'un de l'autre.

— Écoute-moi bien, trouduc. Ta sœur a subi un choc très grave, et elle a besoin de toute la compréhension qu'elle peut trouver. Ce dont elle n'a pas besoin, c'est que vous débarquiez ici comme deux John Travolta cuits à point pour accentuer son stress. Alors vous lui lâchez les baskets. Vous pouvez attendre, si vous le désirez, et vous la raccompagnerez quand elle sera prête. Sinon, vous vous barrez vite fait !

— Vous n'avez pas à nous parler comme ça, intervint Paul en enfonçant son index dans la poitrine de Jim. C'est notre pays, mec. Pas le vôtre. Vous n'avez pas le droit.

— Est-ce que tu n'oublies pas ce que tu as dit à Martin devant une demi-douzaine de témoins, hier après le match de football ? Je suis sûr que cela intéresserait énormément mon ami le lieutenant Harris.

— Comme quoi je l'aurais menacé ? Je ne l'ai pas menacé, répliqua Nuage Gris. Je lui ai simplement dit ce qui lui arriverait s'il continuait de sortir avec Catherine. C'était une prédiction, *capiche ?* On n'arrête pas quelqu'un parce qu'il a fait une prédiction.

— Ah, bon ? Alors, voici une autre prédiction : si vous ne sortez pas de cette pièce et ne laissez pas à Catherine le temps dont elle a besoin pour surmonter ce choc, ton nez sera mystérieusement cassé avant que je compte jusqu'à dix. De plus, j'ignorais que *capiche* était un mot Navajo !

Nuage Gris serra son poing avec colère mais son frère Paul le retint.

— Laisse tomber, mec, ça n'en vaut pas la peine. On peut attendre cinq minutes.

— Merci à vous, dit Jim en s'efforçant de ne pas paraître trop sarcastique. A présent je vais parler au lieutenant Harris. Durant mon absence, vous aurez peut-être le cœur de vous montrer bons pour votre sœur.

— Vous ignorez à quel point nous sommes *bons*, mon vieux, lui dit Paul.

Le lieutenant Harris se tenait devant la porte de la morgue et parlait avec le Dr Whaley, le médecin légiste, un homme aux épaules voûtées, avec un début de calvitie, des lunettes de guingois et un nez proéminent, d'aspect lugubre.

— Vous et tout le monde au collège devez être sacrément bouleversés, déclara le Dr Whaley. Je n'avais encore jamais vu une chose pareille, et ça fait trente-deux ans que je travaille pour les services du coroner.

— Catherine demande si elle peut le voir.

— Je ne pense pas que ce soit très judicieux. Mais vous pouvez le voir, si vous voulez.

Jim lança un regard au lieutenant Harris, mais celui-ci se contenta de hausser les épaules et de dire :

— C'est à vous de décider. Vous n'avez pas encore pris votre petit déjeuner, hein ?

— En fait, j'aimerais avoir une autre opinion, déclara le Dr Whaley. N'importe quelle opinion, qu'elle soit médicale ou non. J'ai déjà téléphoné à Jack Skipper du zoo de Los Angeles. Il va venir jeter un coup d'œil et voir s'il ne peut pas identifier quelle sorte d'animal aurait pu faire des blessures de ce genre. En tout cas, il ne s'agissait pas d'un chien, j'en suis certain.

Il fit entrer Jim dans la salle d'autopsie glaciale au carrelage vert, ses caoutchoucs produisant des couinements sonores, et le lieutenant Harris les suivit. Deux tables en acier inoxydable étaient placées côte à côte. L'une était vide. Sur l'autre, un corps était recouvert d'un drap vert d'hôpital. Le Dr Whaley contourna la table et alluma sa lampe pivotante à la lumière crue. Le lieutenant Harris dit :

— Martin Amato a été découvert aux alentours de cinq heures du matin par deux joggeurs qui promenaient leur chien sur la plage. Lorsque vous verrez ses blessures, vous comprendrez que celui ou *ce qui* l'a attaqué l'a tué quasiment sur-le-champ.

— A en juger par la température de son corps, il

était mort depuis deux heures tout au plus, ajouta le Dr Whaley.

Il saisit le bord du drap et demanda à Jim :

— Bon, vous êtes prêt ?

Jim hocha la tête, et le Dr Whaley retira lentement le drap, découvrant le corps nu de Martin Amato. Ou ce qui restait du corps nu de Martin Amato.

Sa tête était méconnaissable. Un côté de son visage avait été complètement arraché, laissant apparaître ses dents et une partie de sa mâchoire. La plus grande partie de son cuir chevelu avait été également arrachée, et il ne restait plus qu'une masse informe de peau et de cheveux poissés de sang. Mais ce fut sa poitrine et son ventre qui horrifièrent Jim par-dessus tout. Quatre terribles lacérations — profondes de huit à dix centimètres par endroits — traversaient le devant de son corps en diagonale depuis l'épaule gauche jusqu'à la cuisse droite. Elles étaient parallèles, comme une marque de griffe, mais quelle sorte d'animal avait des griffes capables de traverser les muscles et les os de la cage thoracique d'un jeune homme, d'agripper son cœur et de perforer ses poumons, avant de déchiqueter ses viscères et d'en faire des guirlandes ? Des rouges, des noires, des jaunes et des beiges visqueuses.

Jim regarda fixement le corps de Martin pendant presque une minute sans rien dire. Puis il se détourna et entendit le Dr Whaley remettre le drap en place.

— Alors ? demanda le lieutenant Harris. Votre opinion ? Vous aviez déjà vu une chose pareille ?

— Tout d'abord j'ai pensé à un couguar, répondit le Dr Whaley. Mais les couguars ne se contentent pas de déchiqueter leur proie à coups de griffes, ils la mordent, et je n'ai trouvé aucune marque laissée par des dents. Ce qui a été fait à ce pauvre garçon est le résultat de trois coups extrêmement puissants, pas plus — des coups assenés par la griffe d'un animal ou bien par un instrument qui ressemble à la griffe d'un animal.

— En outre, dit le lieutenant Harris, comment

diable un couguar pourrait-il se trouver à Venice Beach ? Aucun zoo, ménagerie privée ou dresseur d'animaux ne nous a signalé de disparition ; que ce soit d'un couguar ou d'un autre animal. Et détail intéressant — à part les traces de pattes laissées par le chien des joggeurs lorsqu'il s'est approché du corps — il n'y avait pas de traces dans le sable comme aurait pu en laisser un animal de la taille d'un couguar. Uniquement des empreintes de pas humains, et des traces laissées par des vélos.

— Et vous n'avez pas de témoins oculaires ? lui demanda Jim.

— Nous avons déjà commencé à faire du porte-à-porte, et nous allons passer un appel à témoins au journal télévisé... mais jusqu'ici, nous n'avons rien obtenu. En général, les personnes qui fréquentent Venice Beach en pleine nuit ne sont pas ce que l'on pourrait appeler des concitoyens soucieux de l'ordre public.

Jim jeta un regard vers le corps de Martin.

— Je pense que j'aimerais sortir d'ici, dit-il.

Le lieutenant Harris l'accompagna au-dehors, et ils firent halte sur les marches du perron, au soleil. Jim prit trois ou quatre profondes inspirations, puis il murmura :

— Bon Dieu, j'espère que cela a été rapide. J'espère qu'il n'a pas souffert.

— La mort a été quasi instantanée, déclara le lieutenant Harris. Représentez-vous le traumatisme pour l'organisme. *Blam !* Il n'avait pas l'ombre d'une chance.

— Il y a une chose que je dois vous dire, reprit Jim. En principe, je devrais passer par le docteur Ehrlichman, mais je pense que plus tôt vous en serez informé, et mieux ce sera. Hier, juste avant le match de football contre le collège de Chabot, quelqu'un s'est introduit par effraction dans les vestiaires des garçons à West Grove et a tout cassé. On a arraché des lavabos des murs, on a éventré des casiers. Bien plus, on a laissé de profondes éraflures sur les carreaux — des entailles qui allaient jusqu'au plâtre. Des éraflures qui ressemblaient à des marques laissées par des griffes.

— Et cela n'a pas été signalé à la police ?

— Le docteur Ehrlichman désirait procéder d'abord à une enquête interne. Ces derniers temps, nous avons eu un certain nombre de problèmes à West Grove. Principalement des affaires sans gravité — speed, crack, larcins. Mais il ne tenait pas beaucoup à ce qu'une voiture de police s'amène au beau milieu d'un événement sportif important.

— Ce que vous essayez de me dire, c'est que les blessures que vous avez vues sur le corps de Martin Amato vous ont rappelé les éraflures que vous avez vues sur les murs des vestiaires ?

Jim acquiesça de la tête.

— Et il y a autre chose, mais je ne sais pas s'il y a un lien. La petite amie de Martin est une Navajo pur sang. Ses deux frères sont venus au collège hier et il y a eu une dispute. L'un de ses frères a proféré la menace suivante : si Martin ne laissait pas Catherine tranquille, il ne vivrait pas assez longtemps pour voir le prochain lever du soleil.

Le lieutenant Harris émit un sifflement.

— Qui l'a entendu dire ça ?

— Moi... et sept ou huit élèves.

— Dans ce cas, je pense que je ferais bien d'avoir un petit entretien avec les frères de cette jeune fille. Savez-vous où je peux les trouver ?

Jim entendit un bruit de pas et regarda par-dessus son épaule.

— Quand on parle du loup..., murmura-t-il.

Paul, Catherine et Nuage Gris venaient dans leur direction. Ils s'approchèrent et firent halte.

— Désolé, mais nous en avons assez de vous attendre, Monsieur Epaule-sur-qui-pleurer, déclara Nuage Gris. Nous partons et nous emmenons notre sœur.

— Je vous l'ai déjà dit. Votre père a dit qu'elle pouvait rester.

— Parfois notre père dit des choses qu'il ne pense pas vraiment. Nous partons !

— Hum... je ne le pense pas, intervint le lieutenant Harris. J'aimerais vous poser quelques questions, jeunes gens.

Nuage Gris décocha à Jim le plus glacial des regards.

— Est-ce que quelqu'un vous a parlé, lieutenant ?

— Quelqu'un a mentionné quelque chose que vous avez dit hier à Martin Amato lors du match de football au collège.

— Je lui ai dit de ne pas s'approcher de notre sœur, en effet.

— Et vous avez dit que s'il ne suivait pas ce conseil, il ne verrait pas le prochain lever du soleil ?

— C'est exact. Mais cela ne constituait pas une menace.

— Je n'appellerais pas cela une expression de tendresse !

— Non, en effet. Je n'avais aucune sympathie pour Martin Amato, et je ne prétendrai pas le contraire. Mais si vous avertissez un homme qu'il ne doit pas traverser l'autoroute de San Diego et qu'il le fait néanmoins, qu'est-ce que vous faites ? Vous dites la même chose... « tu ne vivras pas assez longtemps pour voir le prochain lever du soleil ». Ce n'est pas une menace. C'est simplement une prédiction.

— Mais pourquoi le fait de fréquenter votre sœur serait-il une entreprise aussi dangereuse ? Qui d'autre allait s'y opposer, à part vous ?

— On ne peut pas expliquer certaines choses, répliqua Nuage Gris.

— Je regrette, mais vous allez *devoir* les expliquer. Ne vous en déplaise, vous avez proféré une menace à l'encontre de la vie de Martin Amato en présence de plusieurs témoins, et le lendemain matin il a été découvert mort.

— Mon frère et moi étions à la maison la nuit dernière. Toute la nuit.

— Quelqu'un peut le confirmer ?

— Mon père et ma sœur.

— Pas d'autres témoins indépendants ?

— Un ami m'a téléphoné du Nouveau-Mexique peu après deux heures du matin. Il avait oublié qu'il était aussi tard. Sa femme venait d'accoucher d'un garçon.

— Vous seriez en mesure de me donner son nom, n'est-ce pas ?

— Bien sûr. Ainsi que son numéro de téléphone. Henry Veste Rouge. Il appelait de la réserve de Wide Ruins.

Le lieutenant Harris nota cela dans son carnet. Puis il se gratta la nuque d'un air pensif.

— Il reste un dernier point que vous n'avez pas éclairci. Si vous n'êtes pour rien dans la mort de Martin Amato, alors qui l'a tué, à votre avis ? Et qu'est-ce qui vous rendait si sûr qu'il allait mourir ?

— N'oubliez pas que nous sommes des Navajos, lieutenant, déclara Paul. Nous sentons la pluie venir des jours avant que les nuages n'apparaissent. Nous entendons des gens approcher des heures avant qu'ils n'arrivent.

— Et alors ? Quelle différence cela fait-il ?

— Hier, Martin Amato avait la marque de la mort sur lui, c'est tout. C'était une quasi-certitude.

Le lieutenant Harris pointa son stylo vers lui.

— Je vais vous donner un conseil, mon ami. Vous êtes peut-être capable de prédire tous les gagnants de la semaine prochaine à Santa Rosita, mais cela ne vous aidera absolument pas devant un tribunal.

— Vous nous arrêtez ? demanda Nuage Gris.

— Non, non. Mais j'aurai à vous parler de nouveau. Rendez-moi un grand service : ne changez pas d'adresse jusqu'à ce que je vous autorise à le faire.

Catherine donna l'impression d'être sur le point de dire quelque chose, mais Paul et Nuage Gris la prirent chacun par un bras et l'entraînèrent rapidement au bas des marches vers leur voiture garée contre le trottoir.

— Que pensez-vous de ces charmants jeunes gens ? demanda le lieutenant Harris à Jim.

— Je n'en sais trop rien. A mon avis, si on veut les comprendre, on doit adopter la conception navajo de la vie. Ils essaient de protéger leur culture. Ils essaient de garder pure leur lignée. C'est pour cette raison qu'ils n'approuvent pas que Catherine sorte avec des Blancs. Apparemment, elle a été fiancée à un type qui vit sur la réserve navajo, voilà plus de cinq ans... vous savez, une promesse de mariage.

— Une fille sacrément jolie, fit remarquer le lieutenant Harris comme il regardait leur voiture s'éloigner. Je trouve que c'est un vrai gâchis !

— Vous pensez que ses frères auraient pu tuer Martin ? demanda Jim.

— J'aimerais le penser. Cela rendrait mon travail foutrement plus facile. Ils avaient un mobile, bien sûr. Ils ont peut-être eu l'opportunité, également. Même si cet ami de Nuage Gris a téléphoné du Nouveau-Mexique à deux heures du matin et lui a parlé pendant vingt minutes, il avait largement le temps de se rendre en voiture à la plage et de trouver Martin Amato.

— Pourquoi ne pas les avoir arrêtés ?

— Réfléchissez. La véritable question est... *comment* ? Ces types sont costauds, et ce sont des durs, mais ils n'auraient jamais eu la force nécessaire pour éventrer un homme d'un seul coup. Pas de cette façon. Comme vous l'avez dit, ils avaient peut-être une sorte d'instrument spécial. Pourtant, même ainsi...

— Alors, qu'allez-vous faire ?

— La priorité numéro un est une tasse de café noir bien fort. Ensuite je ferai ce que je fais toujours. Un travail de fourmi pour trouver des témoins et des preuves indirectes, et dans l'intervalle je vais faire surveiller de près ces deux individus.

Il posa sa main sur l'épaule de Jim et dit :

— Un bon conseil... si j'étais vous, je me tiendrais sur mes gardes. Si ce sont *eux* les auteurs de ce meurtre, ils ne doivent pas être particulièrement ravis que vous m'ayez rapporté ce qu'ils avaient dit hier au jeune Martin.

Il consulta sa montre.

— Après le café, je demanderai à un photographe et à un médecin légiste de m'accompagner, et j'irai à West Grove afin d'examiner ces vestiaires. Vous avez peut-être raison. Peut-être que ces marques de griffes correspondent.

— Et si c'est le cas ?

— Alors je ne sais foutrement pas *ce que* nous recherchons !

Jim avait presque oublié que c'était dimanche. Il retourna à son appartement situé au premier étage d'un immeuble peint en rose à proximité d'Electric Avenue, se gara et descendit avec lassitude. La matinée était brumeuse et il ne faisait pas particulièrement chaud, mais trois ou quatre locataires étaient déjà installés dans les fauteuils de relaxation délabrés autour du bassin et lisaient des journaux, ou tricotaient, ou écoutaient des baladeurs Sony. Jim dit bonjour à Mlle Neagle, la femme entre deux âges qui avait emménagé dans l'appartement de Mme Vaizey après la mort de celle-ci[1]. Mlle Neagle portait d'énormes lunettes de soleil et un foulard sur la tête, et ses épaisses cuisses menaçaient de faire craquer un maillot de bain style années 60 orné de fleurs marron et blanc.

— Bonjour, mademoiselle Neagle.

Mlle Neagle releva ses lunettes de soleil et lui sourit. Son rouge à lèvres était tellement vif qu'elle donnait l'impression d'avoir mangé de la gelée de fraises.

— Oh, bonjour, monsieur Rook. Vous semblez un brin indisposé.

— Je n'ai pas très bien dormi, c'est tout. A me tourner et à me retourner dans mon lit durant la plus grande partie de la nuit.

— Ha ! Ne m'en parlez pas ! Toutes les nuits, je souffre le martyre. Parfois j'appréhende que le soleil se couche.

1. Lire *Magie Vaudou. (N.d.T.)*

— Et les somnifères ?

— Non, monsieur Rook. Contre l'insomnie, il n'existe qu'un seul remède sûr.

— Oh, oui ? Alors pourquoi ne l'essayez-vous pas ? Elle abaissa ses cils couverts de noir d'un air aguichant.

— Je le ferais si je le pouvais, monsieur Rook, croyez-moi !

Jim réalisa brusquement de quoi elle parlait, et il lui adressa un petit sourire dépourvu d'humour.

— On ne peut pas toujours avoir ce que l'on désire, mademoiselle Neagle !

Tandis qu'il se dirigeait vers les marches qui amenaient à son appartement, il fut suivi du regard par Myrlin Buffield, de l'appartement 201. Myrlin avait eu une bedaine qui débordait de son short telle une marée de pâte de guimauve en train de fondre, mais il avait suivi des séances de culture physique au gymnase Gold ces derniers temps, et à présent la marée avait reflué vers le haut, ce qui lui donnait un visage curieusement gonflé, comme s'il inspirait continuellement. Toutefois, il avait toujours les mêmes cheveux plaqués en arrière, et la même boucle d'oreille en forme de dague. Il faisait semblant de lire *Turbulences*, de Michael Crichton.

— Salut, Myrlin, dit Jim.

— Vous ne sortez pas furtivement de votre appartement la nuit pour m'espionner de nouveau, hein ? voulut savoir Myrlin. La nuit dernière, j'ai entendu quelqu'un rôder sur la terrasse à l'extérieur de mon appartement, et j'étais foutrement sûr que c'était vous.

— Désolé, Myrlin. Je ne rôde plus depuis longtemps.

Myrlin était très méfiant à l'égard de Jim, jusqu'à la paranoïa. Depuis que Mme Vaizey avait organisé une séance de spiritisme dans l'appartement de Jim et que l'air avait été épaissi par la fumée d'encens, Myrlin le soupçonnait d'être un drogué ou de s'adonner à la magie noire, ou pire — d'autant plus que, peu après,

Mme Vaizey avait disparu, et qu'on ne l'avait plus jamais revue. Jim était le seul à savoir ce qui était arrivé à Mme Vaizey, et il ne le dirait à personne, jamais.

Jim gravit les marches et s'avança sur la terrasse jusqu'à son appartement. Le félin répondant jadis au nom de Tibbles l'attendait devant la porte d'un air impatient. Il n'avait pas eu le temps de lui donner à manger avant de partir. Il ouvrit la porte et la chatte se précipita dans la cuisine, où elle attendit devant son plat, sa queue dressée comme un balai de sorcière.

Jim ouvrit le réfrigérateur et il faisait sauter l'opercule d'une canette de bière bien fraîche lorsqu'il entendit frapper à la porte d'entrée. C'était Mlle Neagle, emmitouflée dans un peignoir en tissu-éponge rose. Cela n'avait rien d'étrange : elle venait souvent, affublée de tenues décontractées très diverses, pour lui emprunter du café, du sucre ou du jus d'orange. Mais le fait étrange, c'était qu'elle portait une visière rose Homard de l'Espace, complète avec les yeux et les pinces, la coiffure préférée de Mme Vaizey.

— Rebonjour, mademoiselle Neagle.

— Rebonjour, vous-même.

— Sûr que cette visière m'évoque des souvenirs.

— Elle me plaît. Je l'ai trouvée dans l'appartement lorsque j'ai emménagé.

— Elle vous va bien. Enfin, elle irait à toute personne qui a envie de se balader avec un homard sur la tête.

— Bien sûr... et j'ai trouvé autre chose.

— Vraiment ? dit Jim. Puis : — Vous voulez une bière ?

— Une bière ? Je pensais que vous me connaissiez mieux que ça.

Jim battit des paupières, surpris. A part échanger quelques mots près du bassin tous les jours, il la connaissait à peine.

— OK, d'accord, fit-il. Qu'est-ce que je vous sers ?

— Un bourbon, sec. Pas de glaçons.

Jim prit la bouteille de Wild Turkey et remplit un grand verre avec le logo Jungle des Perroquets de Miami imprimé sur le côté. Mlle Neagle s'approcha, prit le verre et dit :

— Et si nous buvions à une *très* longue vie ? En insistant sur *très* ?

— Entendu. A une *très* longue vie !

Mlle Neagle se pencha vers Jim et le regarda droit dans les yeux.

— Vous ne me reconnaissez pas, hein ?

— Bien sûr que si. Vous êtes mademoiselle Neagle de l'appartement 105.

— Oui, en effet. Mais je vais vous dire ce que j'ai trouvé d'autre dans mon appartement lorsque je suis arrivée ici, à part cette visière. J'ai trouvé Mme Vaizey.

— Je vous demande pardon ?

— Elle était toujours là, monsieur Rook, du moins son esprit. Très faible, presque indistinct. Mais la première nuit, alors que j'étais couchée, presque endormie, elle m'a *parlé*.

— Elle vous a *parlé* ? Et qu'a-t-elle dit ?

— Elle était douce et elle était compatissante, et elle m'a donné toutes sortes d'encouragements. Vous comprenez, j'étais très déprimée quand j'ai emménagé ici. J'étais quasiment fauchée, et un homme que j'aimais tendrement venait de mourir d'un cancer. Parfois je songeais à en finir avec tout ça. Mais Mme Vaizey m'a donné un réconfort et une amitié comme je n'en avais jamais connu auparavant. Grâce à elle, j'ai senti que je n'étais plus seule.

Le félin répondant jadis au nom de Tibbles se frottait frénétiquement contre la jambe de Jim, réclamant son repas, mais Jim l'ignora. Il regardait fixement Mlle Neagle, sa canette de bière à moitié levée vers sa bouche.

Mlle Neagle but une gorgée de bourbon et lui sourit.

— Mme Vaizey était sur le point de disparaître complètement, comme le font tous les esprits au bout de quelque temps. Mais je ne voulais pas qu'elle parte. Je l'aimais. J'avais besoin d'elle. Alors je l'ai laissée entrer. Je ne sais pas très bien comment cela s'est passé. Je l'ai laissée... entrer, tout simplement. Mme Vaizey est ici, *en moi*, Jim. (Elle se tapota le front de l'index.) Elle est toujours ici... elle est toujours avec nous.

— Je n'arrive pas à le croire ! s'exclama Jim. Vous voulez dire que vous êtes à la fois Mlle Neagle *et* Mme Vaizey.

— Exactement ! Et cela se produit plus souvent qu'on pourrait le penser. Un esprit qui n'est pas encore prêt à disparaître trouve quelqu'un qui est encore en vie et qui a désespérément besoin de lui. Quelqu'un qui est très malade, par exemple... ou qui a des tendances suicidaires, ce qui était mon cas. Tous deux s'en trouvent bien. L'esprit peut demeurer ici plus longtemps, et son hôte acquiert tous ses souvenirs et son expérience de toute une vie.

Jim revint dans le séjour et tourna autour de Mlle Neagle, la considérant avec une grande défiance. Cette histoire commençait à ressembler à une sorte de chantage tout à fait farfelu.

— Si cela est vrai, que vous êtes à la fois vous-même et Mme Vaizey, alors, bien sûr, vous devez connaître le don particulier que possédait Mme Vaizey.

— C'est exact. Je le connais, bien sûr. Elle pouvait prédire leur avenir aux gens... avec des feuilles de thé, ou le Tarot, ou en lisant les lignes de leur main. C'était également une tricoteuse de premier ordre !

Jim pensa : parfaitement exact, mais cela ne prouve rien. Si le fils de Mme Vaizey avait laissé dans l'appartement sa visière Homard de l'Espace, il avait probablement laissé également ses cartes du Tarot et ses modèles de tricot.

— Vous savez quel était son nom de jeune fille ?

— Bien sûr. Duncan, Alice Duncan... née le 17 juillet 1919 à Pasadena, la deuxième d'une famille de sept enfants.

— Et vous savez comment elle est morte ?

Mlle Neagle acquiesça.

— Elle a souffert. Elle ne vous a jamais dit à quel point elle avait souffert, parce qu'elle savait que cela vous bouleverserait. Mais elle a souffert, croyez-moi !

— Vous savez comment, et pourquoi ?

— Une nuit, son esprit est sorti de son corps, pour partir à la recherche d'un *houngan* vaudou qui tentait de prendre possession de l'un de vos élèves. Malheureusement, le *houngan* l'attendait.

Jim cessa de marcher de long en large, et regarda Mlle Neagle droit dans les yeux.

— Vous êtes là, hein ? dit-il. Vous êtes vraiment là.

— Oui, répondit Mlle Neagle. Je suis vraiment là.

Et elle leva la main vers la joue de Jim et la toucha, très doucement, pas comme une femme telle que Mlle Neagle le ferait normalement, mais comme une grand-mère le ferait, ou une amie d'un certain âge. Jim prit sa main et la serra.

— Bon retour parmi nous, lui dit-il.

— Je ne suis pas sûre que vous continuerez à dire que vous êtes ravi de me voir lorsque je vous apprendrai pourquoi je suis ici.

— Qu'est-ce que c'est ? Ne me dites pas que, vous aussi, vous avez vu quelque chose de terrifiant qui va venir me prendre !

— Qui d'autre vous a prévenu ? demanda Mlle Neagle, du même ton vif que Mme Vaizey aurait pris.

— Mon grand-père était ici hier matin, répondit Jim. Mon grand-père *décédé*. Il m'a dit de faire attention à quelque chose de sombre, de très vieux et de *hérissé*.

— Alors c'est encore plus grave que je ne le pensais.

— Hein ? Qu'est-ce qui est plus grave ?

— Les proches de quelqu'un viennent rarement de l'au-delà pour lui apparaître, à moins que cette personne ne coure un très grand danger. Enfin, pourquoi reviendraient-ils ? Ils ont eu toute une vie de lutte acharnée et de conflits, et ils n'en peuvent plus. Mais pour moi... non, c'était votre aura qui me préoccupait.

— Mon aura ? Qu'est-ce qu'elle a, mon aura ?

— Lorsque vous êtes arrivé tout à l'heure, vous aviez l'aura la plus menaçante que j'aie jamais vue, morte ou vivante. Vous étiez entouré d'un tourbillon de couleurs sombres, ternes... semblables à... semblables à des *tentacules* qui s'agitent et cinglent un cours d'eau bourbeux. J'ai eu également une horrible sensation de *froid*. C'est pour cette raison que je suis montée vous voir.

— Alors, qu'est-ce que cela signifie ?

— C'est très grave, monsieur Rook. Cela signifie que quelque chose d'effroyable va vous arriver... et quoi que ce soit, cela a déjà commencé. C'est pour cette raison que votre aura a commencé à s'assombrir, de la même façon que le ciel s'assombrit juste avant un orage. Elle sent la menace qui vient vers vous. Elle *sent* que vous allez bientôt mourir.

— Je vais *mourir* ? Et *bientôt* ?

— Si vous ne trouvez pas un moyen de sauver votre vie, oui.

— Allons, voyons, qu'est-ce que c'est que toute cette histoire ? Que signifie « bientôt » ? Au cours de la prochaine demi-heure ? Demain ? L'année prochaine ? Et de quelle *façon* vais-je mourir ?

Mlle Neagle secoua la tête.

— Je ne peux pas vous répondre avec précision. Il faudrait que je vous tire les cartes.

— Écoutez, s'insurgea Jim, je n'ai pas du tout l'intention de mourir. Ni plus tôt. Ni même plus tard !

— Personne n'a envie de mourir, Jim. Je n'en avais pas envie, tout comme vous en ce moment. Nous avons tous peur de la souffrance. Nous avons tous peur des ténèbres. Pourquoi croyez-vous que je m'accroche à cette vie, en restant avec Valerie ?

— Valerie ? Qui est Valerie ? Oh... je vois de qui vous voulez parler. Mlle Neagle. Oui, bien sûr.

— Vous ne devez pas découvrir de quelle façon vous allez mourir, à moins que vous ne le souhaitiez, déclara Mlle Neagle. La plupart des gens ne le souhaitent pas.

— Mais comment puis-je sauver ma vie si j'ignore de quoi il s'agit ?

— Vous voulez que je vous tire les cartes ?

— Un peu, mon neveu ! Vous croyez peut-être que j'ai envie de sortir, de tourner le coin de la rue et de finir déchiqueté par quelque chose de très vieux, de très froid et de « hérissé » ?

— Ce n'est pas parce que votre grand-père a dit que c'était hérissé que cela signifie nécessairement que c'est quelque chose qui pourrait vous déchiqueter. Il s'agit peut-être d'un simple détail... d'une partie du présage, et pas de l'ensemble. Il s'agit peut-être d'une brosse à cheveux, tout simplement, posée à côté de votre lit quand vous mourrez.

— Je ne sais pas pourquoi, mais je ne le pense pas. Il a dit *hérissé* comme si c'était très important.

— Bon, d'accord, dit Mlle Neagle.

Elle sortit un paquet de cartes de la poche de son peignoir. Il était clair qu'elle avait tout prévu.

— Bien, installons-nous. Cette table ? demanda-t-elle.

Jim approcha deux chaises de salle à manger pour que Mlle Neagle puisse étaler les cartes devant elle. Il n'avait encore jamais vu de cartes de ce genre. C'étaient des cartes illustrées en couleur, comme les cartes du Tarot, si ce n'est que les images étaient encore plus étranges, et plus obscures. Il y avait des démons juchés sur des échasses, des nains portant des casseroles en cuivre sur la tête, des femmes nues, très pâles, les yeux bandés, entourées d'énormes blattes. Il y avait des ménestrels coiffés de chapeaux curieusement empilés et des chevaliers au regard triste portant sur leur dos des sorcières hideuses. Certaines cartes représentaient seulement des paysages déserts, où se projetait juste une ombre pour indiquer que quelqu'un était sur le point d'entrer dans l'image.

— Un jeu de cartes plutôt bizarre, fit remarquer Jim en s'asseyant à côté de Mlle Neagle.

— Bizarre, oui, mais très sensible. On ne voit pas souvent des cartes comme celles-ci. Elles ont été conçues en secret au quatorzième siècle sur l'ordre du pape Urbain VI. Elles devaient permettre à ses cardinaux de mettre fin à une invasion de démons dans des centaines d'églises en Italie. Pour cette raison, on appelle ce jeu de cartes le Tarot des Démons. Les démons se cachaient dans les caves et les clochers, et seules les cartes pouvaient vous dire où ils se trouvaient. J'ignore si cette histoire est vraie ou non. Mais je sais que ces cartes ont senti qu'une femme allait se jeter sur son mari avec un couteau à pain, six heures avant qu'elle l'agresse vraiment. Et un jour, elles ont prévenu qu'une petite fille âgée de six ans allait mourir brûlée vive dans une maison en feu.

— Et c'est ce qui s'est passé ?

Mlle Neagle hocha la tête, tristement.

— Sa mère a refusé de me croire. J'ai essayé de trouver l'endroit où elle habitait pour faire sortir la petite fille, mais il était déjà trop tard.

Elle marqua un temps, puis ajouta :

— Cela a été la dernière fois que j'ai utilisé ce jeu de cartes, jusqu'à aujourd'hui.

— Vous me faites peur, dit Jim en s'efforçant de sourire, en vain.

— Je me fais peur à moi-même, déclara Mlle Neagle.

Elle battit les cartes, les tapota trois fois, puis elle entreprit de les disposer soigneusement, un motif en forme de H, vingt et une cartes en tout. Le félin répondant jadis au nom de Tibbles l'avait observée attentivement. A cet instant, ses poils se dressèrent brusquement sur son dos, et la chatte émit un léger sifflement de désapprobation.

— L'une de ces cartes doit vous représenter, le signifié. Celle-ci me semble appropriée... le maître d'école. C'est la carte que je choisissais toujours pour des hommes jeunes et cultivés... particulièrement pour des hommes jeunes, cultivés, et *célibataires.*

La carte représentait un homme avec une expression étrangement sereine sur son visage. Il portait un long manteau qui était décoré de toutes sortes d'objets — des bouilloires, des sabliers et des pains. Une jeune femme était assise devant lui, en tailleur. Dans l'une de ses oreilles, elle avait un cornet acoustique en or dans lequel l'homme versait une huile verte contenue dans un flacon en verre.

Mlle Neagle plaça la carte à l'endroit, au centre du motif en forme de H. Puis, lentement, elle retourna également les autres cartes.

— Ceci est demain, expliqua-t-elle.

Elle leva une carte qui représentait un homme coiffé d'un bonnet en velours noir à la forme compliquée. L'homme contemplait un estuaire aux eaux démontées. Une ombre se projetait sur son dos — comme l'ombre d'une main énorme.

— Et la carte suivante est le chiffre 4.

Trois nobles portant des masques se tenaient dans un cimetière, mais, presque invisible parmi les pierres tombales et les monuments funéraires, il y avait un personnage grotesque, gris, avec des cornes et une étrange protubérance semblable à une trompette à la place du nez.

— Jusqu'ici, cela veut dire que le prochain événement important dans votre vie ne surviendra pas avant que quatre demains se soient écoulés.

— Alors je ne serai pas tué avant jeudi ? C'est ça ?

— Je n'en sais rien, Jim. Continuons.

Elle prit la carte d'à côté et la lui montra. Un homme blême marchait dans un désert avec le soleil levant derrière lui. Jim examina la carte plus attentivement et s'aperçut que le sol du désert était entièrement constitué d'ossements humains entrecroisés. Mlle Neagle déclara :

— Quoi que ce soit qui va vous faire du mal, cela vient de l'est.

— C'est bon ou mauvais ?

— Ce n'est peut-être pas important. Mais tous les esprits maléfiques viennent de l'est. On ne doit jamais construire une maison avec la porte d'entrée orientée à l'est.

— Qu'est-ce que c'est ? *Feng-shui* ?

— Pas du tout. C'est simplement une question de survie. Vous n'avez pas envie que des démons s'engouffrent dans votre maison chaque fois que vous ouvrez la porte d'entrée, n'est-ce pas ?

Elle se pencha vers les cartes en fronçant les sourcils.

— Ah, voilà une carte singulière !

Elle montra à Jim une carte très sombre, presque noire. Jim la prit et sa chatte sauta du fauteuil et s'enfuit dans la chambre à coucher. Jim eut le sentiment qu'elle aurait refermé la porte derrière elle si cela lui avait été possible. Il scruta la carte. Il distinguait tout juste une forme grossière aux poils rudes et avec deux yeux rouges. Plus important, cependant, il voyait une griffe levée en l'air — une griffe semblable à une griffe d'ours, mais plus grosse, avec des ongles dangereusement recourbés.

— Alors ? demanda-t-il à Mlle Neagle.

— Alors... c'est ce qui vient vous chercher, je suppose. Un genre de bête féroce. J'ignore pourquoi elle en a après *vous* en particulier, mais c'est le cas. Sentez la carte à nouveau... non, sentez-la. Elle est chaude, n'est-ce pas ? Elle est vraiment chaude. Elle est chargée d'énergie psychique. Elle vous *connaît*.

Mlle Neagle avait raison. La carte *était* chaude. En fait, elle était tellement chaude à présent que c'était tout juste s'il pouvait la tenir. Il s'apprêtait à la rendre à Mlle Neagle lorsque la carte se recroquevilla et s'enflamma brusquement. Il la laissa tomber dans le cendrier et tous deux la regardèrent tandis qu'elle brûlait et se changeait en une gaufrette recroquevillée de cendres noircies.

— Bon sang, comment cela est-il arrivé ? s'exclama Jim en agitant la main pour dissiper la fumée.

— Je vous l'ai dit. L'énergie psychique. La carte a fait office de câble entre cette créature, quelle qu'elle soit, qui vient pour vous prendre et vous-même. Et comme tous les câbles quand il y a une surcharge d'intensité, elle a grillé.

— Je suis vraiment désolé pour votre jeu de cartes.

Il glissa la main dans la poche-revolver de son jean pour prendre son portefeuille.

— Il vaut cher ?

— Ces cartes sont irremplaçables. Si mon fils avait su qu'elles étaient rarissimes, il ne les aurait pas laissées dans l'appartement. Mais cela ne lui a jamais plu que je tire les cartes à quelqu'un.

— Oh, merde ! fit Jim. Je suis navré.

Mlle Neagle rassembla les autres cartes du jeu.

— Vous n'avez pas besoin de l'être. Je n'ai perdu aucune carte. Cette carte ne faisait pas partie de ce jeu.

— Je ne comprends pas.

Elle posa sa main sur celle de Jim.

— Je n'avais jamais vu cette carte. Elle est apparue d'elle-même. Alors, c'est un avertissement, ou peut-être un présage.

Jim lui adressa un long regard grave. Puis il contempla les cendres dans le cendrier.

— Vous pensez que... ? Vous feriez mieux de m'en dire un peu plus.

3

Les cartes lui indiquèrent seulement trois façons d'éviter la créature « ancienne, froide et hérissée » qui le poursuivait. La première était de demander conseil auprès de deux amis. La seconde était de faire un long voyage, mais les cartes ne disaient pas où. La troisième était totalement sibylline. S'il voulait rester en vie, un jeu devait être joué, et les deux équipes devraient reconnaître la défaite.

— Un jeu ? Est-ce que les cartes disent quelle sorte de jeu ?

Mlle Neagle secoua la tête.

— Je suis aussi déroutée que vous. Mais j'ai le sentiment que ces trois recommandations sont *progressives*, si vous voyez ce que je veux dire. Une fois que vous aurez demandé conseil à vos amis, vous saurez où vous devez voyager, et lorsque vous serez arrivé à destination, vous saurez quelle sorte de jeu doit être joué, et pourquoi les deux équipes doivent perdre.

Jim s'appuya sur le dossier de sa chaise.

— Vous m'affirmez que ces cartes sont le nec plus ultra ?

— Vous voulez vous faire une seconde opinion avec le Tarot ordinaire ? Ou avec des feuilles de thé ? Ou encore en appelant Sydney Omarr ?

Elle était sarcastique. Sydney Omarr était un astrologue professionnel complètement bidon qui donnait ses consultations par téléphone.

— Hon-hon. Je crois que je vais m'en tenir au Tarot des Démons. Au moins il m'offre *une* issue. J'aimerais seulement savoir quels sont ces deux amis dont il est question. Ce serait un début, d'accord ?

— Ce sont peut-être deux professeurs de votre collège.

— Bien sûr. Et ce sont peut-être Bill et Gordon du bar-restaurant Chez Joe. Il pourrait s'agir de n'importe qui !

Mlle Neagle rangea les cartes dans la poche de son peignoir. Elle ferma les yeux un moment, puis elle se pencha brusquement et appuya sa tête sur ses mains.

— Mademoiselle Neagle... Valerie... est-ce que ça va ?

Elle ne répondit pas.

— Vous voulez un verre d'eau ? lui demanda-t-il. Un autre bourbon ? Ou bien un thé glacé ?

— Je vais très bien, dit-elle finalement. C'était une sacrée tension nerveuse, tout simplement, d'essayer de faire ce que Alice était capable de faire.

— Comment va Mme Vaizey ?

— Elle va bien... mais elle est épuisée, elle aussi. De son vivant, elle trouvait déjà que c'était très fatigant de tirer les cartes à quelqu'un. A présent elle doit guider mes mains et faire travailler mon cerveau, et je ne suis pas médium, comme elle l'était.

Jim posa une main sur son épaule et lui sourit.

— Vous avez fait un boulot formidable, Valerie, merci beaucoup. Cela ne vous ennuie pas que je vous appelle Valerie ?

— Vous pouvez m'appeler comme vous voulez, mon chou.

Elle but son bourbon d'un trait et se prépara à partir. Comme elle se dirigeait vers la porte, cependant, elle dit :

— Cette créature qui est censée vous traquer... cette *bête*... vous y croyez ?

— Je n'y aurais pas cru, jusqu'à ce matin.

— Vous pensez vraiment qu'elle existe pour de bon ?

— Oui, je le pense. J'ignore tout à fait ce qu'elle est, ou pour quelle raison elle m'en veut... mais, oui, je pense qu'elle existe pour de bon.

Elle l'embrassa, et ce fut incontestablement Mlle Neagle qui l'embrassait, et non Mme Vaizey. C'était le genre de baiser à moitié sérieux que vous donne une femme d'une quarantaine d'années, un peu ivre, dans un bar.

— Vous êtes un homme intéressant, Jim. Cela ne vous ennuie pas que je vous appelle Jim ? Un de ces jours, vous et moi on devrait s'attabler devant une assiettée de spaghettis et une bouteille de vin, et réfléchir ensemble au sens de la vie !

— J'aimerais savoir une chose, dit Jim.

— Laquelle, Jim ?

— Est-ce qu'il vous arrive de vous disputer ? Vous et Mme Vaizey, dans votre tête ?

Valerie rejeta sa tête en arrière et émit trois petits rires rauques.

— Vous êtes un homme *vraiment* intéressant ! Oui, nous nous disputons tout le temps. Mais c'est bien plus amusant que de se disputer avec soi-même.

Jim la salua de la main tandis qu'elle s'éloignait sur la terrasse d'un pas mal assuré dans ses sandales roses à talons hauts. Puis il retourna dans la cuisine et prit une autre bière. *Deux amis ?* pensa-t-il. *Lesquels ? Et où dois-je voyager ?*

Mais il était certain d'une chose : il devait agir vite, parce que maintenant il était tout à fait convaincu qu'une bête le cherchait pour le tuer, et que c'était la même bête qui avait massacré Martin Amato à Venice Beach.

Il prit les fragiles fragments de cendres dans le cendrier, les restes de la carte à jouer, et les émietta entre ses doigts. Ils retombèrent doucement dans le cendrier et prirent la forme d'une créature noire avec des cornes et de tout petits yeux démoniaques.

Il arriva de bonne heure pour son premier cours d'anglais le lundi matin, et lorsque ses élèves entrèrent dans la salle, il se tenait devant la fenêtre, leur tournant le dos, et regardait dans le vague. Il avait mal dormi. Il portait un pantalon de toile havane chiffonné et une chemise verte à carreaux donnant l'impression qu'il l'avait récupérée au fond de la corbeille à linge. Ses cheveux rebiquaient sur sa nuque et il n'avait pas réussi à les lisser, même avec de la salive.

Les élèves de la Classe Spéciale II furent inhabituellement silencieux tandis qu'ils s'asseyaient à leurs places, mais il les entendit murmurer « Martin » et « Catherine », et il savait de quoi ils parlaient tous. Avant de se retourner, il attendit que les murmures et les chuchotements aient cessé, et qu'il n'y ait plus qu'une toux de temps à autre ou le couinement d'une chaussure de basket sur le sol.

Finalement il se dirigea vers le devant de la classe et les parcourut du regard, les uns après les autres. Greg Lake, qui faisait ses grimaces habituelles dans le coin. Greg souffrait d'un manque de coordination, et c'était un effort continuel pour lui de manifester ses sentiments au moyen des expressions de son visage. Pour le moment il donnait l'impression de suçoter un bonbon au citron particulièrement acide.

Amanda Zaparelli, le teint olivâtre, sensuelle, à la voix rauque de fumeur, avec une prédilection pour les parfums capiteux dont elle s'aspergeait littéralement, et une incapacité chronique à faire la distinction entre un adjectif et un adverbe. « Si vous m'aviez vue entrer dans cette pièce, j'étais tellement fièrement. » « Donne-moi rapide cette cigarette, d'accord ? »

Jane Firman, le teint très clair, dyslexique, et sujette à de brusques accès de larmes et de frustration. Titus Greenspan III, l'air sérieux et les yeux protubérants. Titus faisait plus d'efforts que la plupart de ses camarades, mais il prenait toujours tout au pied de la lettre. S'il lisait « le soleil de midi me perçait un trou dans la tête », il levait la main et demandait pourquoi le narrateur n'était pas tombé raide mort, en répandant sa cervelle sur le sable du désert.

Sharon X, dans une ample robe noire semblable à une djellaba qui, supposa-t-il, était probablement un habit de deuil des musulmans noirs. John Ng, un visage lunaire et l'air grave, un œillet blanc dans un pot à confitures posé sur sa table. Le blanc était la couleur de la mort pour les Vietnamiens.

Jim les regarda tous, un par un, et les observa tous. Ils ignoraient à quel point leurs problèmes respectifs pouvaient le faire souffrir. Parfois il se surprenait à souhaiter que, dans leur intérêt, ils ne grandissent pas et ne soient pas obligés de quitter le collège — et, en particulier, qu'ils ne soient pas obligés de quitter sa classe. Tous avaient un tel caractère, ils étaient tellement différents des autres, nourrissaient tellement d'espoirs démesurés et d'ambitions insensées. Ils voulaient être célèbres. Ils voulaient apparaître à la télévision et vivre dans d'immenses demeures de stuc rose. Mais il disposait de si peu de temps pour les instruire... de si peu de temps pour les aider à surmonter leur désespérante lenteur de lecture et leur vocabulaire si pitoyablement limité, sans parler de leur bégaiement, de leur cécité verbale et de leur ignorance crasse pour tout ce qui concernait l'histoire, la géographie ou l'actualité mondiale.

— Quelle est la capitale du Chili ? avait-il demandé un jour à Ricky Herman.

Mark Foley avait vivement levé la main et dit :

— Je sais ! Con Carne !

Jim les aimait, tous. Mais il haïssait la culture qui les avait amenés à croire que savoir lire n'était pas important, que connaître l'orthographe n'avait aucune importance, que les poèmes à la noix qu'*ils* écrivaient étaient aussi réussis que les poèmes à la noix que Marianne Moore ou Robert Lowell avaient écrits. Pardessus tout, il haïssait la culture parce qu'elle ne leur donnait pas l'occasion de s'exprimer, particulièrement dans des moments comme celui-là.

Très doucement, il dit :

— Hier, nous avons tous subi un choc terrible et ressenti une perte si pénible que c'est difficile d'exprimer cela par des mots. Martin Amato a été trouvé, assassiné, sur la plage de Venice, très tôt dimanche matin. Martin était un fils, un frère et un ami. Il faisait des études pour devenir ingénieur conseil et était le capitaine de l'équipe de football. Il aurait eu vingt et un ans.

Jim se dirigea lentement vers le fond de la classe, où Sue-Robin Caufield était assise. Elle avait noué un foulard noir autour de son bras et elle luttait pour refouler ses larmes. Martin et elle étaient sortis ensemble pendant quelque temps, avant l'arrivée de Catherine.

— Que peut-on dire à propos de quelqu'un comme Martin ? Il était digne de confiance. Il était estimé de tous. Il se prenait trop au sérieux. Martin n'était pas un génie, mais cela n'affectait jamais sa loyauté absolue envers son collège, son équipe, et tous ses amis. Martin était le genre de chic type qui avait tout pour être heureux, pour réussir dans la vie, et pour apporter sa contribution à la société.

« A présent, tout cela lui a été ôté... ainsi qu'à nous. Et pour cette raison, nos vies seront plus pauvres, et plus incertaines, et moins confiantes en le monde où nous vivons.

Il s'approcha de la table de Catherine. Aujourd'hui, ses cheveux étaient coiffés en tresse et maintenus par un ruban noir, et elle portait une robe noire. Ses yeux étaient gonflés à force d'avoir pleuré.

— Est-ce que ça va ? lui demanda-t-il. Tu peux être dispensée de cours si tu veux.

— Ça va, chuchota-t-elle sans relever la tête. Je vous en prie... je préfère rester ici.

Jim demeura près d'elle un moment, à l'observer, puis il s'adressa à toute la classe.

— Aujourd'hui, j'aimerais que chacun de vous écrive un petit poème sur Martin. Je veux que vous

vous serviez de ce poème pour exprimer par des mots tout ce que vous éprouvez pour lui, ou pour tout autre ami que vous avez perdu.

Muffy Brown leva la main et dit :

— Excusez-moi, monsieur Rook, mais est-ce que ce n'est pas un peu, vous savez, *cynique* ? Enfin, Martin est mort depuis un jour à peine et vous transformez sa mort en un *travail scolaire* ?

Muffy était menue et jolie, et avait une personnalité semblable à une pièce remplie de balles bondissantes. Au début de ce semestre, elle avait porté les tresses les plus compliquées que Jim ait jamais vues, mais à présent elle s'était fait raser la tête presque complètement, à l'exception d'une crête en brosse sur le dessus, et un anneau en argent était fixé à son sourcil.

— Écoutez, dit Jim. Si vous parvenez à exprimer vos sentiments à propos de la mort de Martin grâce à l'écriture, vous lui rendrez le plus grand compliment que vous pourrez jamais lui faire. Si vous parvenez à coucher par écrit le choc, la colère, et le sentiment d'injustice... si vous parvenez à communiquer votre peine à d'autres personnes... non seulement cela améliorera votre aptitude à communiquer, mais cela vous aidera également à accepter ce qui s'est passé. Vous ferez comprendre que la mort de Martin vous a touchés et bouleversés... et vous aurez trouvé un moyen de dire au monde à quel point.

Il prit l'un de ses livres et déclara :

— Après la mort de sa mère, Allen Ginsberg a écrit un long poème, *Kaddish*, lequel était rempli de colère, de stupeur, mais aussi de soulagement, parce que sa mère était une malade mentale. Il s'est servi de ce poème pour l'honorer, pour se souvenir d'elle... et pour accepter le fait qu'elle avait été une jolie jeune fille « assise en tailleur sur l'herbe, des fleurs dans ses longs cheveux » et était devenue une vieille femme « décharnée, la peau sur les os — cheveux blancs, brisée, robe lâche sur son squelette — visage décomposé, vieille, flétrie — les joues d'une sorcière ».

« Mais finalement il lui dit : “Là, repose-toi. Plus de souffrance pour toi. Je sais que tu es partie, c’est bien.” »

Il abaissa le livre, inclina la tête.

— Par égard pour Martin, et pour vous également, écrivez quelque chose qui vient de votre cœur.

Il s’ensuivit un silence. Puis, presque en même temps, tous prirent leurs cahiers, ôtèrent le capuchon de leur stylo-bille, et commencèrent à écrire. Jim ne les avait jamais vus aussi consciencieux. Il regagna son bureau, s’assit et se mit à écrire quelque chose, lui aussi. Mais il n’écrivait pas un poème sur la mort de Martin. Il écrivit « 2 Amis ? Qui ? Voyage ? Où ? Jeu où les deux équipes abandonnent ? Lequel ? »

Il se tint la tête dans les mains, s’efforçant de comprendre ce qu’il avait écrit. Au bout d’un moment, cependant, il leva les yeux. La plupart des élèves étaient penchés sur leur travail avec application, même s’il se rendait compte que la plupart avaient écrit deux ou trois lignes tout au plus. Néanmoins, pour les élèves de la Classe Spéciale II, deux ou trois lignes représentaient un véritable exploit. Russell était apparemment le plus inspiré — ou le plus affecté — parce qu’il avait déjà rempli une feuille de papier et commençait la suivante, sa langue serrée entre ses dents comme un petit garçon qui essaie d’accrocher un ver de terre sur un hameçon.

Mais lorsqu’il regarda vers Catherine, il s’aperçut qu’elle n’écrivait rien. Elle était assise le dos bien droit, la tête inclinée en arrière, et regardait fixement le plafond. Il y avait un sourire singulier sur son visage, quasiment un rayonnement, comme si elle était suprêmement heureuse.

Jim l’observa avec une curiosité grandissante. Elle continua de contempler le plafond, puis elle se mit à balancer lentement sa tête d’un côté et de l’autre en un mouvement étrange, répétitif, qui lui rappela quelque chose, mais quoi, il n’aurait su le dire. *Le choc*, pensa-t-il. *Elle est en état de choc*.

Il se leva d'un bond en repoussant sa chaise en arrière qui tomba et heurta le sol dans un fracas retentissant. Tous le regardèrent, surpris, mais il leva la main et dit :

— Ne vous inquiétez pas. Ce n'est rien. Reprenez votre travail.

Il alla rapidement jusqu'à la table de Catherine et se pencha vers elle.

— Catherine ? Est-ce que ça va ? Et si tu allais prendre l'air un moment ? Cela te ferait peut-être du bien.

Elle ne répondit pas. Il avança prudemment la main et toucha son épaule.

— Catherine... je vais t'emmener à l'infirmerie, d'accord ?

Catherine tourna lentement la tête. En même temps, elle ferma les yeux. Mais lorsqu'elle lui fit face, elle les rouvrit brusquement. Il éprouva une vive frayeur et il ne put s'empêcher de faire un pas en arrière. Ses yeux étaient totalement dépourvus d'expression, comme si elle ne savait pas qui il était — ou même *ce qu'il* était. C'était la première fois que quelqu'un le regardait de cette façon, et il ne savait pas quoi lui dire. Que dit-on à un portrait quand il vous regarde fixement, ou à un serpent qui soutient votre regard, dans un vivarium ?

— Tout va bien, monsieur Rook, lui dit-elle de la plus douce des voix. Je n'ai pas besoin d'aller à l'infirmerie. Je vais très bien.

— Je pense que tu ferais mieux de rentrer chez toi. Cela s'est passé hier matin. Le choc peut durer des jours ou des semaines ou même des années.

— Je veux rester ici, insista-t-elle. Je vous en prie, monsieur Rook, je préfère rester ici.

— D'accord, d'accord. Mais si tu as un étourdissement, ou bien des...

— *Je dois rester ici*, lui dit-elle d'une voix sifflante. *Vous ne comprenez donc pas ? Je dois rester ici !*

— Entendu ! fit-il en levant les mains en signe de

résignation. Si tu veux rester ici, alors reste ici ! Cela me convient parfaitement !

Catherine continua de le regarder fixement tandis qu'il faisait demi-tour vers son bureau. Il releva sa chaise et s'assit en lançant à Catherine un long et dernier regard inquiet. Elle était toujours en état de choc, cela ne faisait aucun doute, mais il ne tenait pas à la bouleverser davantage, et il ne voulait pas interrompre son cours. Il aurait un entretien avec elle plus tard, lorsqu'elle serait seule.

Il se replongea dans sa devinette. *2 Amis ? Qui ?* Il ne vit pas la goutte de sang qui était brusquement apparue entre les lèvres de Catherine serrées avec force, et qui coula rapidement sur son menton. La goutte tomba sur son cahier et fit une éclaboussure rouge.

Elle s'essuya la bouche du dos de la main. Puis elle leva la tête à nouveau et continua de regarder fixement le plafond. Ses yeux étaient toujours dépourvus d'expression, comme si elle écoutait un long message qui venait de temps très anciens et d'un pays très lointain.

A quatre heures, il sortait du collège lorsqu'il aperçut Catherine qui attendait à proximité du parking. La tête penchée, elle serrait ses livres sur sa poitrine, et ses longs cheveux voletaient dans le vent chaud de l'après-midi. Il la rejoignit et dit :

— Tu attends tes frères ?

Elle acquiesça de la tête. Cette fois, elle ne le regarda même pas.

— Allons, Catherine, tu as connu des moments très pénibles, lui dit-il. Tu n'es pas obligée de revenir en classe si tu n'en as pas envie. Tu devrais peut-être consulter ton docteur. Ou encore mieux, tu pourrais voir la psychologue du collège. Tu as déjà parlé avec Naomi ? Je sais qu'elle a l'air un peu... hum, *excentrique*, tu sais, avec ces grosses lunettes et cette coiffure en porc-épic, mais elle sait écouter les gens. C'est également une personne très sensée. Pas l'un de ces dingos qui va te dire que tu souffres d'une culpabilité sublimée ou une foutaise de ce genre !

Catherine releva la tête. Des larmes ruisselaient sur ses joues et mouillaient ses cheveux.

— Et si *j'étais* coupable ?

— Coupable de quoi ? Coupable d'être la dernière personne à avoir vu Martin en vie ?

— Il voulait rester avec moi. Il voulait faire l'amour avec moi. Mais j'ai refusé.

— Qu'essaies-tu de me dire ? Si tu avais accepté de faire l'amour avec lui, il ne serait pas reparti vers la plage, et il ne serait pas mort ? C'est ça ?

— Je ne savais pas quoi faire. Si j'avais accepté de faire l'amour avec lui, et que Paul et Nuage Gris l'aient appris...

— Catherine, voyons, tu es une grande fille ! Tu as dépassé l'âge nubile depuis longtemps. Si tu avais envie de faire l'amour avec Martin, Paul et Nuage Gris ne pouvaient pas s'y opposer !

Elle secoua la tête. Elle était vraiment ravissante, surtout avec ses cheveux qui virevoltaient sur son visage et ses yeux brillants de larmes.

— Tu ne peux pas laisser tes frères diriger ta vie, reprit Jim. D'accord, je sais qu'ils sont ta famille. Je sais qu'ils pensent sincèrement qu'ils agissent dans ton intérêt, sans parler de la pureté raciale des Navajos. Mais regarde-moi. Je suis en partie allemand, en partie écossais, et en partie hongrois. Tu es peut-être une Navajo, mais avant tout tu es Catherine, toi-même. Et *tu* es la seule à pouvoir décider de ce qui est le mieux pour toi.

— Il ne s'agit pas de cela. Si Paul et Nuage Gris avaient appris que Martin et moi avions fait l'amour, ils l'auraient tabassé. Je le sais. Chaque fois que j'ai été amie avec un garçon, ils lui ont fait peur ou bien ils l'ont chassé. Martin était le premier garçon qui ne se soit pas laissé intimider. Si cela était devenu vraiment sérieux entre nous... je ne sais pas. Toute cette histoire me fait peur. Cela me fait tellement peur. C'est pour cette raison que je n'ai pas dit à Martin de venir chez moi.

— Tu ne pouvais pas savoir ce qui allait lui arriver, d'accord ? fit Jim. Tu faisais de ton mieux pour le protéger.

Elle releva la tête. Sa bouche était crispée par le chagrin.

— Attends, dit Jim.

Il tira de la poche de sa veste un paquet de Kleenex, en prit un et essuya les yeux de Catherine. Cela faisait bien longtemps qu'il n'avait pas essuyé les yeux d'une femme.

— Je l'ai tué, déclara-t-elle d'une voix rauque. Je n'aurais jamais dû sortir avec lui. Je n'aurais jamais dû tomber amoureuse de lui.

— Voyons, Catherine, tu ne l'as pas tué ! C'était juste la malchance. Tout le monde sait que la plage est un endroit dangereux la nuit.

Il lui essuya les yeux à nouveau. A ce moment, il entendit le grondement d'un moteur V8 fatigué, et la Firebird noire des frères de Catherine s'engagea sur le parking et s'arrêta près d'eux. Paul et Nuage Gris en descendirent — jeans noirs et lunettes de soleil —, vinrent vers Catherine et se tinrent à ses côtés.

— Tiens, tiens, les Frères Cheeryble, dit Jim en faisant allusion aux personnages résolument optimistes de *Nicholas Nickleby*.

— Les quoi ? demanda Nuage Gris en ôtant ses lunettes de soleil.

— Aucune importance. Je doute fort que vous ayez entendu parler de Dickens.

— Dickens ? On dirait le nom d'une chaîne d'hôtels pour des gens comme vous, répliqua Nuage Gris.

— Hé, on a le sens de l'humour ! fit Jim.

Paul s'approcha de lui.

— Catherine vient ici pour s'instruire, mec. Elle ne vient pas ici pour se trouver un petit ami. Elle n'est pas ici non plus pour demander conseil à qui que ce soit. Et par-dessus tout elle n'est pas ici pour qu'on l'endoctrine et lui inculque les idées de l'homme blanc.

— Ce qu'elle choisit de faire de son temps ici ne regarde qu'elle, vous ne pensez pas?

— Non, je ne le pense pas. Et si j'étais vous, je me contenterais d'enseigner l'anglais et de rester en dehors du reste de sa vie, d'accord?

— Autrement, quoi?

— Autrement, rappelez-vous ce qui est arrivé à votre capitaine de l'équipe de football.

— C'est une menace, fit remarquer Jim.

Nuage Gris secoua la tête.

— Ce n'est pas une menace. De même que ce que nous avions dit à Martin Amato n'était pas une menace. C'est simplement une autre prédiction.

Ce soir-là, Jim emmena Susan au St Mark's, sur Windward Avenue, pour manger un steak tout en écoutant un orchestre de blues. Il aimait bien le St Mark's parce que c'était un restaurant agréable, animé et sans façon, et parce que le dîner ne coûtait pas plus de 30 dollars par personne, à condition de ne pas boire trop de chardonnay Stag's Leap. Installés à une petite table d'angle, ils tentèrent d'entretenir une conversation pendant que King Jerry et les Screamers donnaient une interprétation assourdissante de *The House of the Rising Sun.*

Ensuite, Jim reconduisit Susan chez elle. Une fois arrivés, ils restèrent un moment dans la SST Rebel de Jim tandis que le moteur ronronnait tranquillement.

— Merci d'avoir accepté mon invitation, lui dit-il. J'avais besoin d'une soirée comme ça pour ne plus penser à Martin.

— Je t'en prie, c'était très agréable.

Il toucha son épaule.

— Écoute, dit-il, tu te rappelles ce que tu m'as dit, sur les barques qui se heurtent?

Elle le regarda, la tête légèrement penchée d'un côté, et il sut ce qu'elle allait répondre. Les filles qui ont envie d'une bonne secousse vous embrassent tout de suite. Elles ne vous lancent pas un regard compatissant.

— Je suis désolée, murmura-t-elle. C'est juste que... je ne sais pas, Jim. J'ai l'impression que notre relation ne nous mène nulle part.

— Où veux-tu qu'elle nous mène? A Paris? A Rome? A Van Nuys?

Elle sourit et secoua la tête.

— Il ne s'agit pas de cela. Notre relation devrait avoir une dynamique qui lui est propre. Je trouve que nous ne faisons pas grand-chose ensemble.

Jim posa son bras sur le dossier de son siège et la regarda bien en face.

— Alors, qu'essaies-tu de me dire? Que tu en as assez de cette situation, et que tu désires faire autre chose? Je ne suis qu'un professeur de collège, Susan. Ma seule dynamique est de faire de ces gosses à moitié illettrés des personnes capables de s'exprimer.

— Oui, je sais, répondit Susan. Et je t'ai toujours admiré pour ce que tu fais. Mais la vérité, Jim, c'est que...

Elle hésita, puis elle ajouta :

— La vérité, c'est que j'ai oublié pourquoi j'étais tombée amoureuse de toi.

Il eut une sensation glacée dans l'estomac. Cela lui donna l'impression d'être redevenu un adolescent.

— C'est important que tu te rappelles *pourquoi*? lui demanda-t-il. Enfin, du moment que tu es amoureuse de moi.

— Justement, Jim, je ne le suis plus.

— L'autre jour, tu as dit que tu m'aimais presque!

— Ma foi, j'y ai réfléchi, et je pense que je ne suis pas loyale envers toi. Presque, ce n'est pas suffisant, tu ne trouves pas?

— Presque, c'est mieux que rien du tout!

— Jim... je ne veux pas te faire de la peine, c'est tout.

— Tu as raison. Il vaut mieux regarder les choses en face. Nous ne voulons pas vivre dans un perpétuel mensonge, hein?

— Non, répondit-elle en baissant les yeux.

— Écoute, nous pouvons continuer de nous croiser dans les couloirs du collège et de nous dire bonjour. Nous pouvons continuer de regarder ensemble des matches de football. Nous pouvons continuer de papoter en buvant des tasses de café empoisonné durant les réunions de professeurs.

— Jim..., murmura-t-elle, et elle prit sa main.

Il inspira profondément.

— Ne t'inquiète pas, dit-il. Je survivrai.

Il lui vint brusquement à l'esprit que s'il ne trouvait pas les *2 Amis* au cours des prochaines vingt-quatre heures, il allait très certainement mourir.

Il comprit que quelque chose clochait dès qu'il arriva en haut des marches et s'avança sur la terrasse qui menait à son appartement. Sa porte d'entrée était entrebâillée, et des centaines de petits débris mous et friables s'en échappaient en tourbillonnant, semblables à des flocons de neige, excepté qu'il ne pouvait pas s'agir de flocons de neige, parce que la température en cette fin de soirée avoisinait encore les 20 degrés.

Il s'approcha prudemment de la porte d'entrée et roula le numéro d'*Esquire* qu'il tenait dans sa main afin de l'utiliser comme d'un gourdin. Il écouta, mais il entendit seulement les éclats de rire enregistrés qui provenaient de la télévision de Myrlin dans l'appartement d'à côté, et le grondement de la circulation. Quelqu'un jouait de la guitare quelque part, et quelqu'un d'autre riait à gorge déployée.

Il tendit la main vers la porte et les flocons de neige volèrent autour de ses chaussures. Ce fut seulement à ce moment qu'il réalisa que c'étaient de minuscules fragments de mousse de plastique multicolore. Il se baissa, en ramassa un et l'écrasa entre ses doigts. Cela donnait l'impression qu'un oreiller avait été éventré et vidé partout sur le parquet.

— Minette ? appela-t-il doucement d'une voix rauque.

Il attendit, mais il n'y eut pas de réponse. Il tenta de siffler, mais sans plus de résultats. C'était très agaçant d'avoir une chatte qui refusait de répondre à son nom. Elle avait brusquement cessé de le faire, il y avait dix-huit mois environ, et Jim l'avait emmenée chez le vétérinaire pour savoir si elle était devenue sourde. Le vétérinaire avait déclaré : « C'est uniquement pour vous embêter ! »

Jim avança la main et ouvrit la porte toute grande. Elle avait certainement été enfoncée à coups de pied, parce que le logement du verrou avait été arraché du chambranle. Dans l'appartement, il faisait presque totalement sombre, et il demeura immobile un long moment, à se demander s'il oserait entrer. Au cours de ces deux dernières semaines, il y avait eu une série de cambriolages, liés à la drogue, sur cette partie d'Electric Avenue, et deux personnes innocentes avaient été blessées par balles, dont une mortellement.

— Si vous êtes encore là, vous feriez mieux de sortir en vitesse ! lança-t-il. Les flics seront là dans un instant et je suis armé !

Toujours pas de réponse. Jim chercha à tâtons l'interrupteur près de la porte. Il prit une profonde inspiration et l'actionna.

Tout d'abord il ne comprit pas ce qu'il voyait. Puis — comme il faisait un pas en avant, et un autre — il réalisa que son appartement avait été entièrement dévasté, comme par une bande de babouins fous furieux. Les flocons de neige provenaient de son canapé, qui avait été méthodiquement déchiqueté et vidé jusqu'aux ressorts. Il y avait de la mousse de polyuréthane partout, et elle lui arrivait jusqu'aux chevilles par endroits. Des tableaux avaient été arrachés des murs et piétinés. Son téléviseur gisait sur le côté, l'écran craquelé. Sa collection de CD avait été saccagée, ses livres jetés sur le sol, et ses stores ressemblaient à des accordéons affaissés.

C'était le même spectacle consternant dans la cuisine. La porte du réfrigérateur avait été arrachée, et les aliments répandus partout. Un grand pot de jus de tomates avait été renversé sur le carrelage et formait comme une flaque de sang.

Le plus effrayant de tout, cependant, c'était les marques de griffe sur les placards. Les portes en bois de chêne clair avaient été rageusement éraflées par quelque chose qui avait certainement ressemblé à une énorme griffe. Même le plan de travail en Formica avait été rayé — des entailles de plus de trois centimètres de profondeur par endroits.

Jim ramassa un cadre brisé contenant une photographie de sa cousine Laura dont il avait été éperdument amoureux — sans espoir de retour — dans sa jeunesse. Le verre était fracassé, et une griffe avait arraché la moitié du visage de Laura. Il la contempla un moment, puis la laissa retomber par terre. C'était comme si sa vie entière avait été mise en lambeaux — comme si tout ce qu'il avait jamais pensé ou éprouvé ou travaillé pour obtenir avait été réduit à néant, et que c'était ainsi que le destin le lui faisait savoir.

Mais le pire était à venir. Il alla dans la chambre à coucher. Les draps avaient été lacérés et déchirés, les oreillers éventrés. Dans la salle de bains, tous les miroirs avaient été brisés et formaient des kaléidoscopes. Le lavabo avait été arraché du mur, mais, par bonheur, les conduits d'eau étaient intacts.

Il s'apprêtait à refermer la porte de la salle de bains lorsqu'il aperçut un reflet dans le miroir brisé de l'armoire à pharmacie. Un reflet foncé, au dos de la porte. Tout d'abord il pensa que c'était simplement son peignoir, qu'il suspendait habituellement à cet endroit. Puis il réalisa qu'il y avait autre chose. Son peignoir semblait avoir un épais col de fourrure.

Saisi d'une épouvante indicible, il regarda au dos de la porte. Son peignoir était là, en effet. Mais il n'avait pas un col de fourrure. Le félin répondant jadis au nom de Tibbles avait été suspendu au même endroit. Le crochet avait traversé sa bouche grande ouverte, puis lui avait transpercé le palais et s'était enfoncé dans son cerveau. Ses yeux étaient grands ouverts et vitreux, et un rictus de douleur découvrait ses dents.

Jim se pencha vers la baignoire et vomit du steak à

moitié mâché, des filaments de pommes de terre et de broccoli, ainsi qu'un flot acide de bile et de chardonnay.

Il suffoqua et haleta durant plusieurs minutes, puis il s'essuya la bouche avec une serviette de toilette et retourna dans le séjour, en marchant sur des éclats de verre, des CD et des livres. Il trouva le téléphone derrière le canapé. Par quelque miracle, il fonctionnait toujours. Il sortit de la poche de sa veste la carte du lieutenant Harris et composa son numéro personnel.

Il attendait que celui-ci décroche lorsqu'une silhouette apparut dans l'embrasure de la porte d'entrée. C'était Mlle Neagle, en chemise de nuit rose diaphane, avec un col ruché.

— Mon Dieu, Jim, que s'est-il passé ici ? On dirait que vous avez eu votre séisme privé !

— A peu de chose près, Valerie, répondit Jim. Vous vous rappelez ce que vous avez dit à propos de cette créature sombre qui viendrait me chercher... cette créature très ancienne, sombre et hérissée ? Eh bien, elle a failli m'avoir, croyez-moi ! Si je n'étais pas sorti ce soir...

Mlle Neagle s'avança précautionneusement dans le séjour dévasté. Elle se tint près de Jim et posa une main sur son épaule.

— Je suis vraiment désolée... vous devez être effondré.

— Effondré n'est pas le terme qui convient. Je suis également terrifié. Et ma chatte... cette satanée créature a tué ma chatte.

Mlle Neagle huma l'air — un long reniflement investigateur — et cela ressembla davantage à Mme Vaizey en train de renifler.

— Je *la* sens encore, déclara-t-elle au bout d'un moment.

Jim renifla à son tour, mais il sentit seulement le café Folger's répandu sur le carrelage de la cuisine.

— Cela a laissé une *odeur* ? lui demanda-t-il.

— Ce n'est pas une véritable odeur... plutôt un

arôme spirituel. Parfois, lorsque je me trouve à côté de quelqu'un qui a fait quelque chose de vraiment moche, je perçois une sorte d'odeur atrocement aigre, comme de la viande avariée. D'autres fois, je sens lorsqu'une personne est heureuse. Une odeur très chaude, comme un parfum de fleur.

Jim renifla à nouveau.

— Et cette odeur-là ressemble à quoi ?

— C'est un animal, bien que ce ne soit pas un animal. Il a une odeur musquée très forte, comme un ours. Je sens également son aura. Elle est très violente, presque folle furieuse. Je ne pense pas que quiconque puisse stopper cette créature, malgré tous ses efforts. Elle possède une détermination incroyable. Elle défoncerait un mur en briques pour vous attraper, au besoin.

Elle marqua un temps, fronça les sourcils, puis murmura :

— Et pourtant, vous savez... et pourtant...

— Et pourtant quoi ?

— Je n'en suis pas bien sûre. Je sens autre chose. Une sorte de *désarroi,* peut-être.

— Cela n'a pas empêché cette créature de mettre en pièces tout ce que je possédais. Même mon pyjama, bon sang !

Mlle Neagle le regarda et haussa un sourcil. A présent elle ressemblait exactement à Mlle Neagle, et pas du tout à Mme Vaizey.

— Oh... j'ignorais que vous portiez un pyjama !

— Vraiment ? Eh bien, plus maintenant, répliqua Jim d'un ton lugubre.

A ce moment, il obtint sa communication. Apparemment, le lieutenant Harris avait attrapé un rhume, et il se raclait la gorge toutes les dix secondes.

— Harris. Quel est le problème, monsieur Rook ?

— Quelqu'un vient de saccager mon appartement, exactement comme on a saccagé les vestiaires à West Grove.

— Nom de Dieu ! Les dégâts sont importants ?

— Ma chatte a été tuée et on a détruit tout ce que je

possédais. Meubles, livres, tableaux... tout a été mis en pièces.

— Quelqu'un a vu quelque chose ?

— Non, et c'est probablement aussi bien. Celui qui a fait ça peut vous arracher les poumons comme un rien !

— Qu'est-ce qui vous fait penser que c'était la même personne qui a saccagé les vestiaires ?

— Il y a des éraflures très semblables, et des marques de griffe. Et qui diable a la force nécessaire pour arracher la porte d'un réfrigérateur ?

— Écoutez, dit le lieutenant Harris, je veux que vous ne touchiez à rien. Je vous envoie une voiture de patrouille dès que possible, et je viendrai dans une vingtaine de minutes pour examiner votre appartement. OK ? Mais ne touchez à rien !

Il reposa le combiné sur son socle. Mlle Neagle faisait le tour de l'appartement. Elle humait l'air et reniflait. Les bras écartés, elle ressemblait presque à une ballerine.

— Que sentez-vous d'autre ? lui demanda Jim.

— Je sens *deux* animaux, et non un seul. Je ne comprends vraiment pas. Je sens une odeur de chien, ainsi qu'une odeur d'ours. Deux arômes spirituels très différents.

— Et qu'est-ce que cela signifie ? Que *deux* animaux, et non un seul, sont venus ici et ont saccagé mon appartement ? Quelle différence cela fait-il ?

— Cela fait une énorme différence, Jim... parce qu'un des animaux est très fort et résolu, mais que l'autre donne l'impression de livrer une bataille intérieure avec lui-même. Cela fait partie du *désarroi* dont je parlais il y a un instant.

— Tout cela me dépasse ! fit Jim. Je vais attendre les flics dehors.

Mais comme il essayait de sortir, Mlle Neagle le retint par le bras et déclara :

— L'arôme du chien vient de très loin... depuis des centaines de kilomètres. Il doit être incroyablement puissant pour qu'on puisse le sentir à une telle distance. L'ours est très dangereux, monsieur Rook, mais c'est du chien que vous devez vous méfier. Le chien a l'intention de faire quelque chose de très, très grave.

Jim parcourut son appartement du regard, contempla ses meubles éventrés, ses tableaux brisés, ses livres déchirés.

— Vous trouvez que ceci n'est pas très, très grave ? Sans parler du fait que je suis censé mourir dans moins de trois jours et demi !

— Quelque chose de plus effroyable va se produire, croyez-moi.

Mlle Neagle le regarda dans les yeux et ce n'étaient pas les yeux de Mlle Neagle. Ils étaient clairs et lucides comme ceux de Mme Vaizey.

— Vous n'imaginez pas ce que cette créature est capable de vous faire. Ces animaux peuvent prendre votre esprit, aussi bien que votre corps. Quand vous mourez, vous vous attendez à rejoindre vos parents, et tous les êtres qui vous étaient chers, n'est-ce pas ? Vous vous attendez à retrouver tous ces lieux familiers où vous aviez l'habitude de jouer quand vous étiez un petit garçon ? Mais si vous donnez votre esprit à *ces* bêtes, monsieur Rook, vous ne connaîtrez que la souffrance et les ténèbres, à tout jamais. Il y a une vie après la mort, croyez-moi, mais si vous laissez ces bêtes s'emparer de vous, vous souhaiterez qu'il n'y en ait jamais eu !

4

Jim passa la nuit sur le canapé de George Babouris. La maison de celui-ci était située dans le quartier le moins résidentiel de Westwood. George était ventru, avait une barbe noire, et était désordonné d'une façon catastrophique. Son séjour était encombré de sneakers hors d'usage, de pulls élimés et de cartons à pizza vides, ainsi que de piles de livres et de dossiers scolaires.

George se leva de bon matin et se dirigea à pas feutrés vers la cuisine, en T-shirt Homer Simpson et short volumineux — tout en se grattant le derrière et en tirant sur sa première cigarette de la journée. Jim, les cheveux hirsutes, le regarda depuis le canapé et s'exclama :

— George, quelle heure est-il, bon Dieu ?

— Cinq heures et demie. Je me lève toujours à cinq heures et demie. Cela me donne le temps d'avoir un peu de vie à moi en dehors du collège.

— Cinq heures et demie, c'est foutrement tôt. C'est quasiment encore hier !

— Oui, mais pense à tout ce que tu peux faire. J'écris un livre en ce moment. Je peux écrire deux ou trois pages tous les matins avant de me rendre au collège pour tenter d'inculquer la loi de Newton à cette bande de primates. Tiens, regarde...

Il tendit à Jim une liasse de feuilles de papier froissées et tachées de café.

Jim se frotta les yeux et scruta le titre. *Le Luth d'Apollon : L'histoire complète de la musique bouzouki.* Il lui rendit son manuscrit sans faire le moindre commentaire.

— Tu piges ? fit George. Je suis allé à la bibliothèque et je me suis aperçu que personne n'avait jamais publié un ouvrage définitif sur la musique populaire grecque — même en Grèce ! Alors je me suis dit : voilà un sacré créneau, je vais l'écrire moi-même ! Je serai célèbre ! On m'élira peut-être Président de la Grèce ! Tu veux un café ?

Jim s'habilla et se rendit au collège avec presque une heure d'avance sur son horaire habituel, parce que George se confectionna un énorme petit déjeuner, à base de ragoût de bœuf, qui remplit toutes les pièces d'une fumée graisseuse, puis il insista pour jouer de la musique bouzouki afin que Jim apprenne à apprécier ces chansons où il était question du soleil, de la mer foncée comme du vin, et d'un pays où les hommes étaient des hommes et avaient des poitrines couvertes de poils, et où les femmes faisaient tout le travail.

Seul dans sa salle de classe, il s'assit et entreprit de corriger des devoirs. La matinée était mouchetée de soleil. Il avait arrêté de fumer sept ans auparavant, mais jamais il n'avait eu autant envie d'en griller une. Il avait demandé aux élèves de la Classe Spéciale II de faire une explication de texte de *L'Ile au trésor.* Mark Foley avait écrit : « Long John Silver était ce type à la cool avec 1 jambe, le chaif des pirates. Il veut faucher tout le trésor, mais Jim Hawkins l'en empêche. Il devrais tuer Jim Hawkins mais ils ont un lien entre eux, vous savez, là, comme un père et un fils. »

Jim avait toujours trouvé extraordinaire que ses élèves les moins doués soient capables d'aller directement à l'essentiel de l'histoire. Ils ne tenaient pas compte de l'intrigue et percevaient le rythme interne. Beattie McCordic, qui analysait tout ce qu'elle lisait selon un point de vue féministe tout à fait radical, avait écrit : « Il n'y a pas de femmes pirates dans *L'Ile au trésor,* ce qui est ridicule parce que dans la réalité il y en avait des tas et certaines étaient de vraies dures. » Mais elle poursuivait : « Cela ne signifie pas que l'histoire est antiféministe. Durant tout le récit, la façon dont Jim Hawkins se comporte est influencée par sa mère, qui est douce mais forte et très morale. Il y a deux personnages principaux dans ce livre : Long John Silver et la mère de Jim Hawkins, même si celle-ci apparaît seulement au tout début et tout à la fin. »

Au bout de deux ou trois devoirs, il cessa de corriger et regarda par la fenêtre. Il pensa au félin répondant jadis au nom de Tibbles, et il se sentit tellement furieux et triste qu'il avait envie de pleurer. Alors qu'il regardait par la fenêtre, il vit une Chevrolet Caprice bleu foncé s'engager sur le parking et le lieutenant Harris en descendre. Il mit ses lunettes de soleil, se donna un coup de peigne, arrangea sa veste, puis se dirigea vers les bâtiments du collège avec l'air d'un homme qui est très content de sa petite personne.

Deux ou trois minutes plus tard, on frappa à la porte de la classe.

— Monsieur Rook ? fit le lieutenant Harris.

— Entrez, je vous en prie, lui dit Jim. Vous ressemblez au chat qui a mangé le caviar.

— Ma foi, j'ai pensé que vous aimeriez savoir que nous avons fait d'énormes progrès dans l'affaire Martin Amato.

— C'est une bonne nouvelle. C'est une excellente nouvelle. Vous avez déjà procédé à une arrestation ?

Le lieutenant Harris leva un index d'un air de triomphe.

— Je vais vous dire une chose. C'était une enquête tout à fait classique. Nous avons fait du porte-à-porte à Venice Beach, ensuite nous avons surveillé la promenade et nous avons stoppé les cyclistes, les joggeurs et autres amateurs de skate qui passaient par là. Nous avons interrogé tous les adeptes de body-building et de rollers, et j'en passe !

Jim posa son stylo et attendit que le lieutenant Harris finisse de se faire des compliments sur tout le mal qu'il s'était donné.

— Finalement, nous avons déniché deux adolescents originaires de l'Idaho, figurez-vous ! Ils avaient fait du stop depuis Boise et étaient venus ici dans l'espoir de faire de la figuration dans un film. Samedi soir, ils n'avaient aucun endroit où dormir, et ils ont décidé de passer la nuit sur la plage. Ils étaient installés dans leurs sacs de couchage lorsque deux hommes sont arrivés en courant et les ont bousculés.

Le lieutenant Harris prit le petit buste en plâtre de Shakespeare posé sur le bureau de Jim et l'examina avec attention.

— Qui est-ce ? Non, laissez-moi deviner. Ce type dans *Star Trek* ?

— Lieutenant, fit Jim avec impatience.

— Oh, bien sûr ! Bon, il y a eu un genre de bagarre entre ces deux gosses de l'Idaho et ces deux types qui leur étaient tombés dessus. Ce n'était pas grand-chose, et les gosses n'y auraient pas prêté attention, si ce n'est que lorsque les deux types ont décampé en vitesse, l'un d'eux s'est aperçu que ses mains étaient couvertes de sang. Il a tout de suite pensé que l'un des types lui avait donné un coup de couteau. Il est allé dans un bar proche et il s'est nettoyé, et il a constaté qu'il n'avait pas du tout été poignardé. Le sang provenait de l'autre type, sans aucun doute.

— Ce qui laisse supposer quoi ?

— Ce qui laisse supposer deux choses : l'autre type s'était blessé grièvement... ou bien il avait blessé une autre personne, très récemment, et le sang de cette personne l'avait éclaboussé.

— Et ?

— Et il n'avait pas pu se blesser lui-même. Le sang venait d'une autre personne.

— Comment le savez-vous ?

Le lieutenant Harris lui adressa un sourire triomphal.

— Parce que les deux gosses de la plage l'ont formellement identifié. C'était Nuage Gris, le frère de Catherine Oiseau Blanc — et cela n'a pas pris longtemps pour établir que Nuage Gris ne s'était pas blessé cette nuit-là. Ils ont également identifié son acolyte. C'était Paul, l'autre frère de Catherine.

— Vous me faites marcher ! Ces deux-là jouent les durs, mais je ne pense pas qu'ils iraient jusqu'à commettre un meurtre.

— Ils l'ont fait, monsieur Rook. C'est évident. Cela ne leur plaisait pas que leur sœur sorte avec un homme blanc. Alors, quand elle a refusé de ne plus le voir... ils sont passés à l'acte. L'honneur tribal, ou je ne sais quoi, était en jeu !

— Vous les avez arrêtés ?

Le lieutenant Harris acquiesça de la tête.

— Ils ont été inculpés d'homicide volontaire. Je dois admettre que je ne sais toujours pas comment ils ont fait ces blessures à Martin Amato, mais ils se trouvaient sur la plage à l'heure où il a été tué, et Nuage Gris était couvert de sang. Nous procédons à une analyse de l'ADN et du sang en ce moment même, et s'il est établi que ce sang est celui de Martin... *bingo !*

— Et pour les vestiaires ? Et mon appartement ? Et ma chatte ?

— Pour ces affaires, monsieur Rook, je pense que nous cherchons une tout autre personne.

— Mais les éraflures correspondent, non ?

— Il s'agit d'une ressemblance superficielle, mais nous n'avons pas encore terminé les examens en labo.

— Lieutenant, tous ces incidents sont liés ! s'insurgea Jim. Ces vestiaires ont été saccagés par la même personne qui a tué ma chatte et a saccagé mon appartement, et la même personne qui a tué ma chatte et a saccagé mon appartement est la même personne que celle qui a assassiné Martin Amato !

— J'ai un problème sur ce point, déclara le lieutenant Harris.

— Un problème ? Quel problème ?

— A l'heure où votre chatte a été tuée et votre

appartement redécoré, Paul et Nuage Gris dînaient chez eux avec leur père et cinq amis de ce dernier, des figurants dans sa série télévisée.

Jim le regarda fixement.

— Et qu'en concluez-vous ?

— J'en conclus que les deux affaires ne sont pas liées.

— Et si Paul et Nuage Gris *n'avaient pas* fait cela ? Alors elles pourraient être liées.

— *Absolument*, monsieur Rook, dit le lieutenant Harris avec une impatience à peine voilée. Mais elles ne le sont pas, et nous allons prouver qu'elles ne le sont pas, et une fois que nous aurons fait cela, Paul et Nuage Gris récolteront ce qu'ils ont semé !

La porte s'ouvrit et David Littwin passa prudemment la tête par l'ouverture.

— Je peux entrer, monsieur Rook ? Je suis venu de bonne heure pour terminer mon poème.

— Bien sûr, entre, David, répondit Jim. Le lieutenant Harris était sur le point de partir.

— J'aurai peut-être besoin de vous parler plus longuement, dit le lieutenant Harris.

Il était manifestement vexé que Jim ne lui ait pas donné une grande tape dans le dos et n'ait pas reconnu qu'il était le plus grand policier depuis Maigret.

— Quand vous voudrez, pas de problème, fit Jim.

Le lieutenant Harris hésita près de la porte un moment, puis il s'en alla. Jim se replongea dans ses explications de texte.

Sherma Feldstein avait écrit : « Je pense que *L'Ile au trésor* devrait être mis à l'index, car le seul personnage désavantagé physiquement dans tout le roman est présenté comme le méchant. Je veux parler de Long John Silver, qui n'a plus qu'une jambe, et ce n'est pas de sa faute. Ce roman renforcera encore plus les préjugés contre les personnes qui ont un handicap physique, en les présentant comme des êtres cupides et immoraux, prêts à se servir de leur infirmité pour un profit scélérat. »

Jim lui donna un point supplémentaire pour l'orthographe et le vocabulaire, et pour avoir employé correctement l'adjectif « scélérat », mais il ne savait vraiment pas quelle note lui donner pour avoir suggéré que *L'Ile au trésor* était une diatribe contre les handicapés physiques.

Il avait le même sentiment à propos du lieutenant Harris. Peut-être que celui-ci avait raison, et que Martin *avait* été assassiné par Paul et Nuage Gris. Il y avait de solides preuves indirectes contre eux. Néanmoins Jim avait l'impression que le lieutenant Harris faisait la même chose que Sherma Feldstein — il fermait les yeux sur tout, excepté sur ses préjugés.

Il n'y avait pas de discrimination à l'encontre de Long John Silver dans *L'Ile au trésor*. En fait, il dominait tous les autres personnages — tandis que Paul et Nuage Gris semblaient, pour Jim, avoir une mission que des hommes blancs ne pouvaient pas comprendre vraiment, mais qui ne se bornait certainement pas à agresser les garçons qui approchaient trop leur sœur.

Lorsque les élèves furent arrivés, il y avait trois absents. Titus Greenspan III avait eu à nouveau une forte crise d'asthme. Seymour Williams était allé à Forest Lawn pour assister aux obsèques de sa grand-tante, et Catherine Oiseau Blanc n'était pas venue, tout simplement. Ce n'était pas difficile de comprendre pourquoi.

Jim ne leur dit pas que les frères de Catherine avaient été arrêtés. Ils l'apprendraient bien assez vite, et il préférait leur apprendre comment faire face à leur peine. La vengeance pouvait attendre.

— Vous pouvez me dire comment ça s'est passé avec vos poèmes ? leur demanda-t-il. Avez-vous trouvé que c'était difficile ? Avez-vous trouvé qu'ils vous aidaient à exprimer ce que vous ressentiez ?

— Je pense qu'il vaut mieux détruire quelque chose quand on se sent aussi mal, déclara Ray. Vous savez... briser une vitre, donner des coups de pied dans une porte. On se débarrasse plus facilement de sa frustration.

— Alors tu te sentais frustré par la mort de Martin ?

— Frustré ? Vous me faites marcher, hein ? Je me sentais, vous savez, là, *pourquoi* ? Ce type était jeune. Il avait toute la vie devant lui, et il tombe sur un fêlé qui le tue. J'aurais voulu être là. J'aurais voulu être en mesure de le sauver. Je voudrais que ce soit samedi après-midi à nouveau, et qu'il soit toujours vivant.

— Alors, qu'est-ce que tu as fait ? Tu as écrit un poème ou bien tu as détruit quelque chose ?

— J'ai fait les deux. Je suis rentré chez moi et j'ai démoli ma vieille guitare espagnole. Je l'ai fracassée contre le mur de ma chambre jusqu'à ce qu'il n'en reste plus que des cordes et du petit bois.

— Et ensuite tu t'es senti mieux ?

Ray haussa les épaules et dit :

— Ouais. Ensuite je me suis senti mieux.

— Et ton poème ? Tu veux bien nous le lire ?

Ray ôta avec une délicatesse exagérée le chewing-gum du côté de sa bouche et le colla sous sa table. Il prit une feuille de papier soigneusement pliée et s'éclaircit la gorge. D'habitude, ses camarades de classe l'auraient chahuté, mais aujourd'hui ils étaient silencieux. Ils savaient qu'il avait un défaut d'élocution mais ils savaient ce qu'il éprouvait.

— Bon, ça s'appelle *La Guitare brisée en morceaux.*

Aujourd'hui j'ai brisé ma guitare
Ainsi je n'aurai plus à jouer
D'autres airs pour toi.

Je ne veux pas jouer les accords
Ni même chanter les mots
Car tu ne m'entendrais pas même si je le voulais.

Tu es comme ma guitare
Brisé en morceaux, voilà ce que tu es
Ton seul chant est parti et tu nous manques à tous.

— C'est excellent, Ray, dit Jim. C'est probablement la meilleure chose que tu aies écrite ce trimestre. Tu as fait une analogie très frappante... ta guitare qui est brisée et silencieuse, et Martin qui est brisé et silencieux, lui aussi.

Ray devint brusquement écarlate — c'était la première fois que Jim le voyait embarrassé. Il récupéra son chewing-gum puis se pencha sur sa table en se cachant le visage dans les mains.

— Quelqu'un d'autre ? demanda Jim.

John Ng leva la main avec hésitation.

— J'ai écrit quelque chose de très court, déclara-t-il. Ce n'est pas exactement un *haïku* mais je trouve que ça y ressemble.

— Bon, nous t'écoutons.

— *L'herbe*
Regrette tes pas
Le sable
Regrette ton ombre qui courait
Mais le vent te fait bon accueil.

— Tu veux bien nous expliquer ce que tu as voulu dire ? demanda Jim.

— Oh... j'essaie juste de dire que lorsque vous quittez ce monde, une autre vie vous attend. Ce n'est pas une vie que l'on peut voir, de même que l'on ne voit pas le vent, mais elle est tout aussi passionnante.

— Alors tu crois à une vie après la mort ?

— Bien sûr, monsieur Rook. Tout comme vous.

— Monsieur Rook ? intervint Russell. Vous voulez écouter mon poème ? Il est plutôt long. Soixante-deux strophes. Je l'ai appelé *La Ballade de Martin Amato.*

Mark Foley poussa un gémissement. La dernière ballade que Russell avait écrite était le compte rendu minutieux de l'action de *Waterworld*, et son poème était presque aussi long que le film lui-même. Mais Jim dit :

— Entendu, Russell, nous t'écoutons.

Il se dit qu'une légère détente ferait du bien à tout le monde.

Cette ballade commence
C'est l'histoire d'un garçon appelé Martin
Il était le meilleur de tous
Et il était le capitaine de l'équipe de football.
Martin était très grand et toujours souriant
Il était si grand qu'il touchait le firmament
Comme vous le savez son nom de famille était Amato
Et on le blaguait souvent et on l'appelait Tomato.

Russell continua et continua, et la monotonie de son poème n'était guère aidée par sa diction hésitante. Jim se surprit à regarder par la fenêtre et à penser à Mme Vaizey et aux avertissements qu'elle lui avait donnés par l'intermédiaire de Valerie Neagle. Bon Dieu, on était déjà mardi matin et il était censé être tué jeudi... et il n'avait toujours pas la moindre idée de qui pouvaient bien être ses « 2 Amis » ni de la destination du voyage qu'il était censé faire. Cela lui procurait une sensation terriblement agaçante de terreur frustrée. Ne *me* parle pas de frustration, Ray. Ne *me* parle pas de détruire des objets.

Russell continuait d'ânonner lorsqu'on frappa à la porte, et la secrétaire du Dr Ehrlichman entra.

— Monsieur Rook ? Je suis désolée d'interrompre votre cours, mais une personne aimerait vous parler.

— Entendu, merci, Sylvia. Bon, écoutez, tout le monde. Russell finit de lire sa ballade et ensuite je veux que vous lisiez le poème *Essence* de Gregory Corso, page 32.

Il sortit de la salle et remonta le couloir dans le sillage du parfum capiteux de Sylvia. Lorsqu'il arriva dans le bureau du principal, il constata à sa grande surprise que Henry Aigle Noir était là et l'attendait. Le visage de ce dernier était aussi grave qu'un chêne abattu à coups de hache.

— J'aurais préféré ne pas vous déranger durant votre travail, monsieur Rook. Mais je dois vous demander un très grand service.

— Vous pouvez toujours *demander*, fit Jim avec circonspection.

— Est-ce que nous pourrions parler seul à seul? demanda Henry Aigle Noir.

Il jeta un regard par-dessus l'épaule de Jim vers Sylvia, laquelle faisait semblant de vérifier l'agenda du Dr Ehrlichman tout en tendant l'oreille pour écouter ce qu'ils disaient.

— Bien sûr, dit Jim. Et si nous marchions un peu?

Il le précéda dans le hall vers l'entrée principale. Ils sortirent et longèrent les courts de tennis, sous un soleil brumeux. Leur conversation fut ponctuée par le *plick-plack* d'élèves disputant des doubles mixtes.

— Le lieutenant Harris m'a appris que vos fils avaient été arrêtés, déclara Jim.

Henry Aigle Noir hocha la tête.

— La police est venue ce matin, peu après six heures. J'ai déjà parlé à un avocat ici à Los Angeles, mais j'ai également contacté le DNA pour demander un avocat navajo.

— On m'a dit que deux auto-stoppeurs avaient vu Paul et Nuage Gris sur la plage à peu près au même moment où Martin Amato a été assassiné.

— C'est la vérité, répondit Aigle Noir.

— Vous voulez dire qu'ils *étaient* là-bas?

— Oui, en effet. Mais pas pour tuer le jeune Amato, croyez-moi.

— Alors qu'ils l'avaient menacé? Ecoutez, j'ai été témoin de cela. Ils ont dit de façon très explicite qu'il ne vivrait pas assez longtemps pour voir le prochain lever du soleil.

— Je sais. Mais vous avez mal compris. Ils n'ont jamais eu l'intention de faire le moindre mal au jeune Amato.

— Ils avaient du sang sur eux, c'est ce que le lieutenant Harris m'a dit.

— Je sais. Mais je peux vous jurer qu'ils n'ont commis aucun crime.

— Alors que *faisaient*-ils sur la plage?

Henry Aigle Noir s'arrêta de marcher.

— Ils protégeaient leur sœur, comme ils le font toujours.

— La protéger de quoi ? De l'animal qui a tué Martin ?

— Oui, dans un sens.

— Quel est cet animal ? Et pourquoi essaie-t-il de lui faire du mal ?

— C'est pour cette raison que je suis venu vous demander de m'aider, répondit Henry Aigle Noir. Indépendamment du fait que Catherine estime que vous êtes un professeur très stimulant, elle m'a appris que vous aviez un don. Ses camarades de classe lui ont dit que vous voyez des choses que d'autres personnes ne peuvent pas voir... des choses spirituelles.

— C'est en partie vrai. Parfois j'ai... je ne sais pas, des *visions* et des intuitions spirituelles. Mais quel rapport y a-t-il avec cet animal ?

— Cet animal, monsieur Rook, n'est pas un animal réel. Il vient du monde des esprits. Disons qu'il est une sorte de malédiction.

— Une malédiction, répéta Jim en s'efforçant de ne pas avoir l'air trop sceptique. Vous pouvez m'en dire un peu plus ?

— Je pense que vous devriez parler à Paul et à Nuage Gris. Ils sont plus au fait du spiritualisme navajo que moi. Mais vous comprenez quel est mon problème, n'est-ce pas ? Comment puis-je prouver que mes fils n'ont pas tué Martin Amato alors que celui-ci a été tué par quelque chose que l'on ne peut pas voir, même si l'on peut vous persuader de croire à son existence ?

— Et que pensez-vous que je puisse faire ?

— Parlez à Paul et à Nuage Gris, je vous en prie. Au moins écoutez ce qu'ils ont à dire. Même si vous ne le faites pas pour eux, ou pour moi, faites-le pour Catherine. Elle sait que ses frères n'ont pas tué Martin, et elle ne veut pas qu'ils aillent en prison. Elle veut également que la bête soit renvoyée dans le monde des esprits, afin qu'elle ne tue personne d'autre.

— Je vais devoir y réfléchir, monsieur Aigle Noir. J'ai eu un horoscope exécrable cette semaine, concernant des bêtes. A part ça, mon défunt grand-père est venu chez moi il y a deux jours, il s'est assis et il m'a parlé, comme je vous parle en ce moment. Il m'a averti de faire attention à quelque chose qui était très vieux, froid et hérissé, et pour moi cela ressemble fort à une bête !

— Je vous en prie, monsieur Rook. S'il existait un autre moyen... s'il y avait une autre personne en mesure de nous aider, je ne vous le demanderais pas. Mais vous êtes le seul qui puisse voir la bête. Personne d'autre n'aurait la moindre chance.

Jim fit halte et appuya deux doigts sur son front, comme il le faisait toujours quand il réfléchissait à quelque chose d'important. Puis il dit :

— Entendu... je parlerai à Paul et à Nuage Gris... j'écouterai ce qu'ils ont à dire. Mais je ne puis rien vous promettre. Tant que je ne saurai pas exactement de quoi il retourne.

— Permettez-moi de vous donner ceci, fit Henry Aigle Noir.

Il glissa la main dans la poche de sa veste à franges en daim et en tira un petit sifflet en argent retenu par une cordelette usée faite de cheveux tressés.

— Tenez... ce sifflet appartient à Nuage Gris, mais on ne l'aurait pas autorisé à vous le donner au commissariat de police.

Jim prit le sifflet et l'examina attentivement.

— Qu'est-ce que c'est ? Il sert à quoi ?

— Il agit comme un sifflet pour chiens, très au-delà de la portée de l'ouïe humaine.

Jim donna un coup de sifflet. Henry Aigle Noir avait raison. Le sifflet était silencieux. Un homme promenait une chienne Labrador, une vingtaine de mètres plus loin, mais la chienne ne dressa pas les oreilles, même lorsque Jim donna un second coup de sifflet.

— Quelle sorte de chien ce sifflet appelle-t-il ? voulut-il savoir.

— Je vous en prie... vous comprendrez lorsque vous aurez parlé à Paul et à Nuage Gris.

— Très bien, dit Jim. Mais je ne vous fais aucune promesse. Et j'ai peur des chiens. Alors, si ce sifflet appelle quoi que ce soit de plus agressif qu'un chihuaha, je laisse tomber !

— Vous faites des plaisanteries devant la mort.

— Non, pas du tout. La mort est la plus grande plaisanterie de toutes. Le seul ennui, c'est qu'elle ne me fait jamais rire.

Il arriva au commissariat de police juste avant midi. Sa voiture émit une pétarade assourdissante, et deux policiers qui descendaient de leur voiture de patrouille se baissèrent instinctivement.

— Désolé, leur dit-il en faisant un geste de la main.

— Vous auriez intérêt à faire vérifier votre silencieux avant que quelqu'un ne riposte ! lui lança l'un des policiers.

— Désolé, répéta-t-il, et il gravit les marches du perron.

Au bureau d'accueil, il demanda à voir le lieutenant Harris. Celui-ci s'apprêtait à partir. Apparemment, il avait très chaud et était de mauvaise humeur.

— Monsieur Rook... j'apprécie vraiment l'aide que vous essayez de nous apporter, mais je ne pense pas que vous ferez quoi que ce soit de constructif en parlant à ces jeunes Navajos.

— Je ne crois pas qu'ils soient les auteurs de ce meurtre.

— Oh ! Et vous trouvez que c'est constructif ? Ils ont proféré des menaces de mort à l'encontre de Martin Amato en présence de plusieurs témoins. Ils ont été vus par d'autres témoins sur ou à proximité des lieux du crime à l'heure où le crime a été commis. Ils avaient du sang sur leurs vêtements et ce sang, je viens de l'apprendre il y a moins d'un quart d'heure, est du même groupe que celui de Martin Amato, groupe O. Et à part ça, ils se montrent peu coopératifs et agressifs, et leur avocat vient d'arriver et il ressemble à Sitting Bull !

— Sitting Bull était un Sioux.

— Je m'en tape !

— Néanmoins, je désire leur parler, insista Jim. Allons, lieutenant, leur père me fait confiance. Je serai peut-être à même de faire la lumière sur ce qui s'est vraiment passé.

Le lieutenant Harris essuya la sueur sur son front avec le dos de sa main.

— D'accord... mais pas plus de dix minutes... et s'ils acceptent de vous parler. Et lorsque vous aurez terminé, pas un mot à la presse, compris ? Même pas de commentaires. Je ne tiens pas à ce que les médias s'emparent de cette affaire.

— Vous pouvez me faire confiance, lieutenant.

Le lieutenant Harris se dirigeait vers la sortie lorsqu'il s'arrêta et se retourna.

— Au fait, nous avons vérifié les marques de griffe dans votre appartement et nous les avons comparées avec les marques de griffe dans les vestiaires. Elles sont similaires, mais elles ne correspondent pas tout à fait.

— Que voulez-vous dire ?

— Je veux dire que les dégâts dans les vestiaires ont été commis à l'aide d'une griffe ou d'un instrument du même genre que pour les dégâts dans votre appartement, mais il y avait une sacrée différence quant aux mesures.

— Les mesures ?

— Ce qui a saccagé votre appartement avait une largeur de griffe de plus de vingt-cinq centimètres. La marque de griffe la plus large que nous ayons trouvée dans les vestiaires faisait seulement quinze centimètres.

— Et les marques de griffe sur Martin Amato ?

— Elles étaient différentes, là aussi. Dix-huit, peut-être vingt centimètres, au maximum.

— Et quelles conclusions en tirez-vous ?

— Aucune, jusqu'à présent. Je vous rapporte les faits, c'est tout.

— Peut-être devriez-vous chercher trois animaux différents. Ou bien un seul animal qui peut grandir d'une façon incroyable en l'espace d'un week-end.

Le lieutenant Harris lui adressa un long regard dur, un œil à demi fermé en une imitation inconsciente de Columbo. Il n'essaya pas de dissimuler le mépris dans sa voix.

— Monsieur Rook, si vous pouvez me trouver une créature vivante dont les griffes poussent de dix centimètres en trois jours, alors ayez la bonté de me le faire savoir, parce que je signalerai ce fait au Livre des Records ! Dans l'intervalle, si vous tenez vraiment à parler à ces Indiens, essayez donc de les persuader d'avouer qu'ils *ont* assassiné Martin Amato, et de nous dire comment ils s'y sont pris. Cela économiserait l'argent des contribuables. Cela *leur* économiserait de l'argent. Nous pourrions aller à la pêche au lieu de passer notre temps au tribunal. Bon... il faut que je file. Sergent ! Veuillez accompagner monsieur Rook. Il désire parler à nos invités indiens. Dix minutes, montre en main !

Le sergent, un homme bedonnant, s'approcha, un énorme trousseau de clés accroché à son ceinturon. Il avait une petite moustache semblable à une brosse à ongles flambant neuve.

— Si vous voulez bien me suivre, monsieur, dit-il avec un air de condescendance.

Ils franchirent une porte battante, passèrent devant la salle de garde, et entrèrent dans une salle d'interrogatoire située à l'arrière du commissariat. Il y avait une table en bois uni, marquée de brûlures de cigarettes, et quatre chaises du même bois clair. La fenêtre était protégée par un grillage bosselé.

— Prenez un siège, monsieur, dit le sergent. Nous amenons vos amis dans un instant.

Jim se tint devant la fenêtre et attendit. Au-dehors, il apercevait l'arrière d'une voiture de patrouille, l'angle d'un mur en briques, et un étroit rectangle de ciel d'un bleu très vif. Il se demanda ce que l'on ressentait quand on était en prison jusqu'à la fin de ses jours. Mieux valait être mort. Mais il préférait ne pas penser à cela... alors que la mort le talonnait implacablement.

La porte s'ouvrit et le sergent et un autre policier firent entrer Paul et Nuage Gris, menottes aux poings et chevilles entravées par des fers. Le sergent leur dit de s'asseoir, loin de la table. Puis il s'adressa à Jim :

— N'oubliez pas ce que le lieutenant a dit, monsieur... dix minutes, pas une de plus ! Interdiction de fumer, interdiction de donner aux détenus des cigarettes, des produits alimentaires, des livres, des cadeaux ou des documents. Aucun contact physique n'est autorisé.

— Pas de problème si je respire un peu ? demanda Jim.

— C'est facultatif, répliqua le sergent.

Il sortit de la pièce. L'autre policier resta près de la porte, les mains derrière le dos, le regard dans le vague. Il se mit à mastiquer, lentement et de façon agaçante, une énorme barre de chewing-gum.

Jim s'assit.

— Je suppose que vous savez que votre père est venu me voir. Il a dit que vous aviez besoin de mon aide.

— Nous n'avions pas l'intention de faire appel à vous, déclara Nuage Gris en relevant la tête fièrement. Mais Catherine a insisté... et tant que nous sommes enfermés ici, nous n'avons pas d'autre solution. Vous serez nos yeux et nos oreilles, nos jambes et nos voix.

— Votre père a parlé d'une sorte d'animal.

— La bête-esprit, oui. La bête que personne ne peut voir, même lorsqu'elle tue les gens.

— Ce sera plutôt coton d'expliquer cela à un jury.

— C'est pour cette raison que nous nous adressons à vous. Nous avons besoin que vous disiez aux gens que la bête-esprit *existe*. C'est notre seul espoir de prouver que nous sommes innocents.

— Si vous proposiez de vous soumettre au détecteur de mensonges, suggéra Paul.

— Hé, pas si vite ! dit Jim. Qu'est-ce qui vous fait penser que je vous crois ?

— Vous êtes disposé à envisager l'éventualité que nous disons *peut-être* la vérité, répondit Nuage Gris. Sans quoi, vous ne seriez pas venu.

— D'accord... il y a une toute petite chance pour qu'une sorte de force spirituelle ait pu être responsable de la mort de Martin Amato, et que vous soyez innocents. Je suis probablement la seule personne sur cette planète à penser cela. Mais je crois que les vestiaires du collège de West Grove et mon appartement ont été saccagés par la même créature que celle qui a tué Martin, et je me fiche éperdument que les flics tentent de démontrer le contraire. J'appelle cela exercer des pressions. Mais j'ai besoin d'une foule de preuves avant de me soumettre au détecteur de mensonges, de témoigner à la barre et de jurer sur la Bible que c'est une créature invisible venue du monde des esprits qui a éventré Martin, et non vous deux. Après tout, vous vous trouviez sur la plage à l'heure où Martin a été tué.

— Je vous donne ma parole que nous n'étions pour rien dans ce meurtre, déclara Paul. Nous ne l'avons même pas *vu*.

— Vous étiez couverts de sang.

— C'était difficile de ne pas l'être !

— Par conséquent, vous étiez là-bas... juste après que cela s'est passé ?

— Oui, répondit Paul calmement. Son sang continuait de gicler, un vrai geyser.

Jim se passa la main dans les cheveux.

— Là, vous avez un sacré problème, les gars. Ça fait pas un pli !

— D'accord, intervint Nuage Gris. Vous avez vu le corps. A *votre* avis, qu'est-ce qui a tué Martin ?

Jim hésita.

— Un ours, peut-être, ou un couguar.

— Mais cela n'a certainement pas été fait par un être humain, n'est-ce pas ?

— Non, à moins d'avoir une sorte de griffe artificielle.

— Oh, bien sûr, fit Nuage Gris. Mais vous vous imaginez la force que cela demanderait pour faire une chose pareille ? Et qu'est devenue cette fameuse griffe ? Est-ce que nous l'avons laissée sur la plage ? Nous l'avons enterrée ? Nous l'avons cachée dans notre maison ?

— Entendu, dit Jim, et si vous trouviez un moyen de me convaincre que cette bête-esprit existe. Que voulez-vous que je fasse au juste, à part faire hurler de rire tous les jurés ?

— Nous voulons que vous fassiez en sorte que la malédiction soit levée, afin que la bête retourne d'où elle est venue.

— Oh, vraiment ? Et je m'y prends comment ?

— Vous devrez entreprendre un voyage, déclara Nuage Gris. Un voyage qui vous emmènera à des centaines de kilomètres de distance, et au plus profond de votre âme. Vous devrez apprendre ce que c'est d'être un Navajo. Vous devrez acquérir un grand discernement.

Demander conseil à deux amis, pensa Jim. *Entreprendre un long voyage.* Néanmoins il demanda :

— Vous ne pensez que l'un des vôtres serait plus apte que moi ? Un Navajo ? Quelqu'un qui croit déjà à tout ça ?

Nuage Gris secoua la tête.

— Trop de Navajos ont perdu la foi. Ils devraient rechercher les esprits de leur peuple, mais tout ce qu'ils veulent, ce sont des automobiles, des grands ensembles, des usines. Lorsque les hommes blancs sont arrivés ici, ils nous ont vaincus non seulement en nous massacrant et en nous apportant les maladies des hommes blancs, mais aussi en ébranlant notre foi en nos dieux. Un à un, tous nos dieux ont perdu leur capacité à nous protéger. Même Gitche Manitou le Grand Esprit a été réduit à l'impuissance et au silence. Comment aurait-il pu parler à des gens qui ne l'écoutaient plus ? Jadis, nous entendions ses paroles dans le vent, mais après la venue des hommes blancs, nous n'avons plus entendu que le sifflement des trains, la circulation et les émissions radiophoniques. De la même façon, où l'esprit de l'eau peut-il survivre, alors que les rivières sont empoisonnées par la pollution industrielle ? Il n'y a pas de place pour un esprit de feu quand les hommes ont des bombes atomiques. Les esprits sont toujours là, mais les gens sont aveugles. *Vous* seul pouvez les voir.

— Hum, tout cela me paraît très mystique, dit Jim, mais je ne suis pas du tout sûr d'être capable de faire ça. Je ne suis pas du tout sûr d'avoir *envie* de faire ça.

— Je regrette, mais vous *devez* le faire, répliqua Nuage Gris. Vous savez que vous devez le faire. Non seulement pour nous, mais pour vous, également. Si vous ne partez pas à la recherche de cette bête, c'est elle qui viendra vous chercher. Elle sait que vous protégez notre sœur. Qui plus est, elle sait que vous pouvez la voir.

Jim ne savait pas très bien s'il croyait ou non aux mises en garde de Nuage Gris, mais cela lui procurait la sensation désagréable qu'on *l'observait*... ou, pire que cela, que quelque chose de très sombre et de très hostile *le flairait*. Il regarda vivement vers la fenêtre, mais l'ombre qu'il avait aperçue du coin de l'œil était seulement l'ombre d'une feuille agitée par le vent.

— Et où suis-je censé aller ? demanda-t-il. Et que suis-je censé faire, lorsque je serai arrivé ?

— Vous allez vous rendre à Window Rock, la capitale navajo, en Arizona. Emmenez Catherine avec vous, et trois autres amis. Mon père paiera les billets d'avion. A Window Rock, un homme appelé John Trois Noms vous attendra. Il vous conduira à Fort Defiance, que nous appelons la Prairie entre Les rochers.

— Et ensuite ?

— Ensuite il vous emmènera chez l'homme que Catherine est censée épouser.

— Ainsi les fiançailles de Catherine ont quelque chose à voir dans toute cette affaire ?

— Oui, répondit Nuage Gris. L'homme que Catherine est censée épouser est allé trouver un faiseur de prodiges et celui-ci a évoqué la bête-esprit afin d'empêcher Catherine de se prendre d'affection pour quelqu'un d'autre.

— Je vois.

— Vous ne nous croyez pas? Pourtant c'est la vérité! Il était tellement furieux et tellement jaloux qu'il aurait fait n'importe quoi pour empêcher un autre de la toucher.

— Admettons que je vous crois, d'accord? dit Jim. Pour quelle raison votre père a-t-il promis à ce type que Catherine l'épouserait, à l'époque? Il est riche, c'est ça? Enfin, ce n'est pas une coutume navajo! Vous savez, les mariages arrangés.

Paul marqua un temps, puis il déclara :

— Notre père a agi ainsi parce que notre mère se mourait d'un cancer des ovaires. L'homme a dit qu'il connaissait un faiseur de prodiges, et que celui-ci pourrait intercéder auprès des esprits afin qu'ils sauvent la vie de notre mère. Tout ce qu'il demandait en échange, c'était épouser Catherine et avoir des enfants avec elle.

— Et votre père a accepté? Sans demander à Catherine *son* avis?

— Il était en train de perdre sa femme, monsieur Rook. Il était en train de perdre notre mère. Il était désespéré.

— Mais votre mère est morte néanmoins, hein?

— Oui, c'est exact. Les esprits ont estimé manifestement que l'heure de mourir était venue pour elle. Ensuite, mon père est retourné voir l'homme qu'elle était censée épouser, et il lui a demandé si Catherine pouvait être relevée de sa promesse de mariage. Mais l'homme a répondu qu'une promesse sacrée était une promesse sacrée. Notre père l'a supplié, mais l'homme est demeuré inflexible. Il a dit qu'il voulait Catherine et qu'il l'aurait, coûte que coûte.

« Nous avons quitté Window Rock précipitamment, en abandonnant la plus grande partie de nos biens.

Catherine ignorait pourquoi, et nous n'avions pas l'intention de le lui dire. Nous sommes venus ici à Los Angeles et mon père a eu la chance de décrocher ce rôle dans *Frères de sang*. Les studios avaient besoin d'un Navajo pur sang, ce qui est le cas de mon père, et c'est un bon acteur.

— Mais ensuite ?

— Ensuite nous avons appris que cet homme était devenu fou de jalousie, et qu'il avait demandé au faiseur de prodiges de lancer une malédiction sur Catherine, afin que personne d'autre ne puisse jamais la toucher. Ma foi, vous avez vu ce qui est arrivé à Martin. La bête-esprit a saccagé les vestiaires, c'était un avertissement, et ensuite, lorsque Martin ne s'est pas laissé intimider, elle l'a tué.

Jim se leva et s'approcha de la fenêtre. Un petit nuage boursouflé était apparu dans le rectangle de ciel bleu, et la voiture de patrouille était partie.

— C'est une histoire foutrement bizarre, et le mot est faible !

— Je vous assure que c'est la vérité, monsieur Rook. Pourquoi dirions-nous un mensonge, alors que notre liberté est en jeu ? Nous risquons la chambre à gaz, qui sait, si nous sommes reconnus coupables !

— Pensez également à Catherine, intervint Nuage Gris. Pensez à toutes les autres personnes qui pourraient être tuées.

— Oui, y compris moi, fit Jim.

— Est-ce que vous allez nous aider ? demanda Paul. Derrière lui, l'officier de police renifla et continua de mastiquer son chewing-gum.

— Je ne sais pas, répondit Jim. Vous ne m'avez pas dit ce que je dois faire lorsque je verrai cet homme-médecine. Comment vais-je le persuader de renoncer à Catherine ?

— John Trois Noms vous expliquera tout cela. Mais vous devez lui faire une offre. Lui proposer de l'argent, principalement. Et lui faire d'autres promesses.

— Je regrette, les gars, mais j'ai besoin d'en savoir beaucoup plus avant d'accepter ou de refuser.

— Monsieur Rook... c'est bien trop compliqué, je ne peux pas vous expliquer maintenant. Mais je vous promets que ce n'est pas quelque chose de difficile.

— D'accord, ce n'est peut-être pas difficile. Mais est-ce que c'est *dangereux* ?

Nuage Gris eut un haussement d'épaules évasif, mais Paul répondit :

— Ce n'est pas dangereux, si vous vous rappelez tout ce que John Trois Noms vous dira.

— Je ne sais pas, murmura Jim. Je me demande si je vais accepter.

Paul serra ses poings menottés et les abattit violemment sur ses genoux.

— Il le faut ! s'écria-t-il. Vous *devez* accepter ! Le temps presse et nous n'avons personne d'autre qui puisse nous aider !

— Je suis désolé. Vous n'avez peut-être personne d'autre mais j'ai le sentiment que vous ne me dites pas tout ce que vous savez.

— Il n'y a rien d'autre à savoir ! Vous allez en Arizona, vous parlez à ce type, vous passez un marché avec lui, et c'est terminé !

— Alors pourquoi dois-je emmener trois amis ?

— Pour prendre soin de Catherine, c'est tout.

— Catherine ne peut pas prendre soin d'elle-même ?

— La plupart du temps, oui... mais avec tous ces événements, nous pensons qu'il est préférable que quelqu'un veille sur elle. C'est pour cette raison que nous sommes toujours venus la chercher au collège, après les cours. On n'est jamais trop prudent !

Jim demeura silencieux pendant une bonne minute. Le gardien éternua deux fois. Paul et Nuage Gris observaient Jim avec une anxiété difficilement contenue. Il ne comprenait absolument rien à toute cette histoire. Mais il prenait très au sérieux la mise en garde de son grand-père, et il prenait très au sérieux la prédiction de Mme Vaizey, et tout donnait à penser qu'il suivait le destin qu'ils lui avaient annoncé.

— Très bien, dit-il finalement. Laissez-moi parler à votre père de nouveau. Ensuite je verrai ce que je peux faire.

Il trouva Henry Aigle Noir aux Studios Universal, sur le plateau de tournage de *Frères de sang*. Un bout de terrain broussailleux était censé représenter la réserve navajo en Arizona, mais Jim apercevait la maison de *Psychose* à l'horizon, et les flopées de touristes que l'on promenait autour du bassin où avait été tourné *Les Dents de la mer*.

Henry était assis sur le siège avant d'une voiture de patrouille maculée de poussière. Il buvait du café dans un gobelet en plastique et fumait une cigarette. Jim se pencha vers la portière et dit :

— J'ai parlé à vos fils. Apparemment, je vais me rendre en Arizona !

Henry hocha la tête, sans lever les yeux.

— Je vous remercie, monsieur Rook. Un jour, vous serez récompensé pour ça.

Il consulta sa montre et déclara :

— Il y a un vol pour Albuquerque demain matin à sept heures. Je vous trouverai un avion-taxi pour aller d'Albuquerque à Gallup. John Trois Noms vous attendra là-bas et il vous servira de guide pour le reste du trajet.

— J'aimerais savoir une chose. Quel genre d'individu est cet homme qui est censé épouser votre fille ?

— Il est intelligent. Retors. Il peut vous embobiner comme un rien !

— Quel âge a-t-il ? Est-ce que vous savez d'où il vient ?

— Il a l'âge qu'il paraît. Quant à savoir d'où il vient... ma foi... d'où venons-nous ? Des arbres, des rochers, de la poussière sur le sol.

— Est-ce qu'il a un nom ? demanda Jim. Cela semble plutôt curieux, aller jusqu'en Arizona pour rencontrer un type, alors que je ne connais même pas son nom !

— Il a plusieurs noms, comme beaucoup de Navajos, mais la plupart du temps on l'appelle Celui Qui Parle Aux Animaux, ou bien Frère Chien.

— Et à quoi ressemble-t-il ? Enfin, quel âge a-t-il ? Vous savez, à quoi puis-je m'attendre ?

— Vous pouvez seulement vous attendre à l'inattendu, monsieur Rook. C'est un homme très retors, tout à fait imprévisible. Un bon conseil, évitez de l'indisposer !

A ce moment, un assistant réalisateur replet, portant un T-shirt *Frères de sang* vert et imprégné de sueur, s'approcha en se dandinant et annonça :

— C'est à vous, Henry. Nous sommes prêts pour tourner la scène de l'explosion.

— Entendu, dit Henry en s'extirpant de la voiture. Vous voulez regarder, monsieur Rook ?

— Oui, bien sûr. Très volontiers, répondit Jim.

Il suivit Henry et l'assistant vers un petit coin du terrain où une vénérable Lincoln Continental noire était déjà inclinée dans un fossé. Sur le siège du conducteur, il y avait un mannequin avec une robe bleue à fleurs et une perruque blonde, affaissé sur le volant. Les techniciens chargés des effets spéciaux s'affairaient avec des fils et des détonateurs, et l'équipe des prises de vues se tenait tout autour, allumant des projecteurs aveuglants, puis les éteignant, fumant et buvant des bouteilles d'eau d'Evian.

De l'autre côté du plateau de tournage, sur la véranda d'un « bureau du shérif » — un simple mur en façade soutenu par des poutrelles —, Jim aperçut Catherine, portant une chemise jaune à carreaux et un jean. Elle parlait avec la script.

— Vous l'avez amenée ici ? demanda-t-il à Henry.

— Que pouvais-je faire d'autre ? Ses frères sont en prison. Quelqu'un doit veiller sur elle.

— Elle aurait pu venir au collège. Là-bas, nous avons l'œil sur nos élèves, croyez-moi !

— Oui, je sais, dit Henry.

Mais ce fut tout. Ensuite l'assistant lui indiqua où il devait se placer.

Cependant, juste avant que le réalisateur dise « moteur ! », Henry se tourna vers Jim, et l'expression sur son visage ne ressemblait à rien que Jim ait jamais vu. Un air hagard, égaré, presque implorant. Jim regarda dans la direction de Catherine. Elle continuait de parler avec une grande animation à la script, ramenait ses cheveux en arrière et faisait des gestes avec ses mains. Elle était plus belle que jamais — ses cheveux luisaient, ses yeux brillaient. Mais Jim était certain de voir une ombre autour d'elle. Une ombre foncée, vague — bien plus grande qu'elle — et *voûtée*, comme si elle essayait de se cacher dans Catherine.

Plus il regardait Catherine, plus l'ombre devenait distincte. Elle suivait le moindre mouvement de Catherine, mais il était évident qu'il s'agissait d'un autre être totalement différent, d'un être qui imitait Catherine afin de se dissimuler. Jim était incapable de la quitter des yeux.

Il se tenait à côté d'un électricien qui portait une casquette de base-ball *Frères de sang*, visière sur la nuque, et tentait de démêler un enchevêtrement de câbles électriques multicolores à l'aide de pinces.

— Je peux vous demander quelque chose ? dit-il. Cette jeune fille là-bas... celle à la chemise jaune. Est-ce que vous voyez une sorte d'*ombre* autour d'elle ?

L'électricien scruta Catherine du regard, puis il regarda Jim comme si celui-ci était bon pour l'asile.

— Une *ombre* ? répéta-t-il, comme s'il ignorait ce que ce mot voulait dire.

— Aucune importance, dit Jim. Merci tout de même.

L'électricien retourna à ses spaghettis, électriques, mais Jim regarda vers Catherine à nouveau, et cela ne faisait aucun doute : une ombre fuligineuse voletait autour d'elle. Même lorsque Catherine se leva de sa chaise pliante et traversa le plateau de tournage, l'ombre la suivit, semblable à de la fumée, semblable à des nuages, semblable à un film en noir et blanc projeté sur son visage.

Elle l'aperçut et lui fit des signes de la main. Il continuait de l'observer lorsqu'il y eut une explosion assourdissante, et la Lincoln se transforma en une boule ardente de flammes orange. Les vitres volèrent en éclats, les pneus prirent feu, et le capot fut projeté à plus de six mètres en l'air. Jim se retourna juste à temps pour voir Aigle Noir rouler plusieurs fois sur lui-même dans la poussière, pistolet à la main.

Quand il regarda à nouveau vers Catherine, celle-ci avait disparu derrière la poussière, la fumée et les figurants qui attendaient dans un coin du plateau. Mais il entrevit l'ombre. Elle passait devant le « bureau du shérif », ramassée sur elle-même, anguleuse, et son contour était haché, hérissé.

5

Il croisa Susan dans le couloir devant la salle de géographie et lui demanda si cela lui disait de faire un voyage en Arizona.

— L'Arizona ? Pourquoi diable aurais-je envie d'aller en Arizona ?

— Je ne sais pas. Tu aimes bien les cactus, non ? Et il y fait un temps superbe.

— Il fait un temps superbe ici aussi. En outre, je suis au beau milieu du semestre le plus occupé que j'aie jamais connu. Enfin, je pensais que toi et moi étions en froid, tu vois ?

— Oh, nous ne serons pas seuls. L'un de mes élèves vient également. En fait, deux ou trois de mes élèves viendront probablement. Nous allons visiter la réserve navajo de Window Rock.

Susan secoua la tête.

— Parfois tu es vraiment incroyable ! Tu es le plus... je ne sais pas. Tu es la personne la plus louftingue que j'aie jamais connue. Parfois j'ai l'impression que tu viens d'arriver d'une autre planète, et que tu n'as pas encore appris tout à fait comment se comportent les Terriens.

— Alors, tu nous accompagnes en Arizona ?

— Non, Jim, je ne peux pas.

— J'ai besoin de toi, Susan. Je ne te demanderais pas cela si je n'avais pas besoin de toi. Et il ne s'agit pas de sexe. J'ai *besoin* de toi, d'accord ? J'ai besoin de ton soutien.

— Pourquoi ? demanda-t-elle vivement.

— Euh... j'emmène deux de mes élèves filles, et j'estime que ce serait plus convenable si elles avaient un chaperon.

— Je suppose que tu emmènes Catherine Oiseau Blanc ?

— Bien sûr. Enfin, c'est ce qui m'a donné l'idée de faire ce voyage. Tu sais, le fait que Catherine soit une Navajo pur sang et tout le reste !

— Et une Navajo pur sang très séduisante, qui plus est !

— Tu veux que je dise quoi ? Qu'elle ressemble au derrière d'un totem ?

— OK ! Qui d'autre vient ?

— Je ne sais pas. Je ne leur ai pas encore demandé. Mais je voudrais vraiment que tu nous accompagnes.

— Ça ne marchera jamais, Jim, déclara Susan. Toi et moi, nous ne sommes pas faits l'un pour l'autre. Tu dis blanc et je dis noir.

— Je sais. Mais il ne s'agit pas de cela. J'ai besoin pour ce voyage d'une personne adulte munie d'un fort sens des responsabilités, intelligente et lucide. J'ai besoin d'une femme capable de surveiller deux, peut-être trois, jeunes filles en situation difficile. J'ai besoin de quelqu'un avec une bonne connaissance des cultures ethniques et dotée de la capacité de ne pas m'exaspérer. Tu es la seule personne répondant à tous ces critères qui m'est venue à l'esprit.

— Window Rock, dis-tu ? lui demanda-t-elle.

— Window Rock... et peut-être Fort Defiance, également. Tu sais comment les Navajos appellent cet endroit ? « La Prairie entre Les rochers ». Ce voyage sera passionnant !

Elle le regarda et il souhaita éperdument qu'elle soit amoureuse de lui, mais c'était le destin.

— Je ne sais pas pourquoi je dis oui, mais c'est oui, murmura-t-elle. Quand as-tu l'intention de partir ?

— Oh, rien ne presse. Je viendrai te chercher demain à cinq heures.

— Demain ? Je ne peux pas m'en aller demain. De toute façon, mon dernier cours finit à quatre heures vingt.

— Je voulais dire cinq heures du *matin*. Nous prenons le premier vol pour Albuquerque.

Susan ouvrit la bouche puis la referma sans dire un mot. Elle observa Jim s'éloigner dans le couloir vers sa salle de classe et elle songea qu'elle tenait probablement à lui bien plus qu'elle ne voulait l'admettre.

— Je vais faire un court voyage culturel et visiter la réserve navajo en Arizona, annonça-t-il à la Classe Spéciale II. Mon intention est de mieux connaître le milieu où a grandi Catherine afin de lui permettre de faire des progrès en anglais. Bien sûr, j'ai fait la même chose pour plusieurs élèves de cette classe... Rita, tu te rappelles certainement que j'ai passé quelque temps avec ta famille et tes amis, afin d'avoir une meilleure approche de la culture espagnole. John... tu m'as invité très gentiment à venir passer un week-end avec tes amis vietnamiens, et j'y ai pris un immense plaisir, excepté que j'étais tellement maladroit avec mes baguettes que je n'arrêtais pas de faire tomber du *thit bo to* sur mes chaussures !

« Je peux emmener deux d'entre vous. L'un d'eux doit être une fille, car elle dormira dans la même chambre que Catherine. L'autre... ma foi, cela n'a aucune importance. Garçon ou fille. Celui ou celle qui a envie de venir.

Sharon X leva la main.

— Oh, monsieur, je serais ravie de venir ! Je m'intéresse tellement aux cultures opprimées.

— Entendu. Quelqu'un d'autre ?

Mark Foley leva un doigt avec circonspection. Mark était effronté et très drôle, mais c'était l'un des élèves les moins représentatifs de la classe. Plus petit et plus frêle que la plupart de ses camarades, il avait un visage au teint très clair et à l'aspect meurtri, et des cheveux blonds mal coupés. Ses jeans et ses T-shirts étaient toujours d'une propreté irréprochable, mais la plupart du temps ils étaient usés et élimés. La semelle de l'une de ses chaussures de basket battait quand il marchait.

— Toi, Mark? Tu veux venir?

— Ouais, bien sûr. J'ai encore jamais pris l'avion. Cela ne coûtera rien, hein?

— Non. Le père de Catherine a offert très généreusement de régler tous les frais. Tu as juste besoin de vêtements de rechange et d'une brosse à dents.

— Hé, Mark... tu crois que ton paternel te laissera partir? lui demanda Ricky Herman.

— Je me moque de ce qu'il dira! répliqua Mark d'un air de défi.

— Si tu as des problèmes avec ton père, Mark, dis-lui de me téléphoner, fit Jim.

Jim avait déjà eu affaire au père de Mark : un individu borné qui possédait un garage minable à Santa Monica. Il passait toute la journée à rafistoler des Chevrolets d'occasion, et toutes ses soirées à s'envoyer des bières à la pression au KC's Bar. Il avait dit carrément à Jim que, pour lui, les cours d'anglais que suivait Mark étaient une perte de temps parce que Mark parlait déjà anglais, d'accord? et la poésie, c'était « un truc de pédés ».

— Mme Whitman assurera les cours durant notre absence, mais je vais vous charger d'un travail collectif. Je veux que vous cherchiez le maximum de renseignements sur la nation navajo et sur la culture navajo, en particulier leurs croyances religieuses. Voyez si vous pouvez trouver les noms de leurs esprits et des histoires pittoresques à leur propos. Lorsque nous reviendrons, nous comparerons ce que nous avons découvert en Arizona avec ce que vous avez réussi à découvrir ici.

— Amusez-vous bien, monsieur Rook, lança Ray Vito. Et rapportez-nous de l'eau-de-feu et deux ou trois squaws!

— Toi et tes stéréotypes raciaux! s'insurgea Sharon.

— Ouais, Ray... tu devrais avoir honte ! surenchérit Ricky. Espèce de Rital graisseux mangeur de spaghettis et amateur d'opéras !

Jim, amusé, n'intervint pas tandis que tous les élèves commençaient à se lancer des insultes racistes. Parfois cela leur faisait du bien de lâcher tous les mots que l'on n'avait plus le droit d'employer. Cela les amenait à comprendre que la plupart des injures à caractère raciste n'étaient que des mots, et que ce qui comptait vraiment, c'était le fait qu'ils s'entendaient à merveille et qu'ils s'aimaient bien. Au bout de quelques minutes, ils éclatèrent tous de rire.

— Bien, dit Jim. On se calme maintenant. Vous avez été politiquement incorrects pour toute la journée ! Je vous reverrai vendredi matin... j'espère.

En souriant, il parcourut la salle de classe d'un long et dernier regard, et s'efforça de graver dans son esprit une image nette de chaque visage. Après tout, c'était peut-être la dernière fois qu'il les voyait.

Leur avion avait presque une heure de retard et ils arrivèrent à l'aéroport international d'Albuquerque juste avant le déjeuner. Tandis qu'ils traversaient le tarmac, le vent était aussi sec qu'un fouet et la température dépassait allègrement les 35 degrés.

Durant tout le vol, Catherine avait été inhabituellement silencieuse et pensive. Jim la rejoignit alors qu'ils s'approchaient du terminal, et lui demanda :

— Hé, Catherine... tout va bien ?

Elle ramena ses cheveux en arrière de la main.

— Oui, je pense. Mais je crois que j'ai peur.

— Peur de quoi ? De cet individu à qui tu es soi-disant fiancée ? Nous allons nous occuper de lui !

— J'ai davantage peur de moi.

— De toi ? Mais pourquoi aurais-tu peur de toi ?

Elle tourna la tête et le regarda fixement. Ses cheveux virevoltaient dans le vent.

— J'ai l'impression qu'il y a quelque chose en moi... quelque chose qui me trouble profondément. Comme si j'étais furieuse, mais j'ignore pour quelle raison. J'ai ressenti cela la dernière fois que je suis sortie avec Martin. Mais ici je le ressens encore plus fort.

Jim pensa à l'ombre fuligineuse au contour haché qui l'avait suivie aux Studios Universal.

— C'est peut-être ton âge, tout simplement. Quand on est jeune, tu sais, on se sent désorienté.

— Oh, je ne sais pas. C'est bien plus que cela. Cela semble si noir. Cela semble tellement *furieux*. C'est comme s'il y avait de la sauvagerie en moi, si vous voyez ce que je veux dire.

— De la sauvagerie, murmura Jim. Une sauvagerie surgie de nulle part ?

— Oui, c'est ça, acquiesça Catherine. C'est exactement ça.

— Nous en reparlerons plus tard, dit Jim. Pour le moment, je dois m'occuper de notre correspondance.

— Bon sang, il fait foutrement chaud, ici ! s'exclama Mark en essuyant la sueur sur son front avec son bras. Il portait en bandoulière un vieux sac de sport grisâtre, mais ses Nike étaient toutes neuves, et d'un blanc luisant. Lorsqu'il avait annoncé à son père qu'il allait en Arizona, celui-ci l'avait aussitôt emmené dans un magasin de chaussures pour les lui acheter. « Je pense que c'est une totale perte de temps, mais tu ne me feras pas honte en te baladant avec des chaussures de clodo ! »

Sharon portait un T-shirt rose bonbon et un short en satin blanc, et elle ressemblait à une athlète participant aux Jeux olympiques.

— Je suis surexcitée ! fit-elle avec enthousiasme. C'est magnifique ici, non ? Et il fait si chaud !

Susan lui adressa un sourire. Susan, comme à son habitude, faisait très Doris Day — bandeau bleu, chemisier blanc sans manches et jupe plissée en toile de coton à pois jaunes.

— Jim ? lança-t-elle. N'oublie pas l'infanterie !

Le terminal était climatisé et glacial, ses sols impeccablement encaustiqués. Jim se dirigea vers le comptoir de la compagnie d'avions-taxis West New

Mexico. Une femme corpulente avec une énorme coiffure blonde laquée se retourna et appela :

— Randy ! M. Rook et son groupe !

Le pilote sortit du bureau — un homme sec et nerveux avec un teint très hâlé et des cheveux en brosse d'un blanc de neige assortis à sa chemise d'un blanc de neige.

— Bonjour, tout le monde ! Quelqu'un a envie d'aller aux toilettes avant le décollage ? Je n'aime pas voir que mes passagers ne tiennent pas en place, c'est tout.

Il les conduisit vers le tarmac au béton durci par le soleil, où un bimoteur Golden Eagle attendait pour les emmener à Gallup. Mark s'assit devant à côté du pilote, tandis que Jim s'asseyait à côté de Catherine, et que Sharon et Susan s'installaient à l'arrière. Ils attendirent leur tour sur la piste d'envol derrière les remous d'un Boeing 737, puis, lorsque ce fut leur tour, Randy fit décoller l'appareil « comme une puce sautant du dos d'un chien ». Ils prirent immédiatement la direction ouest-nord-ouest et le soleil emplit l'intérieur du Golden Eagle d'une lumière éblouissante.

— On m'a dit que vous alliez à Window Rock ? demanda Randy.

— C'est exact, répondit Jim. En fait, il s'agit d'un voyage d'études. Mes élèves et moi voulons observer le mode de vie des Navajos.

— Au jour d'aujourd'hui, leur mode de vie n'est pas très différent de n'importe quel autre mode de vie, fit remarquer Randy. Ne soyez pas déçu si vous ne voyez personne avec des coiffures de plumes et des plaques de poitrine en os. Window Rock ressemble à toutes les villes de la région. Il y a des motels et des restaurants, un champ de foire, une banque, un centre social et des grands ensembles. Ils ont même leur école de médecine !

Il renifla, puis il ajouta :

— Mais n'oubliez pas d'acheter une couverture. On ne peut pas visiter la réserve navajo sans rapporter une couverture ! Les Teee Nos Pos, ce sont les plus belles.

Jim se rappela que Catherine avait fait un exposé en classe sur le tissage navajo, et elle leur avait dit que les couvertures de Two Grey Hills étaient les plus recherchées. Mais ce matin Catherine regardait par le hublot le sol desséché et plissé au-dessous d'eux, et elle ne disait rien. Une ou deux fois, elle regarda Jim et lui fit un sourire pincé, peu communicatif, et ce fut tout. Jim s'efforçait de l'amener à se sentir protégée, mais il ne savait pas de quoi il était censé la protéger.

Il avait vu une ombre hérissée autour d'elle — une ombre que personne d'autre ne pouvait voir — mais il ignorait totalement ce que cela voulait dire. Etait-elle vraiment possédée par cet esprit fuligineux ? Ou bien s'agissait-il seulement d'un présage — d'un avertissement spirituel, à savoir que la bête la traquait, elle aussi ? L'ennui avec les signes et les messages de l'au-delà, c'est qu'ils n'étaient jamais énoncés en bon anglais. Tout était communiqué au moyen d'allusions, de suggestions, et de visages entrevus sur des vitres embuées.

— Tu avais déjà volé ? demanda Randy à Mark.

— Non, m'sieur, jamais. Aujourd'hui, c'est la première fois. Je croyais que j'allais me ronger les ongles, mais pas du tout !

— Je voulais dire : est-ce que tu as déjà *piloté* un avion ?

Mark secoua la tête violemment.

— Oh, non ! Je n'ai même pas de voiture !

— Ma foi, il y a un commencement à tout, dit Randy. Allez, prends les commandes et voyons ce que tu sais faire.

— Moi ? s'exclama Mark, d'une voix bien plus aiguë qu'il n'en avait eu l'intention. Je ne peux pas. Et si j'écrase l'appareil sur le sol ?

— Certainement pas. Tu n'as pas assez de pratique pour cela ! Allez, prends les commandes.

Mark saisit le manche et le serra si fort qu'il y avait des points blancs aux jointures de ses doigts. Le Golden Eagle descendit un peu et les moteurs émirent un vrombissement menaçant. Mais Randy dit :

— Détends-toi, tu te débrouilles très bien. Garde l'appareil dans une position horizontale. Tu sais, résiste à la tentation de piquer du nez.

Petit à petit, Mark prit de l'assurance, et commença à faire voler le Golden Eagle en ligne droite et sans anicroches, à part une ou deux plongées et descentes brutales à soulever le cœur. Randy lui montra comment se servir des pédales et comment régler la vitesse de l'appareil.

— Tu es doué, mon garçon. Tu pourrais devenir pilote professionnel, tu sais !

Jim regardait et souriait. Il n'avait jamais vu Mark aussi excité. Il pensa : Bon sang, si seulement davantage de gens consacraient un peu de leur temps à des garçons comme Mark, et leur montraient ce qu'ils sont capables de faire, au lieu de leur répéter qu'ils sont stupides et au-dessous de tout !

— Hé, qu'en pensez-vous, vous autres ? lança Mark. Vous trouvez que je suis un pilote de première ?

Sharon déclara avec un sourire épanoui :

— Vous savez quoi, monsieur Rook ? Je n'ai jamais eu aussi peur de toute ma vie !

Ils survolaient les dernières pentes de la Forêt Nationale de Cibola, à un peu plus de quinze kilomètres de Gallup. Jim regarda vers le sol et aperçut l'ombre de leur appareil qui dansait à travers les arbres.

— Reprends un peu d'altitude, dit Randy à Mark. C'est ça. Je veux être sûr que nous franchirons cette crête juste devant nous !

Mark inversa le manche. Au même moment, le moteur gauche émit un rot bruyant, puis un autre, et un troisième. Randy vérifia le tableau de bord et releva ses lunettes de soleil afin de voir plus distinctement le fuseau-moteur.

— Tout va bien, annonça-t-il, le moteur n'est pas en feu, rassurez-vous, et nous avons tout le kérosène qu'il nous faut ! Il s'agissait probablement d'une obstruction du conduit d'alimentation.

Le moteur émit un rot encore plus bruyant, puis crachota, et cala brusquement. Susan se pencha en avant, prit la main de Jim et la serra très fort. Jim se retourna et dit :

— Ce n'est rien, ne t'inquiète pas. Toi aussi, Sharon. Ce genre de chose arrive tout le temps.

— Pas de panique, les amis ! fit Randy. Nous allons mettre l'hélice en drapeau et continuer avec l'autre moteur, tout simplement ! Impossible de s'écraser avec ce petit bijou même si on en a envie !

— J'espère que ce ne sont pas des dernières paroles célèbres ! répliqua Susan.

Jim voulut lui sourire, mais constata qu'il en était incapable. Il sentait que sa chemise imprégnée de sueur était collée à son dos. Il n'avait jamais aimé les petits avions, et depuis qu'ils avaient décollé d'Albuquerque, il avait serré les poings et recroquevillé ses orteils. L'avion s'inclina brusquement vers la gauche et le moteur tribord laissa échapper un gémissement de protestation.

Sharon gémit également, et Mark murmura :

— Oh, merde ! Oh, merde !

— On ne s'affole pas, tout le monde ! dit Randy. Nous ne perdons pas d'altitude et nous ne sommes plus qu'à cinq minutes de l'aéroport de Gallup. Nous serons peut-être un peu secoués à l'atterrissage, mais il n'y a pas de quoi faire une crise de nerfs !

L'avion plongea à nouveau, puis remonta brutalement, laissant l'estomac de Jim environ trente-cinq mètres plus bas. Mark était pétrifié dans le siège du copilote, le visage crispé, ses mains enfoncées avec force sous ses aisselles. Susan serrait violemment la main de Jim, et ses ongles s'enfonçaient dans sa peau. Sharon se cachait le visage dans les mains, mais elle regardait entre ses doigts. Lorsque Jim jeta un coup d'œil à Catherine, cependant, il vit qu'elle était calme et silencieuse. Le menton légèrement relevé, elle regardait fixement devant elle.

— Catherine ? lui demanda Jim. Catherine, est-ce que ça va ?

Catherine ne répondit pas, mais Jim était certain de voir cette ombre autour d'elle, bien que l'habitacle de l'appareil soit inondé de lumière du soleil. Elle donnait quasiment l'impression de porter un voile de deuil spectral. Elle regardait fixement devant elle, fixait le tableau de bord, et ses lèvres bougeaient, comme si elle chuchotait quelque chose.

— *Coyote... Coyote... Coyote...*

C'était tout ce qu'il pouvait percevoir, maintes et maintes fois.

— Catherine ? répéta-t-il.

Il avança la main pour toucher son bras, mais à ce moment, tous les voyants lumineux sur le tableau de bord du Golden Eagle se mirent à clignoter, et toutes les aiguilles des cadrans basculèrent vers zéro. Le moteur tribord gronda sourdement, vibra et cala brusquement. Un silence étrange les entoura aussitôt. Ils n'entendaient que le sifflement et les bourrasques du vent.

Randy actionna vivement la manette pour relancer le moteur, mais il ne se passa rien.

— Que dalle, murmura-t-il. Tous ces foutus circuits électriques sont morts. Je n'ai jamais entendu dire qu'un truc pareil s'était déjà produit, jamais !

— Est-ce que nous pouvons continuer en vol plané ? lui demanda Jim.

— Je n'en sais rien. Vu la façon dont nous descendons, nous n'atteindrons jamais l'aéroport de Gallup !

— Oh, merde ! fit Mark. Nous n'allons pas mourir, hein ?

— Mourir ? Fichtre non ! répondit Randy. Nous allons nous poser sur le ventre dans la luzerne de quelqu'un, c'est tout !

Mais Jim se rendit compte, à la façon de parler de Randy, que sa bouche était sèche, et qu'il était aussi terrifié qu'eux. Il leur restait une dernière crête à franchir, ce qui voulait dire qu'ils devaient garder une altitude suffisante pour passer au-dessus d'une ligne de grands arbres. Mais le Golden Eagle pesait plus de trois tonnes et demie, et Jim avait l'impression qu'il tombait du ciel aussi lourdement qu'un piano à queue. Les arbres se dressaient devant eux, de plus en plus haut, et bientôt ils frôlèrent presque les hautes branches.

Ils ne réussiraient jamais à franchir la crête. Ils s'en rendaient tous compte à présent. Ils étaient déjà au-dessous du niveau des arbres les plus imposants, et il n'y avait même pas une trouée entre les arbres où Randy aurait pu tenter de passer.

— Oh, mon Dieu, Jim ! Oh, mon Dieu ! chuchota Susan.

Sharon se tenait la tête dans les mains, ses yeux écarquillés par la panique. Jim avait des nausées de peur et d'impuissance, et il éprouvait également un immense chagrin. Il était venu ici pour sauver sa vie, et celle de Catherine... et à présent tous deux allaient mourir, et ils allaient tuer aussi Susan, Mark, et Sharon !

— Attention, accrochez-vous ! dit Randy. Avec un peu de chance, ces arbres seront aussi doux qu'un coussin !

Vous savez que ce n'est pas vrai, pensa Jim. *Ces arbres vont nous briser en morceaux, et les équipes de sauvetage ne pourront récupérer que des bras et des jambes.*

Il se tourna vers Sharon et Susan.

— Retirez vos chaussures, ensuite baissez la tête et placez vos mains sur votre nuque.

Le Golden Eagle tangua et plongea alors que Randy faisait une dernière tentative désespérée pour reprendre un peu d'altitude.

Jim regarda Catherine. Elle se tenait toujours bien droite, les yeux rivés sur le tableau de bord. L'ombre autour d'elle était encore plus distincte à présent, floue et tachetée, comme s'il regardait Catherine à travers un négatif en noir et blanc. Bien plus, les yeux de Catherine étaient totalement noirs, et on n'y voyait pas le moindre blanc.

— Catherine ! lui cria-t-il.

Il saisit son poignet... et eut aussitôt un mouvement de recul. Il n'avait pas senti le poignet délicat et lisse qu'il s'était attendu à sentir. Il avait senti quelque chose d'épais et de froid — quelque chose qui était couvert de poils raides et emmêlés.

— Catherine, écoute-moi ! C'est Jim Rook ! Ecoute-moi !

— Dites-lui de se pencher et de mettre sa tête entre ses genoux ! cria Randy. Bordel de merde, nous allons déguster !

— Catherine ! hurla Jim. Catherine ! Il faut que tu m'écoutes ! Catherine !

Il avança la main et voulut tourner le visage de Catherine vers lui, mais dès qu'il toucha sa joue, il cria « *Ah !* » et retira vivement sa main. La joue de Catherine avait été rêche et velue, et il avait nettement senti des *dents.*

— Catherine, si tu m'entends, Catherine, essaie de combattre cela ! lui cria Jim.

— Jim ? Mais qu'est-ce que tu fais ? s'exclama Susan. Jim ! Penche-toi en avant, sinon tu vas te briser le dos !

Toutes les vitres du cockpit semblaient emplies uniquement d'arbres qui venaient à leur rencontre. Mark continuait de marmonner « merde, merde, merde » à voix basse, et Sharon priait Allah.

Catherine ne peut pas m'entendre, pensa Jim éperdument. *Elle est peut-être là mais elle ne peut pas m'entendre ! Elle est un animal maintenant, ce n'est plus un être humain. Et comment peut-on obliger un animal à vous écouter ?*

Il tapota brusquement le devant de sa chemise et sentit le sifflet que Henry Aigle Noir lui avait donné, et qu'il avait passé à son cou. Il le prit et donna un coup de sifflet. Il n'entendit absolument rien, et Catherine ne réagit pas. Il donna un coup de sifflet à nouveau, plus fort cette fois.

La tête de Catherine se tourna vers lui d'un mouvement saccadé terrifiant. Ses yeux noirs le fixèrent avec une telle férocité qu'il se rejeta en arrière. Il voyait l'ombre autour d'elle tout à fait nettement à présent, et c'était moins une ombre qu'un *masque.* Le masque d'un animal montrant les dents, ses lèvres retroussées par un rictus de haine.

— *Catherine !* s'exclama Jim.

Une étrange expression de compréhension étonnée apparut sur le visage de Catherine.

— *Quoi ? Que se passe-t-il ?* dit-elle.

Comme elle prononçait ces mots, l'obscurité dans ses yeux commença à diminuer. L'ombre s'estompa et s'écoula brusquement, telle de l'encre qui disparaît au fond d'un évier. Elle regarda autour d'elle et vit les arbres qui se dressaient de tous les côtés, vit Sharon et Susan, la tête entre les genoux.

— *Que se passe-t-il ?* s'écria-t-elle d'une voix stridente. *Je ne comprends pas ce qui arrive ! Que se passe-t-il ?*

— Baissez la tête, bon Dieu ! lui cria Randy.

Mais Jim lui dit :

— Catherine... tu es Catherine ! Catherine Oiseau Blanc, c'est la personne que tu es !

Catherine le regarda d'un air hébété durant un long moment, puis elle leva les mains et toucha son front, comme si elle ne parvenait pas à croire que cette tête, ces cheveux, ce visage, étaient vraiment les siens.

— Tu es Catherine Oiseau Blanc ! répéta Jim.

Même s'ils mouraient tous dans un instant, au moins Catherine mourrait en sachant parfaitement qui elle était, et ce qui lui était arrivé.

Elle se tourna vers le tableau de bord et tendit la main avec raideur.

— *Vis !* ordonna-t-elle. *Vis !*

Jim vit les voyants lumineux se rallumer, et les aiguilles des cadrans se redresser brusquement pour se remettre en position. Mais les arbres se dressaient si près qu'ils empêchaient la lumière du soleil de pénétrer dans l'habitacle, et le Golden Eagle semblait tomber de plus en plus vite, comme s'il avait renoncé à voler.

— *Randy!* hurla Jim. *Randy... essayez de relancer les moteurs!*

Randy actionna les manettes du starter. Rien.

— Essayez encore, bon Dieu! insista Jim.

Randy s'exécuta. Au deuxième essai, le moteur tribord toussa, et le moteur bâbord toussa à son tour, puis ils sentirent brusquement la vibration de deux moteurs tournant à pleine puissance. Randy inversa le gouvernail avec une telle force que cela donna l'impression qu'il soulevait le Golden Eagle et lui faisait reprendre de l'altitude. Sharon cria comme des branches cinglaient les ailes de l'appareil. Mark laissa échapper une longue plainte de pure terreur.

Jim pensa : *Je vous en prie, mon Dieu!* et il saisit la main de Catherine. A présent, sa main était menue et douce, comme elle aurait toujours dû l'être. Catherine entrelaça ses doigts avec ceux de Jim et chuchota :

— *Gitche Manitou, sauve-nous!*

Le Golden Eagle rasa la cime des arbres et ses hélices firent voler dans toutes les directions des feuilles et des branches. Il continua de monter au-dessus des pentes de la Forêt de Cibola, de plus en plus haut, et atteignit une altitude telle qu'ils aperçurent le soleil briller sur trente kilomètres de forêt et de désert. A présent, les monts Zuni se dressaient derrière eux, voilés d'une brume de chaleur violacée.

— Bon sang, je ne sais vraiment pas ce qui s'est passé tout à l'heure, déclara Randy. Mais aujourd'hui je peux vous certifier que je crois en Dieu. Ou en Allah, ajouta-t-il en se tournant vers Sharon. Ou en Gitche Manitou!

— Ouf! dit Mark.

— C'est tout? le taquina Randy. Juste « ouf »?

— Ouais, « ouf ». Je croyais que j'avais fait dans mon jean!

— M'est avis que nous l'avons échappé belle! sourit Randy, et il vira vers Gallup.

John Trois Noms les attendait sur le terrain d'aviation éclatant de soleil. C'était un Navajo de petite taille tiré à quatre épingles — veste marron, pantalon beige et chapeau marron à large bord orné de plumes. Il avait l'un de ces visages d'Indien ridés à la peau veloutée qui rappelaient toujours à Jim un paquet enveloppé dans du papier marron de qualité inférieure. Mais ses yeux étaient lumineux et son regard dur, et il parlait d'une façon rapide et saccadée, tout en restant ferme sur ses positions.

— Bonjour, je suis John Trois Noms, dit-il en serrant la main de Jim. J'ai cru comprendre que vous aviez eu des problèmes durant le vol. Deux voitures de pompiers et une ambulance étaient prêtes à intervenir.

— Disons que nous avons eu une sacrée frayeur, répondit Jim.

Il se retourna et regarda Catherine qui aidait Sharon à porter ses sacs de voyage.

— J'aimerais penser que c'est terminé, mais quelque chose me dit qu'il n'en est rien !

— La voiture est dehors, dit John Trois Noms. Ou bien voulez-vous vous reposer un moment ?

— Je pense que nous pouvons partir tout de suite, déclara Jim. Tout le monde est d'accord ?

— Oui, partons tout de suite, dit Catherine. Plus tôt nous serons arrivés et mieux ce sera.

— Tu es sûre ? lui demanda Jim.

Mais elle tendit le bras et toucha sa main, très doucement, et il comprit qu'elle tenait absolument à en finir avec ce voyage. Elle ne l'avait pas remercié pour ce qu'il avait fait dans l'avion, mais c'était inutile. Jim et elle avaient partagé un moment unique — lorsqu'elle avait réalisé qui elle était vraiment — et cette entente valait tous les remerciements. Jim se sentit très proche d'elle en cet instant, et comme elle suivait John Trois Noms, ses longs cheveux brillant dans le soleil de l'après-midi, il se prit à penser qu'il aurait presque pu l'aimer.

— Ne laisse jamais le docteur Ehrlichman te surprendre en train de regarder tes élèves filles de cette façon ! le taquina Susan.

— De quelle façon ? Je suis inquiet à son sujet, c'est tout.

— Tu l'as dit toi-même, elle ne ressemble pas au derrière d'un totem !

— Susan...

Elle glissa son bras sous le sien.

— Nous sommes en vie, c'est tout ce qui compte. Tout à l'heure, j'ai vraiment cru que nous allions mourir. Et j'ai réalisé brusquement que je n'y étais pas du tout préparée !

Elle fit halte, leva la tête, et l'embrassa. Mark et Sharon marchaient derrière eux, et Mark émit un sifflement narquois.

— Ça te gêne ? fit Jim. Même des membres du corps enseignant ont le droit de manifester discrètement leur affection réciproque !

John Trois Noms avait une Ford Galaxy bleue garée devant l'aéroport, avec suffisamment de sièges pour tout le monde.

— Je l'ai empruntée au collège navajo. Vous devez absolument visiter ce collège, monsieur Rook. Je crois que vous serez impressionné.

— Pourquoi vous appelle-t-on John Trois Noms ? voulut savoir Mark comme ils partaient.

— Parce que j'ai trois noms, bien sûr.

— Vraiment ? Lesquels ?

— « John », « Trois » et « Noms ».

Mark le considéra un long moment en fronçant les sourcils.

— Vous me faites marcher, hein ?

John Trois Noms le regarda et éclata de rire. Puis il dit :

— Personne ne rit plus fort qu'un Navajo lorsqu'il a joué un tour à un homme blanc !

Jim sourit, se renfonça dans son siège et s'efforça de prendre plaisir au trajet menant à Window Rock. Une ou deux fois, il prit le sifflet que Henry Aigle Noir lui avait donné, pour le tourner et le retourner dans ses doigts. Ce sifflet lui avait sauvé la vie, il comprenait cela. Il les avait sauvés tous les six. Mais il ne savait toujours pas pourquoi exactement, ni comment. Catherine ne semblait plus avoir l'ombre autour d'elle, mais quelles étaient les chances pour que l'ombre revienne ? Et que tenterait-elle de leur faire la prochaine fois ? Il porta le sifflet à ses lèvres et il s'apprêtait à s'en servir lorsqu'il s'aperçut que Catherine le regardait, le bout de son index posé sur ses lèvres.

— Qu'y a-t-il ? demanda-t-il.

— Il est préférable de ne pas le déranger à nouveau, le prévint-elle.

— Qui ça ?

Catherine se couvrit le visage avec les mains, mais elle écarta les doigts afin que ses yeux puissent voir. Jim ignorait ce qu'elle voulait dire par là, mais cette mimique avait un effet très inquiétant. Cela ressemblait à un masque, ou à quelqu'un qui épie le monde depuis autre part.

Il baissa le sifflet et le glissa à nouveau sous sa chemise. Il était clair que certaines fois ce sifflet les aiderait, et que d'autres fois il leur apporterait des ennuis.

Susan se pencha vers Jim et prit sa main. Ce pouvait être un geste d'affection retrouvée, ou cela pouvait être simplement une façon de confirmer qu'ils étaient toujours tous en vie. Jim était sûr d'une chose — il ne retournerait pas à Albuquerque *en avion*, pas avec Catherine en tout cas.

— L'un de vous a-t-il déjà visité la réserve navajo ? demanda John Trois Noms ? Non ? Dans ce cas, je crois que ce sera une révélation pour vous. Je vis dans cette région depuis vingt-cinq ans et j'ai vu de sacrés changements, vous pouvez me croire ! Nous avons encore un nombre trop élevé de personnes qui dépendent de l'assistance sociale, mais nous continuons de nous adapter au monde moderne à bien des égards. Pour moi, la chose la plus importante est de conserver notre langue maternelle et notre identité nationale. Il est regrettable que la magie de nos ancêtres ait disparu de ce pays !

Ils arrivèrent à Window Rock au milieu de l'après-midi, sous un ciel bleu sans nuages. C'était une petite ville semblable à toutes les petites villes d'Arizona, avec des boutiques, des stations-service et des immeubles de bureaux. John Trois Noms avait réservé des chambres à l'hôtel Nation Navajo — 73 dollars la nuit. Une femme très jolie et posée, vêtue d'une robe bleue, les conduisit à leurs chambres respectives. Elles étaient très simples mais ensoleillées, et décorées de couvertures *yei* aux personnages stylisés. Un petit garçon âgé de cinq ans environ les suivait, quelques pas en retrait, en fronçant les sourcils de timidité et de curiosité. John Trois Noms s'arrêta et revint vers lui. Il leva les mains pour lui montrer qu'elles étaient vides, puis il les frotta l'une contre l'autre et fit apparaître un *quarter* de nulle part. Il donna la pièce de monnaie au petit garçon et lui dit :

— Ne dépense pas tout en bonbons !

Sharon et Catherine avaient une chambre spacieuse et bien éclairée, avec vue sur la piscine. Jim toucha l'épaule de Sharon tandis qu'elle franchissait la porte avec son sac de voyage, et lui dit :

— Tu n'oublies pas, hein ? Tu ne la quittes pas des yeux... et si jamais tu vois quoi que ce soit d'anormal...

— Je veillerai sur elle, monsieur Rook, le rassura Sharon. Elle vient d'une minorité ethnique qui est encore plus minoritaire que la mienne !

Jim et Susan avaient des chambres contiguës avec une porte communicante. Susan agita la poignée pour s'assurer que la porte était bien fermée à clé.

— Tu sais, juste au cas où tu ferais une crise de somnambulisme !

— Et si je suis éveillé ?

— Si tu es éveillé, tu meurs !

John Trois Noms suivit Jim dans sa chambre. Jim fit coulisser la porte-fenêtre et sortit sur un petit patio aux carreaux de terre cuite et comportant une table et des chaises. Dans le lointain, les montagnes vermeilles étaient délavées par la chaleur. Un lézard prenait un bain de soleil dans la poussière au-delà du patio, et il ne bougeait pas.

— La chambre vous plaît? demanda John Trois Noms.

— Elle est parfaite, merci.

— Dites-moi ce qui s'est vraiment passé durant le vol.

Jim le regarda.

— Que voulez-vous dire?

— Ce n'était pas un simple incident technique, n'est-ce pas?

— Ah, bon? Qu'est-ce qui vous fait penser ça?

— Durant le trajet jusqu'ici, je vous observais dans mon rétroviseur. Je vous ai vu porter le sifflet à votre bouche. J'ai vu Catherine Oiseau Blanc vous faire signe de ne pas vous en servir. Ensuite je l'ai vue se cacher le visage avec les mains.

— Et qu'est-ce que cela vous a appris?

— Cela m'a appris que vous vous étiez probablement déjà servi de ce sifflet, pour une raison ou pour une autre, et que vous étiez intrigué par l'effet qu'il avait produit. Alors vous vouliez peut-être vous en servir à nouveau, pour voir ce qui se passerait cette fois. Mais Catherine Oiseau Blanc a dit non, vous le dérangeriez... et lorsque vous avez demandé *qui,* elle a caché son visage.

« Vous savez pourquoi elle a fait cela? Elle ne voulait pas prononcer son nom, de peur qu'il ne soit emporté par le vent jusqu'à lui, et qu'il comprenne qu'elle approchait. Mais ce sifflet n'a qu'une seule fonction : appeler l'esprit nommé Coyote. Et faire *ceci* (là, il se cacha le visage avec ses mains comme Catherine l'avait fait)... c'est avertir les gens que Coyote n'est pas très loin, et qu'il vous écoute.

— Je crois que vous feriez mieux de m'expliquer toute cette histoire depuis le commencement, dit Jim.

John Trois Noms entra dans la chambre et se tint près de lui.

— Autrefois, avant la venue des hommes blancs,

lorsqu'on pouvait voir des esprits en plein jour, Coyote était le plus malfaisant de tous les démons navajos. Un tueur, un menteur, un violeur de femmes, et un voleur. Lors de la grande assemblée de tous les êtres surnaturels, les dieux s'asseyaient face au sud, et les démons et autres esprits maléfiques s'asseyaient face au nord. Mais Coyote était tellement fourbe qu'aucun des autres esprits ne lui permettait de s'asseoir à côté de lui, et il restait près de la porte, afin de prendre la fuite si jamais les autres se liguaient contre lui.

« Coyote était pervers dans tout ce qu'il faisait. Il profanait les rites sacrés. Il empennait ses flèches avec des plumes grises, ce qui est un signe de malchance. Octobre, qui est le mois des mésaventures et des méprises, lui était consacré. Quand le ciel de la nuit fut créé, on lui donna une poignée d'étoiles pour qu'il les mette à leurs places respectives, mais il était trop irréfléchi pour faire ce travail correctement. Il les lança en l'air au hasard et créa la Voie Lactée.

« Chaque fois que des jeux étaient organisés, Coyote dressait un camp contre l'autre, puis il s'enfuyait avec le prix.

— Allons, il s'agit d'un mythe ! rétorqua Jim. Enfin, c'est une histoire... le même genre d'histoire que racontaient les Grecs et les Romains. Zeus lançant ses éclairs, Neptune et son trident... Apollon conduisant son char ardent à travers le ciel.

— Pas tout à fait, répliqua John Trois Noms. Personne n'a jamais *vu* Zeus en chair et en os, n'est-ce pas ? Mais Coyote a été aperçu par des chasseurs navajos en 1861 — ce qui est très récent. Ils ont fait demi-tour immédiatement, bien sûr, parce que voir Coyote signifie le malheur et la mort. Tout cela est consigné sur des couvertures, si vous désirez les voir.

— Je vous crois sur parole, dit Jim. Je lis toujours très lentement, lorsqu'il s'agit de couvertures.

— L'époque des dieux et des démons commença à décliner en 1864, alors que les Navajos persistaient à attaquer les tribus voisines, les Hopis et les Zunis, et à commettre des pillages. Le colonel Kit Carson organisa une expédition punitive contre les derniers Navajos. Carson brûla leurs récoltes et abattit leur bétail. Puis il fit parcourir aux huit mille rescapés près de cinq cents kilomètres depuis Fort Defiance jusqu'à Fort Sumner au Nouveau-Mexique. Beaucoup moururent au cours de ce que l'on a appelé la « Longue Marche ». Les autres, il les retint prisonniers pendant quatre ans, jusqu'à ce que les Navajos acceptent finalement de signer un traité.

« Ce fut durant cette période que la foi des Navajos en leurs esprits fut tellement ébranlée. Et les esprits... que peuvent faire des esprits quand plus personne ne croit en eux ? Ils ne meurent pas, ils sont immortels, mais ils se fondent dans les éléments. Les dieux de la terre s'enfoncèrent dans le sol, et si vous allez dans le désert, vous pouvez voir les collines où ils ont fait cela. Les dieux du vent soufflèrent sur les montagnes et causèrent des tornades. Les dieux des rivières s'enfuirent vers l'océan, bien qu'ils reviennent de temps en temps et fassent déborder le Mississipi afin de nous rappeler les pouvoirs qu'ils avaient jadis.

« Mais la plupart des Navajos ne croyaient plus à leurs dieux, alors ceux-ci s'en allèrent. Il n'y a eu qu'une exception — Coyote. Lorsque les hommes blancs arrivèrent et que le temps des mythes et des légendes fut révolu, il fut assez rusé pour trouver un moyen de vivre au grand jour, afin que les humains croient en lui, ainsi que les esprits. Il s'unit à une femme, laquelle mit au monde un enfant qui était à la fois humain et Coyote. Et ce garçon engendra un autre enfant, et ainsi de suite, de génération en génération. Ce qui signifie que Coyote est toujours avec nous aujourd'hui, monsieur Rook, et qu'il est tout à fait vivant !

— Ce n'est pas facile à croire, fit remarquer Jim.

— Pourquoi donc ? Vous avez vu de vos propres yeux la méchanceté de Coyote. Henry Aigle Noir m'a appris ce qui s'était passé dans votre collège. Il m'a également dit que votre appartement avait été saccagé, et votre chat tué.

— Alors expliquez-moi ! Pourquoi a-t-il fait cela, et comment ?

— Le « pourquoi » est très simple. L'homme que Catherine était censée épouser est allé trouver un faiseur de prodiges et il lui a demandé d'invoquer les pouvoirs de Coyote, afin que Coyote ramène Catherine vers lui... et si jamais elle tombait amoureuse d'un autre homme, pour qu'il le tue.

— Un genre de sort ?

— Vous pouvez appeler cela ainsi. Si ce n'est que ce sort a revêtu la forme d'une bête, qui surveille Catherine jour et nuit.

— Je pense que j'ai vu cette bête à deux reprises, dit Jim. C'est une sorte d'ombre qui semble suivre Catherine partout.

— Vous êtes le seul homme qui l'ait jamais vue, déclara John Trois Noms, et c'est pour cette raison que Henry Aigle Noir et ses fils vous ont demandé de venir ici. Si vous parvenez à persuader cet homme de relever Catherine de sa promesse, la bête sera obligée de la laisser en paix... et vous seul pouvez vérifier qu'il en est ainsi.

— *Connaissez*-vous cet homme que Catherine devait épouser ? lui demanda Jim.

— Je l'ai vu une ou deux fois, mais je ne lui ai parlé qu'une seule fois. Il vit dans une caravane à la Prairie entre Les rochers. La plupart du temps, il n'en bouge pas, et tout le monde respecte son intimité et le laisse tranquille. On dit qu'il est très violent de nature, mais je ne l'ai jamais constaté personnellement.

— Est-ce qu'il a un nom ?

— Il en a plusieurs. Mais en général les gens l'appellent Frère Chien.

Jim s'assit au bord du lit.

— Le problème est le suivant, John : que puis-je offrir à ce... Frère Chien... pour qu'il renonce à Catherine ? Catherine est une fille superbe. Si j'avais le choix, je ne renoncerais jamais à elle !

— Henry Aigle Noir possède des terres près de Shiprock, et il a des actions et des bons du Trésor. Vous êtes habilité à les offrir à Frère Chien s'il accepte de délier Catherine de sa promesse, plus un quart de million de dollars en liquide.

— Et s'il n'est pas intéressé ?

— Alors nous devrons trouver un autre moyen. Nous devrons rechercher le faiseur de prodiges qui a évoqué la malédiction de Coyote, et voir si nous pouvons passer un marché avec lui.

— Et s'il refuse de coopérer, lui aussi ?

— Je pense que nous devrons franchir ce canyon lorsque le moment sera venu !

— Et ce Coyote ? S'il est à moitié humain, on doit pouvoir le trouver, non ?

John Trois Noms secoua la tête.

— Vous le regretteriez, Jim, croyez-moi.

— Je ne sais pas. Peut-être est-il plus humain que vous ne le pensez. Allons, John, comment cela peut-il être réel ? Un démon qui vit à tout jamais en s'accouplant avec des femmes ?

John Trois Noms posa une main sur l'épaule de Jim.

— Que diriez-vous d'un verre ? Je suis sûr que vous en avez besoin, après ce voyage !

Le bar était désert à l'exception de trois Navajos aux cheveux gris fer — queues de cheval et complets trois-pièces — qui discutaient d'investissements dans l'immobilier à Tuba City. Jim commanda une bière et John Trois Noms demanda un Bloody Mary (« Je n'ai pas eu le temps de déjeuner, ceci le remplacera. ») En fond sonore, Nat King Cole chantait *Ramblin' Rose*.

John Trois Noms précéda Jim vers une table devant la baie vitrée.

— J'aime voir les allées et venues, particulièrement dans des moments pareils, déclara-t-il.

Il écarta les lames du store avec deux doigts et scruta la rue inondée de soleil.

— Dans la légende navajo d'origine, poursuivit-il, Coyote convoitait une très belle jeune fille. Elle avait deux frères qui s'efforçaient de la protéger. La jeune fille était aussi décidée que belle, et Coyote se démena pendant des mois pour la séduire, afin de s'emparer de son âme. Au début elle le détesta, et elle lui imposa toutes sortes d'épreuves. Elle le fit littéralement mourir pour elle. Mais chaque fois qu'il mourait, il enterrait un silex près de son corps afin d'être en mesure de se déterrer. Finalement, il se montra tellement obstiné qu'elle fut incapable de lui résister plus longtemps, et elle se donna à lui.

« Sous l'influence de Coyote, elle devint une créature que nous appelons la Jeune Fille Se Changeant En Ours, et elle participait à toutes les exactions de Coyote. On raconte qu'elle prenait un malin plaisir à déchiqueter la gorge des hommes avec ses mâchoires et à les éventrer avec ses griffes.

« Elle n'avait qu'un seul point faible — elle ne pouvait pas se changer en ours si quelqu'un l'observait. Aussi, afin de la protéger, ses frères restaient auprès d'elle jour et nuit.

— Cela me rappelle quelque chose, dit Jim.

— C'est une légende. Libre à vous d'y croire ou non.

— Quel est votre rôle dans tout ça ? lui demanda Jim.

— Cette affaire m'intéresse énormément — outre le fait que je suis un ami d'Henry Aigle Noir. Je travaille en free-lance pour le journal navajo *Diné Baa-Hané*. Chasseur de démons la nuit et journaliste sympa le jour !

A ce moment, Susan entra dans le bar, suivie de Catherine, Sharon et Mark.

— Je pensais bien que je vous trouverais ici, leur dit Susan. Je serais capable de tuer pour un Bloody Mary !

Jim se déplaça pour que Susan puisse s'asseoir à côté de lui. Catherine s'assit en face de lui et lui lança un regard étrange, inquiet, comme si quelque chose la préoccupait, mais qu'elle ne savait pas très bien comment aborder ce sujet.

— Quel est le programme ? demanda Susan.

— Nous nous mettrons en route pour la Prairie entre Les rochers demain matin à l'aube, répondit John Trois Noms. Nous avons de la chance. Ils organisent là-bas une cérémonie du premier rire pour l'un de mes neveux. C'est quelque chose que l'on n'a pas l'occasion de voir très souvent.

— La cérémonie du premier rire ?

— Lorsqu'un enfant rit pour la première fois, le quarantième jour environ après sa naissance, il fait son entrée au sein de la race humaine, et il fera un pacte avec les dieux du rire, pacte scellé avec du sel. Il y aura des prières et une grande fête. En attendant, je vous suggère d'aller tous vous reposer. Vous n'avez pas eu un voyage facile, et des moments encore plus difficiles nous attendent.

— Je sors prendre le soleil, déclara Mark.

— Ne brûle pas ! lança Susan.

Catherine ne bougea pas. John Trois Noms lui demanda si elle voulait un Coke, mais elle secoua la tête.

— Quelque chose est en train de m'arriver, dit-elle. Il m'arrive quelque chose et j'ignore ce que c'est.

— Nous t'écoutons, l'encouragea Jim.

— Je fais continuellement ces cauchemars, mais ce ne sont pas des cauchemars. Ils surviennent pendant la journée.

— Quelle sorte de cauchemars ?

— C'est comme un éclair dans ma tête. Un éclair, et c'est fini. Mais depuis que nous sommes arrivés à Window Rock, j'en ai déjà eu trois ou quatre.

— Ce sont toujours les mêmes ?

— J'ai toujours l'impression que je cours très vite. Mais je ne fuis pas quelque chose. Je n'ai pas peur. En fait, c'est l'opposé. Je poursuis quelque chose, ou quelqu'un. Je désire me jeter sur lui pour le tailler en pièces. J'ai envie de l'entendre hurler. Je suis très forte. Je n'arrive pas à croire à quel point je suis forte. Je pourrais arracher un bras à quelqu'un comme un rien !

Ses yeux se remplirent brusquement de larmes.

— Vous parliez d'un enfant qui rit et fait son entrée au sein de la race humaine. Je ne sais pas. J'ai un horrible pressentiment. Moi, j'ai l'impression que je suis en train de la quitter.

6

Au cours de la nuit, Jim fut réveillé par le bruit des battements de son cœur. Il posa la main sur sa poitrine, puis réalisa que ce n'était pas du tout les battements de son cœur. C'était un tambour. Il se redressa et l'entendit très distinctement. Un battement lancinant, insistant, *bam-BAM-BAM-bam-bam-BAM-BAM-bam.* Il écouta un moment en fronçant les sourcils dans l'obscurité. Merde, on dirait ce western, *Quand les tambours s'arrêteront.* Il s'extirpa du lit et se dirigea vers la porte-fenêtre donnant sur le patio, tout en remontant son pantalon de pyjama tout neuf. Il fit coulisser la porte-fenêtre et s'avança, nu-pieds, sur les dalles du patio, qui étaient encore chaudes du soleil de la veille.

A mi-distance, il aperçut la lueur d'un feu. Les flammèches s'élevaient vers la nuit en tourbillonnant. Tout là-haut, le ciel était rempli d'étoiles. Il n'avait pas vu autant d'étoiles depuis son enfance, lorsque son père l'emmenait pêcher au large de la côte de Santa Barbara. Il éprouva un étrange flot d'émotions — un mélange de nostalgie des jours enfuis, et de regret de ne plus jamais voir les étoiles de cette façon.

Il enjamba la rambarde qui entourait son patio et se laissa tomber lourdement sur le sol poussiéreux et parsemé d'épineux. Il entendit quelque chose détaler dans l'obscurité, et un lézard frôla son pied. Il commença à regretter de ne pas avoir mis ses mocassins. Il y avait également des crotales ici, et des scorpions.

Mais les battements de tambour continuaient, sonores et répétitif. *Bam-BAM-BAM-bam,* un son morne. Jim jeta un regard à la ronde. Il était étonné que ce tambour n'ait réveillé personne d'autre... mais peut-être était-ce le cas, et les gens, sachant ce que c'était, n'en avaient pas tenu compte. Il hésita pendant presque une minute, se demandant s'il devait retourner se coucher et ne plus y penser. A ce moment, il vit une forme sombre se lever, juste devant le feu, et commencer à osciller d'un côté et de l'autre. Le personnage donnait l'impression de porter une étrange coiffure, volumineuse, avec des cornes ou des oreilles, et des colliers qui se balançaient.

Qui plus est, de l'autre côté du feu, Jim était certain de distinguer une autre forme, noire et massive. Apparemment, elle n'était pas éclairée par les flammes : elle ressemblait plus à une ombre, excepté que cela ne pouvait pas être une ombre, parce qu'il n'y avait rien pour la projeter. Il voyait deux étincelles rouges qui étaient peut-être des étincelles, ou qui étaient peut-être des yeux rouge sang. Un vent froid souffla sur son dos et lui donna la chair de poule. Il y avait quelque chose là-bas, il en était sûr. *Quelque chose de froid. Quelque chose de très ancien. Quelque chose de « hérissé ».*

Il fit son chemin prudemment vers le feu en s'efforçant d'éviter les pierres, les herbes sèches et les broussailles. A présent il voyait que c'était le personnage à la coiffure étrange qui battait du tambour. C'était un homme, entièrement nu, et son corps luisait de sueur. Il tenait entre ses cuisses un grand tambour décoré et il le frappait du tranchant de ses mains. Le feu avait baissé : ce n'était guère plus qu'un tas de cendres rougeoyantes, mais il dégageait une telle chaleur que l'air au-dessus ondoyait. Jim fit halte et se protégea les yeux des deux mains, mais il n'aurait su dire si l'ombre était vraiment là-bas, ou s'il s'agissait seulement d'un mirage produit par la chaleur. Le tambour continuait de résonner, *bam-BAM-BAM-bam,* et à présent Jim entendait l'homme chanter également, mais il ne comprenait aucun des mots.

Il pensa : *Cela ne me mène nulle part. Il s'agit probablement d'une cérémonie navajo. Pour rendre hommage au ciel nocturne. Pour remercier la lune d'apparaître chaque nuit. Allez savoir!* Il se sentait gêné parce qu'il était comme importun, et il se sentait quelque peu paranoïaque parce qu'il n'arrêtait pas de scruter chaque ombre qui dansait lentement autour du feu et de s'imaginer que c'était bien plus qu'une ombre. C'était la Jeune Fille Se Changeant En Ours, avec ses griffes et ses dents, prête à déchiqueter la gorge des hommes !

Il fit demi-tour vers l'hôtel. A ce moment, il vit Sharon se précipiter dans son patio.

— Monsieur Rook ! appela-t-elle, et elle était manifestement très inquiète. Monsieur Rook ? Où êtes-vous ?

L'homme près du feu se retourna, et ses peaux et colliers oscillèrent. Les battements de tambour cessèrent brusquement.

— Ici, Sharon ! cria Jim. Je suis ici, de ce côté !

— C'est Catherine, monsieur Rook ! Elle n'est pas dans son lit ! Elle est partie !

Jim regarda dans la direction du feu. L'homme le fixait, son tambour silencieux. La chaleur du feu fut défléchie par le vent, et durant une fraction de seconde, Jim fut certain de voir une forme énorme aux épaules tombantes, aussi noire que le ciel entre les étoiles. Cela ressemblait exactement à un ours, mais c'était trois fois plus gros qu'un ours. Puis le vent emporta un nuage de fumée et de cendres, et la forme disparut.

Jim retourna vers le patio, les pieds meurtris et égratignés. Sharon portait un ample T-shirt rose orné de l'inscription FAITES ATTENTION AUX OURS ! Ses cheveux étaient hérissés de bigoudis en plastique rose.

— Je me suis levée pour aller aux toilettes, monsieur Rook, et Catherine n'était plus là ! Elle portait juste une chemise de nuit et elle n'a pas pris ses vêtements. Je jetais un coup d'œil dans le couloir lorsque j'ai entendu ce tambour, et j'ai eu très peur !

— Tout va bien, dit Jim.

Derrière lui, l'homme au tambour était toujours silencieux, et le feu commençait à s'éteindre.

— J'ignore ce qui se passe, mais le mieux est que tu retournes te coucher. Catherine est très perturbée depuis que nous sommes arrivés ici. Elle est peut-être allée faire un tour pour réfléchir à tout ça.

Sharon montra de la tête le feu et l'homme au tambour.

— Qu'est-ce que c'est, monsieur Rook ? Que se passe-t-il là-bas ? Hé, ce type est nu comme un ver !

— Euh, oui. J'en ai bien l'impression. Mais nous ne sommes pas à Santa Monica, tu sais. M'est avis qu'ici ils font les choses un brin différemment !

— Et où alliez-*vous* ? fit Sharon en fronçant les sourcils. Vous ne portez même pas de chaussures !

— Je voulais... hum, je voulais voir de quoi il retournait.

Sharon lui lança un regard circonspect.

— Il y a un truc bizarre à propos de ce voyage, monsieur Rook ! Cela ne ressemble pas du tout à un voyage culturel habituel. D'abord j'ai eu une trouille monstre dans un avion et maintenant, il y a des tambours, des feux, des gens qui crient en pleine nuit, et personne n'a jamais fait allusion à quoi que ce soit de culturel !

— Oh, c'est un voyage culturel, pas de problème ! répondit Jim. J'ai simplement peur que ce soit un peu *trop* culturel.

— Comment ça ?

— A dire vrai, nous ne faisons pas un voyage d'études. Nous sommes venus ici pour Catherine. Lorsqu'elle avait douze ans, elle a été promise en mariage à un Navajo, un certain Frère Chien, mais maintenant elle ne veut pas l'épouser. Je suis venu à Window Rock pour voir s'il n'y a pas moyen de rompre leur engagement. Et j'avais besoin de vous autres pour lui tenir compagnie.

Sharon le regarda fixement, manifestement peu impressionnée.

— Ce Frais Chien, il veut toujours l'épouser ?

— *Frère*, pas Frais. Mais oui, autant que je sache, il veut toujours l'épouser.

— Dans ce cas, pourquoi est-elle revenue ici ? Pourquoi ne pas lui écrire une lettre du genre « Cher Frais Chien, je suis désolée mais... » et laisser tomber toute cette histoire ? Et pourquoi êtes-vous venu ? Son père ne pouvait pas l'accompagner ?

— Je devais venir à cause de Martin, et à cause de ce qui s'est passé dans les vestiaires. Je devais venir parce que mon appartement a été saccagé et parce que ma chatte a été tuée.

— Hein ? Je pige pas !

— Sharon, ce Frère Chien est un type très jaloux, au dire de tout le monde, et il a jeté un genre de sort à Catherine. Si un garçon s'approche trop d'elle, Frère Chien fait en sorte qu'il souffre. Tout ce qui a de l'importance pour lui est détruit. Dans le cas de Martin... ma foi, il a été détruit, lui aussi.

— Je croyais que les frères de Catherine étaient responsables de tout ça. Ils sont en prison pour cette raison, non ?

— Certaines preuves indirectes donnent à penser qu'ils ont pu tuer Martin, bien sûr. Mais pour tout ce qui concerne les actes de vandalisme et la mort de ma chatte, ils ont des alibis en béton. Ils affirment que cela a été commis par une sorte de *force*... une force que Frère Chien a évoquée lorsque Catherine s'est enfuie pour venir vivre à Los Angeles. Tout cela est lié à la magie indienne. Je n'y comprends pas grand-chose, mais apparemment, la seule façon d'affronter cette force, c'était de venir ici et de parler à ce Frère Chien face à face.

— Quand vous dites « force », vous voulez dire comme ce type du vaudou que vous avez combattu[1] ?

— Je crois que c'est quelque chose comme ça. Cette force est invisible. Personne ne peut la voir, à part moi.

— Pourquoi ne pas nous l'avoir dit avant de venir ici ? Vous n'avez pas confiance en nous ?

— Bien sûr que si ! C'est précisément pour cette raison que je voulais que vous veniez avec Catherine. Je ne savais pas à quoi j'avais affaire, tout simplement. L'explication logique est que les frères de Catherine *ont* commis tous ces actes. Mais j'ai vu des choses et j'ai éprouvé des sensations qui m'amènent à penser qu'ils disent peut-être la vérité. Ou une partie de la vérité, en tout cas.

— Quelles sensations ? Quelles choses ?

— Rien de précis... des ombres là où il ne devrait pas y en avoir. Une sorte de tension dans l'air. Je suis peut-être paranoïaque !

— Hé, la prochaine fois que vous verrez un truc comme ça, ayez la bonté de nous avertir, d'accord ?

— Bien sûr, c'est promis, dit Jim en s'efforçant de prendre un ton rassurant. Bon, nous pourrons reparler de ça plus tard. Tu ferais mieux de retourner dans ta chambre et attendre que Catherine revienne. Je vais jeter un coup d'œil dans le jardin. Je la trouverai peut-être. Cela m'étonnerait qu'elle soit allée très loin.

— N'oubliez pas... faites-nous *confiance* ! dit Sharon.

Jim lui en serra cinq et Sharon regagna sa chambre.

Jim commença à se diriger vers le feu. Il avait parcouru quelques mètres à peine lorsqu'il entendit la voix de Susan qui appelait, sur sa droite :

— Catherine ! Sharon ! Où êtes-vous ?

— Et merde, il ne manquait plus que ça ! grommela Jim. Susan ! Sharon va bien ! Elle est retournée dans sa chambre ! Je pars à la recherche de Catherine !

1. Lire *Magie Vaudou*. (*N.d.T.*)

Il ne voyait pas Susan, puis elle surgit dans la fumée, à mi-chemin entre l'hôtel et le feu. Elle était emmitouflée dans un léger peignoir en tissu-éponge, et elle tenait à la main une torche électrique.

— Jim ? lança-t-elle. C'est toi ? Je cherchais Catherine et Sharon ! Elles ne sont pas dans leur chambre !

— Nom de Dieu, Susan..., commença Jim.

Il fut interrompu par le claquement sec d'une main sur un tambour. Le feu était quasiment éteint à présent, et c'était difficile de voir l'homme, à l'exception de sa coiffure qui oscillait et de la courbe de sa poitrine luisante de sueur. L'homme frappa sur le tambour à nouveau, plus vite et plus durement. Bientôt il tambourina à une cadence incroyablement rapide et compliquée, et ses mains étaient une tache en mouvement. Susan, déconcertée, demeura immobile un moment.

— Jim ? appela-t-elle. Sharon est avec toi ? Où est Catherine ?

Elle se trouvait à plus de trente mètres de lui. A ce moment, Jim vit l'ombre noire s'élancer depuis l'autre côté du feu et se précipiter vers Susan, tout à fait silencieusement, sans autre signe de son passage qu'un léger tourbillon de poussière et de cailloux s'entrechoquant. Susan n'appelait plus et faisait des gestes de la main, inconsciente de ce qui se passait. Pourtant l'ombre arrivait sur elle avec toute l'impétuosité d'un taureau qui charge. Chose étrange, cependant, elle était totalement silencieuse.

— Susan ! cria Jim. Susan... fais attention !

Il sprinta vers elle aussi vite qu'il le pouvait. Il n'avait pas couru comme ça depuis le lycée, lorsqu'il avait failli remporter le deux cents mètres contre le meilleur athlète de l'équipe, Eddie LaFrance. Encore aujourd'hui, il voyait le visage au sourire suffisant d'Eddie. Jim avait déployé toute son énergie pour gagner cette course et il avait été sidéré quand il était arrivé second. Il avait commis l'impardonnable, et s'était mis à pleurer.

C'était pour cette raison qu'il courait avec un tel acharnement maintenant. Il ne pouvait pas échouer une seconde fois.

— Susan ! haleta-t-il. Susan, fais attention ! Sur ta droite, Susan ! Elle arrive, à droite !

Susan fit halte, perplexe. Elle regarda à droite, mais il était évident qu'elle ne voyait absolument rien.

— *Crois-moi, bon Dieu !* lui cria Jim. *Couche-toi !*

La bête était énorme... bien plus énorme que Jim ne l'avait imaginé. Ses épaules étaient voûtées, ses griffes étaient levées en des courbes terrifiantes, déjà teintées de rouge par le feu. Mais c'était sa rapidité qui terrifiait Jim par-dessus tout. Jim courait si vite qu'il volait presque. Ses pieds bondissaient d'une pierre à l'autre, et il sautait par-dessus les buissons tel un coureur de courses de haies. Néanmoins l'énorme créature fuligineuse fonça sur Susan et il comprit qu'il aurait du mal à la stopper.

Le pire, c'était que *lui* seul pouvait la voir. Susan restait où elle était, elle se tournait d'un côté et de l'autre, essayait d'apercevoir quelque chose qui était totalement invisible.

Jim rejoignit Susan et plongea pour la plaquer comme au football. Stupéfaite, effrayée, elle fit un pas en arrière, et il heurta le sol dans un impact douloureux et se retrouva dans un fourré d'épines. Il tourna la tête de côté à temps pour voir la bête arriver sur Susan. Ses poils étaient hérissés, ses yeux rougeoyaient telles des cendres de coke. Jim la *sentit* — une odeur d'ours froide, très ancienne, empestant le sang, l'urine et de la fourrure en décomposition. Il la sentait et il la voyait. Pourtant Susan resta là, ses mains posées sur ses hanches, et elle dit :

— Jim... pour l'amour du ciel... aurais-tu la bonté de me dire ce que tu...

— *Couche-toi !* hurla Jim.

Mais elle continuait de lui lancer un regard furibond lorsqu'une énorme griffe s'abattit juste sous son menton et fit voler sa tête de ses épaules, la projetant vers la nuit, vers les étoiles. Du sang gicla derrière elle comme la queue d'une comète.

Durant un moment, son corps demeura immobile, toujours debout, sans tête, tandis que sa carotide pompait des geysers de sang. Son peignoir blanc vira au cramoisi sous les yeux de Jim. Puis la bête enfonça ses griffes dans son corps à nouveau, et la déchira littéralement — cage thoracique, bassin, bras et jambes. Le craquement des os était si fort que Jim pressa ses mains sur ses oreilles et ferma les yeux. Il les rouvrit pour voir ce qui restait d'elle s'affaisser sur le sol, tel un nid d'oiseau brisé — des feuilles, des morceaux de bois et des rameaux.

Il leva les yeux vers la bête. Il crut qu'elle allait le mettre en pièces, lui aussi. Elle resta dressée au-dessus de lui un moment, occultant le ciel de la nuit. Jim baissa la tête et ferma les yeux, pris de nausées. Puis il entendit le tambour battre à nouveau. *Bam-BAM-BAM... bam-BAM-BAM-BAM-bam.* Il leva les yeux et vit que la bête tournait la tête. Puis son contour sembla vaciller et s'estomper, et il vit les étoiles commencer à briller à travers ses poils hérissés, une à une. Le tambour se fit insistant — *bam-BAM-BAM-bam* — et la bête commença à s'éloigner, ou peut-être à *se dissiper,* puis elle disparut dans l'obscurité, en direction du feu.

Jim fut certain de la voir passer devant le feu, parce qu'il baissa momentanément, puis elle disparut complètement, et tout ce qu'il vit, c'était l'homme et son tambour et les cendres chaudes qui s'éteignaient, et tout ce qu'il entendit, c'était Sharon qui l'appelait.

— Monsieur Rook? Monsieur Rook? J'ai entendu quelqu'un crier. Que se passe-t-il, monsieur Rook?

Jim se releva. Il était meurtri sur tout le corps, il était choqué, et il hyperventilait. *Dieu merci, il fait nuit,* pensa-t-il, *et elle ne peut pas voir le corps de Susan. Je ne peux pas la voir, moi non plus, Dieu merci!*

— Tout va bien, Sharon, répondit-il. J'essaie de trouver Catherine, c'est tout. Elle n'est toujours pas rentrée, hein?

— Toujours pas, monsieur Rook. Vous voulez que je vienne avec vous ?

— Non, c'est inutile. Retourne dans ta chambre. Je t'en prie ! Tu me rendras service.

Sharon attendit dans le patio un moment encore, cherchant à percer l'obscurité, puis, à contrecœur, regagna sa chambre. Il était un peu plus de trois heures du matin. Jim retourna vers l'endroit où le corps de Susan était tombé. Puis il se dirigea lentement vers le feu et l'homme au tambour.

Le feu avait peut-être baissé, mais il dégageait une telle chaleur que Jim était incapable de s'en approcher. L'homme avait cessé de battre du tambour. Il était accroupi devant le feu, recouvert de la tête aux pieds d'une couverture navajo gris et blanc.

— Qui êtes-vous ? demanda vivement Jim. Qu'est-ce que tout cela signifie ? Vous savez ce qui vient de se passer ? Une femme a été tuée !

Sa voix tremblait telle une scie à ruban.

L'homme ouvrit une bourse en cuir et jeta sur le feu une poignée de poudre. Le feu pétilla un instant et dégagea une odeur de plantes desséchées, ainsi qu'une autre odeur, moins identifiable. Cela ressemblait à des souvenirs. Jim se vit en train de jouer dans un bois à proximité d'un lac, puis cela disparut.

— Je vais devoir prévenir la police, dit-il.

L'homme lança une autre poignée de poudre sur le feu. Puis il referma sa bourse en cuir et se leva. Il ramena les pans de la couverture autour de son corps, de telle sorte qu'il ressemblait à un pèlerin ou à un moine. C'était John Trois Noms. Son visage était impassible. Ses yeux ne laissaient rien transparaître.

— Vous avez tué mon amie ! vociféra Jim, au bord des larmes. Elle a... vous l'avez décapitée... et ensuite vous... vous l'avez *déchiquetée* !

— Je n'ai pas fait cela, répondit John Trois Noms.

Il passa près de Jim et se dirigea vers un rocher plat où il avait posé ses vêtements. Calmement, il se défit de la couverture et entreprit de s'habiller — chemise à carreaux, jean et bandana.

— Cette chose était ici, déclara Jim. Cette bête. Qu'est-ce que vous avez fait ? Vous l'avez invoquée ?

— Je n'ai absolument rien vu, Jim. La seule personne qui peut voir cette créature, c'est vous.

— Alors, à votre avis, comment Susan a-t-elle été mise en pièces ? La bête l'a décapitée, John, sous mes yeux !

— Je suis désolé, dit John. Je l'ai vue tomber, et je suis vraiment désolé. Mais c'est tout ce que je puis dire. Ceci est un combat, et dans un combat, des gens sont blessés ou tués. Particulièrement lorsque vous luttez contre des forces que vous ne comprenez pas vraiment.

— Néanmoins, je vais prévenir la police. J'étais venu ici pour rendre service. A présent mon amie est morte. Et merde, qu'est-ce que vous avez ? Comment pouvez-vous être aussi calme dans un moment pareil ?

Jim criait presque.

— Je ne suis pas calme, Jim, répliqua John Trois Noms. Je ne suis pas calme du tout. Je suis aussi bouleversé que vous. Mais cette bête continuera de tuer des gens jusqu'à ce que quelqu'un parvienne à persuader Frère Chien de renoncer à Catherine, et de la rappeler. Et vous seul pouvez faire ça.

— Je préviens la police !

— Ah, oui ? Et qu'avez-vous l'intention de leur dire ?

— Je leur dirai la vérité, bien sûr !

— La vérité ? Une bête invisible est arrivée et a décapité votre amie ? Je vous ai vu courir vers elle. Je l'ai vue tomber. Mais en ce qui me concerne, il n'y avait pas de bête invisible. Alors, à votre avis, quelle conclusion la police tirera-t-elle ?

— Elle l'a éventrée. Jamais je n'aurais pu faire cela !

John Trois Noms haussa les épaules.

— Néanmoins, ils vous mettront en détention préventive. Les flics par ici sont des Navajos, Jim, et ils sont toujours d'une extrême intolérance envers les hommes blancs. Après tout, ils ont de bonnes raisons pour ça !

Désespéré, Jim regarda autour de lui.

— Vous n'avez vraiment *rien* vu ? Vous n'avez pas vu l'ombre ? Elle était ici, près du feu, pendant que vous battiez du tambour !

John Trois Noms toucha l'une de ses paupières du bout de son index.

— Je n'ai pas les yeux pour voir de telles choses, Jim. La plupart du temps, je suis heureux qu'il en soit ainsi.

— Alors qu'est-ce que vous faisiez ici, à allumer ce feu et à taper sur ce putain de tambour ?

— J'adressais une prière à mes ancêtres. Je leur demandais de nous aider lorsque nous irons voir Frère Chien demain, afin que nous réussissions, et que Frère Chien accepte de laisser Catherine en paix.

— Alors, à votre avis, pourquoi la bête est-elle apparue ?

— Peut-être pour me faire comprendre que l'entrevue de demain ne sera pas facile, et que nous avons encore beaucoup de choses à redouter.

— Il n'y aura pas d'entrevue demain. Je laisse tout tomber !

John Trois Noms sembla abasourdi.

— Comment pouvez-vous abandonner, alors que vous êtes la seule personne à même de vérifier que la bête qui a tué votre amie a bien été renvoyée dans le monde qui est le sien ? Comment pouvez-vous abandonner, alors que tellement d'autres personnes risquent de mourir ?

Jim regarda vers l'endroit où gisait le corps de Susan.

— Comment pouvez-vous espérer que je vais continuer, après ce qui vient de se passer cette nuit ?

John Trois Noms le prit par le bras.

— Jim, vous devez continuer. Vous n'avez pas le choix. Le destin va uniquement de l'avant. Il ne peut pas revenir en arrière. La porte derrière vous est fermée. La porte devant vous est peut-être difficile à ouvrir, mais elle est la seule issue.

— Alors qu'est-ce que je fais du corps de Susan ? demanda Jim. Le jour va bientôt se lever.

John Trois Noms hocha la tête vers le feu.

— Il est très chaud pour le moment, Jim. Nous pouvons l'incinérer.

Jim prit une profonde inspiration. Dissimuler un corps était un acte illégal, et très grave, si jamais on le retrouvait. Néanmoins, bien qu'il soit sous le choc, il savait qu'aucun jury de ce pays ne croirait que Susan avait été tuée par une bête-esprit invisible — à moins qu'il ne soit en mesure de prouver qu'elle existait, s'il y parvenait un jour !

— Bon, d'accord, dit-il. Mais j'ai besoin de votre couverture, pour l'envelopper dedans.

— C'est une ganado, fit John Trois Noms en la tenant fermement.

— Même si c'était le Suaire de Turin, cela me serait égal ! J'en ai besoin.

John Trois Noms lui tendit sa couverture à contrecœur. Jim l'emporta et la posa à côté des restes de Susan. Il avança la main pour la toucher, et s'aperçut qu'il en était incapable. Il tira vivement sur son peignoir imbibé de sang et la fit rouler sur la couverture. Le bruit des os et des viscères flasques faillit le faire vomir, mais il y eut pire... bien que décapitée, elle *soupira* comme il la retournait — un léger soupir plein de regrets.

— Un peu d'air qui restait dans ses poumons, dit John Trois Noms prosaïquement.

Jim replia les pans de la couverture et John Trois Noms l'aida à la porter vers le feu. Elle oscillait lourdement, comme quelqu'un dans un hamac. Ils dégagèrent les cendres avec des bâtons et déposèrent la couverture sur la partie la plus chaude. Les yeux de Jim larmoyaient, et ce n'était pas uniquement à cause de la chaleur. La couverture roussit, puis elle s'enflamma brusquement, et il y eut une odeur suffocante de laine brûlée.

— Il faut que nous trouvions sa tête, déclara John Trois Noms d'un ton sévère.

— Je ne peux pas, répondit Jim. Je ne pense pas en être capable.

Il était tellement submergé par la douleur et le choc qu'il avait du mal à se tenir debout.

John Trois Noms saisit ses poignets.

— Vous le devez ! Sinon, qu'allez-vous faire... laisser sa tête ici pour que les chiens la trouvent et la dévorent ?

Ils passèrent les vingt minutes suivantes à scruter l'obscurité, courbés en deux, et à chercher la tête de Susan. Le ciel commençait à s'éclaircir et les étoiles à pâlir. Le vacarme des cigales était quasi insupportable. Finalement, le dos endolori, Jim leva les yeux. Au fond du jardin de l'hôtel, il y avait une palissade en tôle ondulée, avec un faîte en dents de scie. Aux trois quarts de cette palissade, il aperçut un visage très pâle, tourné vers lui. Durant une fraction de seconde, il crut qu'une femme l'observait, depuis le faîte de la palissade, et il commença à lever la main pour lui faire des signes. Puis il réalisa qu'il regardait la tête de Susan. Elle était tombée avec une précision effroyable et avait atterri au sommet de la palissade, d'où elle continuait de le fixer d'un air renfrogné comme elle l'avait fait juste avant de mourir.

— John, appela-t-il d'une voix caverneuse.

Puis il s'approcha de la palissade. Ses genoux se dérobaient sous lui. Tandis qu'il s'approchait, il se rendit compte que la tête de Susan se trouvait à plus de deux mètres de hauteur. Ses yeux étaient ouverts, et s'il n'avait pas su que le reste de son corps était en train de brûler dans le feu derrière lui, il aurait pu facilement croire qu'elle était toujours vivante.

Il était incapable de toucher la tête lui-même, et il fut obligé de se détourner quand John Trois Noms la délogea à l'aide d'un bâton. Néanmoins, il l'entendit heurter le sol avec un bruit sourd. John Trois Noms la saisit par ses cheveux poissés de sang et l'emporta jusqu'au feu. Jim n'eut pas la force de regarder. Il resta où il était. Il suffoquait, et des larmes coulaient sur ses joues.

Au bout d'un moment, John Trois Noms l'appela, et il parvint à se ressaisir suffisamment pour le rejoindre près des braises. John Trois Noms déclara :

— Nous allons laisser le feu s'éteindre... Je reviendrai plus tard et je recouvrirai l'endroit de terre. J'avais demandé à la direction de l'hôtel l'autorisation de faire un feu rituel ici cette nuit... par conséquent ils n'auront aucun soupçon.

— Mais que se passera-t-il lorsque Susan ne viendra pas pour le petit déjeuner?

— Vous direz à vos élèves qu'elle a été prise de malaise au cours de la nuit, et qu'elle a décidé de rentrer. Je vais prendre ses vêtements et son sac de voyage, et je les cacherai.

— Mais si quelqu'un découvre ce que nous avons fait, on pensera que *nous* l'avons tuée!

— Exactement, dit John Trois Noms. De même que la police de Los Angeles pense que Paul et Nuage Gris ont tué Martin Amato.

— Et merde! qu'allons-nous faire?

— Nous allons faire ce que nous avons toujours eu l'intention de faire... la raison de votre venue ici. Nous irons parler à Frère Chien et nous verrons s'il est disposé à renoncer à Catherine.

— Cela ne prouvera pas notre innocence.

— Cela évitera d'autres tueries. Et nous trouverons peut-être un moyen de *prouver* que Frère Chien est responsable de tous ces meurtres.

Jim contempla le feu. Il était encore très chaud, mais il y avait beaucoup plus de cendres à présent. Le vent du petit matin emportait des cendres à travers le jardin, et elles se déposaient sur des broussailles. Jim dit en silence une prière pour l'âme de Susan et espéra que, quel que soit l'endroit où elle se trouvait, elle aurait le cœur de lui pardonner.

A ce moment, il entendit Sharon l'appeler à nouveau.

— Elle est revenue, monsieur Rook ! Catherine vient de rentrer !

Tandis que John Trois Noms continuait de ratisser les cendres, Jim regagna sa chambre et s'habilla rapidement, optant pour un jean et une chemise bleue à carreaux. Ses doigts tremblaient tellement qu'il eut toutes les peines du monde à se boutonner. Puis il sortit dans le couloir, se dirigea vers la chambre des filles et frappa à la porte. Sharon ouvrit immédiatement. Jim entra et aperçut Catherine assise au bout de son lit, vêtue d'une chemise de nuit verte. Elle buvait avidement une cannette de Coca. Il regarda ses pieds : ils étaient maculés de cendres.

— Tu veux bien me dire où tu étais passée ? demanda-t-il d'un ton sévère. Nous étions tous très inquiets à ton sujet.

Il marqua un temps, puis il ajouta :

— Mlle Randall était tellement inquiète que cela lui a donné une crise d'asthme, et elle sera peut-être obligée de rentrer demain.

Catherine leva les yeux vers lui et il y avait une expression très étrange sur son visage. Sombre, soupçonneuse, presque effrayante.

— Une crise d'asthme ? fit-elle.

— C'est ça. Elle a des crises d'asthme très pénibles quand elle est stressée.

— Vous voulez dire qu'elle a du mal à respirer ?

— Oui.

Catherine baissa la tête à nouveau et Jim suspecta qu'elle dissimulait un sourire.

— Tu ne m'as toujours pas dit où tu étais passée ! insista-t-il.

— Je ne pouvais pas dormir, c'est tout. Je suis allée faire un tour.

— Ce n'était pas très sage, étant donné les circonstances, tu ne crois pas ?

— Parfois la sagesse est une question d'opinion, répliqua Catherine. C'est vous-même qui nous l'avez dit !

Jim détestait que ses élèves lui citent ses propres paroles, en particulier quand il n'était pas d'accord avec ce qu'il avait dit. Il ouvrit la bouche puis la referma sans rien dire. Il avait eu l'intention de demander à Catherine si elle avait entendu les battements de tambour dans le jardin, et si elle avait vu le feu. Mais il décida qu'il était préférable de n'en rien faire pour le moment. Si Catherine était impliquée dans la mort de Susan d'une manière ou d'une autre, alors elle était déjà au courant. Si ce n'était pas le cas, il valait mieux qu'elle n'en sache rien.

Mark apparut, les cheveux tout ébouriffés, en T-shirt et short tirebouchonné.

— Que se passe-t-il? voulut-il savoir. Je n'arrête pas d'entendre des gens qui crient, des portes qui claquent, et tout le reste! Il n'y a donc pas moyen de dormir?

Jim le prit par le bras.

— Je suis désolé, Mark. Catherine est sortie faire un tour, et je crois que nous nous sommes énervés pour rien.

— Bon, d'accord, bougonna Mark, mais faites moins de bruit, d'accord? Je faisais un rêve super. J'étais le batteur de REM!

Jim rejoignit John Trois Noms dans le couloir et l'emmena dans sa chambre. La porte de Susan était fermée à clé, ainsi que la porte communicante, mais Susan avait laissé la porte-fenêtre donnant sur son patio légèrement entrebâillée. Ils enjambèrent la rambarde qui séparait les deux patios, et entrèrent dans la chambre.

Jim se dirigea immédiatement vers la penderie et décrocha les robes de Susan. Elles étaient imprégnées de son parfum et il fut obligé de se mordre la lèvre pour ne pas fondre en larmes. Il prit son sac de voyage et fourra les robes dedans. John Trois Noms sortit de la salle de bains avec la brosse à dents et les produits de beauté de Susan.

— Vous avez tout pris ? demanda Jim. Regardez sous le lit, elle a peut-être laissé quelque chose.

John Trois Noms se mit à quatre pattes et regarda sous le lit. Lorsqu'il se releva, il tenait des mules en coton ornées de fleurs et un exemplaire aux pages cornées de *La Faille de San Andreas.*

— Professeur de géographie, murmura Jim en feuilletant l'ouvrage. Susan était professeur de géographie.

John Trois Noms prit le sac de voyage.

— Bon, je vais emporter tout ça chez moi, dit-il. Et si vous retourniez vous coucher pendant deux heures ? Même si vous ne dormez pas, cela vous permettra de vous calmer les nerfs. Je viendrai vous chercher ici à huit heures trente, disons.

— C'est incroyable, fit Jim. Vous n'avez vraiment pas vu cette créature ? Ne serait-ce qu'une ombre ?

John Trois Noms secoua la tête.

— J'ai seulement vu votre amie mourir... et je sais que vous n'avez pas pu faire ça, pas de cette façon.

— Elle était... *énorme*, dit Jim. Elle était *noire*, et très *grande*, comme un ours. Et *rapide*. Susan n'avait pas la moindre chance !

— Vous ne devez pas vous reprocher quoi que ce soit. Vous ne pouviez absolument pas la stopper.

— Je n'aurais jamais dû demander à Susan de venir en Arizona !

— Jim... la vie est toujours dangereuse. Si elle était restée à Los Angeles, elle aurait pu mourir dans un accident d'automobile. Seul Gitche Manitou connaît le chemin que nous devons emprunter.

Jim ne trouva rien à ajouter. Il parcourut du regard la chambre vide de Susan, puis il ouvrit la porte. Il vérifia qu'il n'y avait personne dans le couloir, puis il fit signe à John Trois Noms de le suivre.

— Huit heures trente, dit-il.

Puis il regagna sa chambre. Il alla dans la salle de bains, alluma la lumière et se regarda dans le miroir. Il y avait deux taches cendreuses sur ses joues, mais à part ça il semblait parfaitement normal, comme s'il ne s'était rien passé d'exceptionnel. Derrière lui, par la porte-fenêtre du patio, il voyait la fumée s'élever du feu, et c'était presque impossible de croire qu'il s'agissait du bûcher funéraire de Susan, et qu'il ne la reverrait plus jamais. En ce moment, il avait dépassé le stade des larmes.

Il essaya de regarder la télévision, mais il trouva seulement *Le Prisonnier de Zenda,* en noir et blanc, et une émission mexicaine sur le Jour des Morts. Il éteignit la télévision et ferma les yeux. Il les rouvrit presque tout de suite. Sous ses paupières, il avait vu la bête sombre aux poils hérissés fondre sur lui, ses griffes levées.

Il pensa : *Nous sommes déjà jeudi, le jour où je suis censé mourir.* Il s'allongea et regarda fixement le plafond, avec une sensation de peur glacée. Il était parfaitement incapable d'imaginer ce que l'on ressentait quand votre tête volait de vos épaules, ou quand on était éventré. On devait certainement sentir quelque chose, ne serait-ce qu'un instant. Et tous ces récits sur les yeux de gens qui bougeaient, après que leur tête eut été tranchée... et qui regardaient avec horreur leur cou béant ?

Il s'extirpa du lit et alla jusqu'au mini-bar. Il versa deux bouteilles miniatures de bourbon dans un verre et les but d'un trait. Il toussa et s'essuya les yeux. Il tremblait tellement qu'il fit tomber le verre sur le sol.

A huit heures moins le quart, il se rendit à la chambre des filles et frappa à la porte. Sharon ouvrit au bout d'un moment.

— Je suis juste venu vous dire de vous activer ! annonça-t-il. John Trois Noms vient nous chercher dans quarante-cinq minutes !

— Comment va Mlle Randall ? demanda Sharon. Est-ce qu'elle s'est remise de sa crise d'asthme ?

— Sa crise d'asthme ? Oh, non... pas du tout. Cela a empiré. C'était horrible. C'était à peine si elle pouvait respirer. Je l'ai renvoyée à Albuquerque. Elle suivra un traitement là-bas. Ensuite elle rentrera à Los Angeles par avion.

— C'est bien dommage, dit Catherine en se redressant sur son lit et en ramenant ses cheveux en arrière.

— Oui, fit Jim. Mais... bon, je vous verrai après le petit déjeuner.

Il referma la porte. Il ne savait pas quoi penser de Catherine en ce moment. Elle semblait changer. Lorsqu'elle était arrivée à West Grove, elle avait toujours été ouverte et sympathique. Elle était toujours la première à lever la main et à poser des questions, et elle n'hésitait jamais à faire part de ses sentiments. Elle adorait les poèmes de Delmore Schwartz, et elle avait récité en classe « *L'ours à la démarche lourde qui m'accompagne, tout barbouillé de miel, le pas pesant et maladroit...* » Sur le moment, il n'y avait pas prêté attention, mais après ce qui s'était passé cette nuit, cela semblait revêtir une nouvelle et menaçante signification.

Ici, sur son territoire, Catherine était devenue lointaine et irritable, et elle s'était renfermée en elle-même. Ce matin, il n'avait aperçu aucune trace de l'ombre sur elle, mais sa tension était presque visible, comme les ondes de chaleur qui s'étaient élevées du feu de John Trois Noms.

Mark le croisa dans le couloir. Il portait un bermuda écossais flétri et trop grand, et un T-shirt Delco/Bose, que son père lui avait probablement donné.

— Bonjour, monsieur Rook. Je voulais vous remercier pour ce voyage. Ce sont les meilleurs moments de toute ma vie !

— Je l'espère, Mark.

— Vous semblez déprimé, monsieur Rook, si je puis me permettre.

— Oh, c'est Susan... Mlle Randall. Elle a eu une crise d'asthme et elle a été obligée de rentrer.

— Elle vous plaît, hein, monsieur Rook ? J'ai vu la façon dont vous la regardez. Elle vous plaît vraiment !

Sourire fut pour Jim la chose la plus difficile au

monde à faire, mais il passa son bras autour des épaules de Mark et dit :

— Oui, elle me plaît vraiment.

Ils allèrent ensemble à la cafétéria de l'hôtel. Une odeur âcre de café frais et de muffins flottait dans la salle, et une Navajo entre deux âges à la mine sévère et à la longue robe imprimée servait des assiettées de bacon, d'œufs et de crêpes. Jim et Mark s'installèrent à une table devant la baie vitrée. Au-dehors, Jim aperçut une spirale brumeuse de fumée qui s'élevait du feu moribond, et il pensa : *C'est l'esprit de Susan qui monte au ciel.*

Mark jouait avec le sucre et les sucrettes.

— Vous savez quoi, monsieur Rook ? Avant de suivre vos cours, je ne connaissais même pas la moitié des émotions que j'avais en moi. Vous voyez ce que je veux dire ? Avant, je pensais que la poésie craignait un max. Mais avec vous, c'est comme si on comprenait ce qu'elle veut dire. Disons que c'est comme vos propres émotions, couchées sur le papier. Et vous m'avez appris autre chose. Il y a un vaste monde à l'extérieur de Santa Monica. Pas seulement l'Arizona, mais tous ces pays dont les gens parlent dans leurs poèmes, comme la France, la Russie, et je ne sais quoi encore !

« Je vais vous dire : si vous vivez sur cette planète, vous devez savoir où vous vivez, parce que, une fois que vous savez où vous vivez, vous savez qui vous êtes.

Il hésita un instant, puis il dit :

— Vous êtes ami avec Mlle Randall. Vous pensez qu'elle pourrait trouver un peu de temps pour m'enseigner la géographie ? Vous savez, juste pour *m'orienter.*

La femme navajo à la mine sévère s'approcha de leur table.

— Café ? demanda-t-elle. Jus d'orange ?

Jim regarda Mark et dit :

— J'en parlerai à Mlle Randall lorsque nous serons rentrés à Los Angeles, d'accord ? Je suis sûr que cela ne la dérangera pas.

Ces mots lui laissèrent un goût de cendres dans la bouche. Les cendres de Susan.

Il s'adossa à sa chaise et sirota une tasse de café noir tandis que Mark attaquait avec enthousiasme son assiettée d'œufs, de bacon et de crêpes. Il ne regarda pas par la baie vitrée à nouveau. Il ne voulait pas voir la fumée. Il ne voulait pas penser qu'il ne reverrait plus jamais Susan, aussi longtemps qu'il vivrait.

La matinée était lumineuse et poudreuse tandis qu'ils traversaient le haut plateau vers Fort Defiance. John Trois Noms assurait la plus grande partie de la conversation, et il leur parla de l'histoire et de la culture de la nation navajo.

— Jadis, les Navajos ne formaient pas une véritable « tribu ». L'unité élémentaire de soutien économique était la famille biologique — un homme, son épouse, et leurs enfants non mariés. Chaque famille habitait dans son propre hogan, une maison faite de rondins et de boue séchée.

« Vous verrez quelques hogans plus ou moins groupés, parce que certaines de leurs tâches quotidiennes nécessitaient davantage que ce que les membres d'une seule famille pouvaient fournir. Beaucoup d'hommes avaient plusieurs femmes, ou bien ils épousaient des sœurs.

— Cela m'étonnerait qu'un navajo ait envie d'épouser *mes* sœurs ! déclara Mark. Elles n'arrêtent pas de parler de rouge à lèvres, de robes, des garçons, et qui est cool et qui est un vrai nul !

— Un mari navajo avait une grande autorité sur ses épouses, poursuivit John Trois Noms. Si elles le mécontentaient, il les battait.

— C'est une violation des droits de la femme ! intervint Sharon. Si mon petit ami essayait de me battre, je lui briserais les bras.

— Tu n'es plus à Los Angeles, lui rappela John Trois Noms. Les origines de ce peuple remontent à des milliers d'années, avant même que les hommes blancs ou les hommes noirs aient été conçus. Ce pays était jadis un pays de grande magie. La plupart de cette magie a disparu à présent, mais pas entièrement.

Sur ce, il lança à Jim un regard entendu.

Sharon n'arrêta pas de parler et de poser des questions durant tout le trajet. Mark sortit une ou deux blagues plutôt vaseuses. Mais Catherine demeura silencieuse. Elle regardait fixement les montagnes rougeâtres.

— Ça va ? lui demanda Jim.

Elle lui adressa un petit sourire dépourvu de joie.

— Je crois, oui. J'ai juste envie que cette journée soit terminée.

Pas trop vite, bon sang, pensa Jim. *Ce pourrait bien être mon dernier jour ici-bas!*

Ils arrivèrent devant un camping pour caravanes. Au-dessus de l'entrée, un panneau en bois indiquait *Camping de la Prairie entre Les rochers.* John Trois Noms franchit l'entrée et roula lentement à la hauteur des caravanes qui bordaient l'allée principale de part et d'autre. La plupart des caravanes avaient leur petit jardin particulier, où poussaient des plantes, des légumes et des fleurs. De jeunes enfants s'amusaient et couraient partout, poursuivis par des chiens tachetés qui jappaient. Une femme étendait sa lessive sur la corde à linge qui était attachée au flanc de sa caravane. Comme ils passaient, elle regarda Jim si fixement qu'il eut l'impression qu'elle attendait sa venue.

Arrivé aux deux tiers de l'allée principale, John Trois Noms s'arrêta devant une caravane plus importante que les précédentes. Sept ou huit voitures et camionnettes étaient déjà garées à cet endroit, et des gens se pressaient autour de la caravane. De jeunes couples en jeans récemment lavés et chemises écossaises, des hommes et des femmes plus âgés en costumes traditionnels. Un barbecue avait été installé derrière la caravane, ainsi que deux longues tables à tréteaux.

Comme ils sortaient de la Galaxy, un homme de

haute taille au visage souriant vint vers John Trois Noms. Il tenait un bébé dans ses bras.

— Jim, dit John Trois Noms, j'aimerais vous présenter mon cousin Dan. Et ce petit garçon est la raison de la fête d'aujourd'hui.

— Je suis ravi que vous ayez pu venir, déclara Dan.

Il les invita à monter les marches et à entrer dans la caravane. Bien que très vaste, elle était déjà bondée de voisins, d'amis et de parents. Minnie, la femme de Dan, distribuait des boîtes de bière et ils s'entassaient dans le coin cuisine.

— Parlez-moi de la cérémonie du premier rire, dit Jim.

Il chatouilla le bébé sous le menton. Celui-ci émit un gloussement et agita frénétiquement ses bras et ses jambes.

Dan sourit.

— Lorsqu'il créa l'homme, le Grand Esprit lui donna deux dons, la vie et le rire. Les animaux ont la vie, mais aucun animal ne rit. Le rire fait de l'homme un être humain. Le rire rend l'homme plus proche du Grand Esprit. Chaque jour où un homme ne rit pas, il fait un trajet d'une journée qui l'éloigne de son lieu de naissance spirituel. Aujourd'hui nous fêtons l'arrivée de mon fils parmi la race humaine, et son union avec les esprits.

— Malheureusement, Dan, l'interrompit John Trois Noms, nous ne pourrons pas rester très longtemps.

— Après avoir fait toute cette route ? Tu ne parles pas sérieusement !

— En fait, nous sommes venus ici pour une autre affaire, déclara John Trois Noms.

Il se plaqua contre le buffet de la cuisine pour laisser passer une femme aux proportions très généreuses portant une robe en daim à franges.

— Nous sommes venus voir Frère Chien, expliqua-t-il.

— Frère Chien ? Quelle sorte d'affaire avez-vous avec Frère Chien ?

— Une affaire de famille.

— Rien à voir avec... ?

Dan montra Catherine de la tête.

John Trois Noms acquiesça.

— Il refuse de renoncer à elle. Il dit qu'un marché a été conclu, et qu'un marché doit être honoré.

— J'avais prévenu Henry à l'époque, fit Dan. Je l'avais prévenu mais il ne m'a pas écouté. Il était fou d'inquiétude en raison de la maladie de sa femme. Il m'a dit : « Ne t'en fais pas, lorsque le moment sera venu pour Catherine d'aller vers lui, je l'emmènerai très loin, et Frère Chien ne la trouvera jamais. » J'ai répondu que Frère Chien la retrouverait, où qu'elle soit partie. Henry ne semblait pas comprendre que Frère Chien lui-même avait pu donner le cancer à sa femme.

— Excusez-moi, intervint Jim. On peut donner la grippe aux gens mais on ne peut pas leur donner le cancer !

Dan le regarda comme s'il venait de dire une chose particulièrement stupide.

— Nous parlons de Frère Chien en ce moment.

— Et alors ? Ce n'est qu'un homme.

— Vous allez le voir, *vous* aussi ? Un homme blanc ?

— Bien sûr. Je suis ici pour cette raison. Henry m'a demandé d'essayer de l'acheter. Un paiement très important, des actions et des titres, en échange de Catherine.

Dan secoua la tête, longuement.

— Vous avez perdu la raison ou quoi ? Vous croyez vraiment qu'il va renoncer à Catherine pour de l'argent ? Vous ne savez pas à quelle sorte d'individu vous avez affaire !

John Trois Noms posa une main sur l'épaule de Dan.

— Allons, Dan. Ne sois pas alarmiste. La plupart des choses que les gens racontent au sujet de Frère Chien sont des superstitions, des ouï-dire. C'est juste un type comme un autre.

— Alors pourquoi des gens vont-ils le trouver quand ils désirent que quelqu'un soit guéri du cancer ?

— Dan... tout se passera très bien. Tout sera réglé. Bon, nous allons voir Frère Chien. Nous serons peut-être revenus à temps pour les prières.

— Vous en aurez besoin, croyez-moi, répliqua Dan.

7

Tandis qu'ils se dirigeaient vers le fond de l'allée principale, les caravanes commencèrent à présenter un aspect plus délabré, dégradé par le temps. Certaines avaient des vérandas à moitié effondrées, d'autres un toit en papier goudronné galeux. Au lieu des carrés de légumes méticuleusement entretenus, il y avait des mauvaises herbes, de la poussière et tous ces détritus indescriptibles qui semblent s'amasser autour des camps de caravanes comme s'ils étaient une sorte de mer des Sargasses de déchets inutiles. Des objets lourds, rouillés, qui n'avaient apparemment aucun usage. Des sièges de voitures, posés au beau milieu de nulle part. Des monceaux de pneus usés.

Les rangées impeccables de caravanes commencèrent à devenir moins nombreuses, puis il y eut de longs intervalles entre elles. Devant une caravane aux fenêtres masquées par des rideaux de tulle crasseux, un écriteau peint à la main proclamait N'APPROCHEZ PAS. LE PROPRIETAIRE A UN FUSIL ET LA GACHETTE FACILE. Un chien était occupé à déchiqueter un busard mort.

Tout au bout de l'allée, garée de biais par rapport à toutes les autres, il y avait une immense caravane peinte en noir, aux fenêtres occultées. Des ondes de chaleur s'élevaient de son toit et déformaient les montagnes vermillon dans le lointain. Des boîtes de conserve vides et des pièces d'automobile jonchaient le sol tout autour. Dans un coin, il y avait un tas informe — apparemment de vieux journaux collés ensemble par une substance noire semblable à du goudron. Quoi que ce soit, une multitude de mouches s'affairaient dessus.

Une vieille Buick Electra bleue était garée à proximité, à l'ombre sous un arbre unique. Tout là-haut, deux busards tournoyaient paresseusement dans le ciel sans nuages.

John Trois Noms gara la Galaxy à une distance respectueuse. Immédiatement, deux dobermans noirs se levèrent des herbes hautes où ils étaient couchés, et dressèrent les oreilles. Jim fut soulagé de voir que tous deux étaient attachés par une chaîne à l'une des roues arrière de la caravane.

— C'est ici qu'habite Frère Chien, annonça John Trois Noms. A partir de maintenant, nous devons procéder en douceur !

— Qu'est-ce qu'on fait s'il n'est pas là ? demanda Mark.

— Oh, il sera là. Il est *toujours* chez lui.

— Okay, d'accord, dit Jim. Armons-nous de résolution !

— S'armer de quoi ? s'exclama Mark en fronçant les sourcils.

— Shakespeare, Mark. *Macbeth*. Tu devrais lire cette pièce.

— Je l'ai lue. Je me souviens de « disparais, maudite tache ! » Lorsque j'ai lu ça la première fois, j'ai cru que cela voulait dire, vous savez, un bouton d'acné.

Sharon fit claquer sa langue pour exprimer sa désapprobation.

— Je vais te dire un truc, Foley. Je pensais que j'étais stupide jusqu'à ce que je te connaisse. Alors, du jour au lendemain, je suis devenue un génie !

— Je ferais mieux d'entrer le premier, dit John Trois Noms à Jim. Ensuite Catherine et vous pourrez me suivre. Mais ne vous inquiétez pas. Frère Chien n'a pas de préjugés particuliers à l'encontre des hommes blancs. Il voue la même haine à tout le monde !

— Et nous, on fait quoi ? demanda Sharon.

— Vous restez dans la voiture un moment, si cela ne vous ennuie pas. Vous pouvez laisser tourner le moteur pour la climatisation.

— Hmph ! fit Sharon.

Sharon était une fille décidée et elle n'aimait pas être exclue de l'action, quelle qu'elle soit.

John Trois Noms les précéda sur l'allée poussiéreuse conduisant à la caravane. Les dobermans se contractèrent nerveusement, frissonnèrent et tirèrent sur leur chaîne. Ils donnaient l'impression d'être prêts à bondir pour arracher une jambe chacun, mais ils n'aboyaient pas. John Trois Noms gravit les marches jusqu'à la porte de la caravane. Il y avait un heurtoir en forme de tête de loup montrant les dents. John Trois Noms donna trois petits coups discrets et attendit.

Jim s'abrita les yeux de la main.

— C'est bizarre, la caravane de Frère Chien est placée selon un angle différent de toutes les autres, fit-il remarquer.

— Sa porte est orientée à l'est, d'où viennent les démons, déclara Catherine.

— Je croyais que les Indiens évitaient de faire cela.

— Frère Chien est différent, monsieur Rook. Frère Chien les accueille avec plaisir !

Au bout d'un moment, John Trois Noms frappa à nouveau. Il s'ensuivit un long silence, puis la porte de la caravane s'ouvrit brusquement, toute seule. A l'intérieur, Jim vit seulement une obscurité complète. Aucun signe de Frère Chien. Aucun signe de quoi que ce soit. Il commença à se sentir effrayé, et les battements de son cœur s'accélérèrent. *Rappelle-toi ce que les Indiens disaient jadis,* se dit-il. *C'est un bon jour pour mourir !*

John Trois Noms risqua un coup d'œil à l'intérieur de la caravane, puis il se retourna et fit signe à Jim et Catherine d'approcher.

— Je pense que tout va bien.

Catherine saisit la main de Jim. Elle était glacée, de façon surprenante, et elle tremblait. Il la regarda et son visage était aussi blanc que du papier.

— Écoute, dit-il, tu n'es pas obligée d'endurer ça si tu n'en as pas envie. Personne ne te forcera, et surtout pas moi. Nous allons simplement essayer de persuader ce Frère Chien d'oublier la promesse de ton père.

— Je ne sais pas... je ne sais pas si je peux faire ça, haleta Catherine. Je ne sais pas si je suis capable de lui faire face. Je désire le voir. Je désire vraiment le voir. Comprenez-moi bien, je *brûle d'envie* de le voir... mais je ne sais pas... j'ai peur de lui... j'ai tellement peur de lui, monsieur Rook... et j'ai tellement peur de moi-même.

Jim passa son bras autour des épaules de Catherine.

— Tu veux faire demi-tour et rentrer à Los Angeles ? C'est comme tu veux. J'ignore ce qui se passera dans ce cas. Je suppose que le problème ne sera pas réglé et que tes frères resteront en prison. Mais tu dois penser à *toi*. Autrement, comme je vois les choses, ce gâchis continuera d'être un gâchis, et d'autres personnes seront blessées ou tuées.

Catherine le regarda fixement.

— Mlle Randall... il lui est arrivé quelque chose ?

— Qu'est-ce qui te fait dire ça ? Elle a eu une crise d'asthme, c'est tout.

— Non, ce n'est pas vrai. Il lui est arrivé quelque chose, hein ? Il lui est arrivé quelque chose !

— Catherine...

— Vous ne pouvez pas dire le contraire parce que je l'ai vu ! Je suis sûre de l'avoir vu. Je l'ai vue tomber sur le sol !

— Alors, vous venez ? lança John Trois Noms. Il vous attend.

— Que décides-tu ? demanda Jim à Catherine. Tu entres ou tu n'entres pas ?

Les yeux de Catherine se remplirent de larmes.

— Je l'ai vue tomber et c'était entièrement de ma faute. Je l'ai vue tomber et j'étais contente qu'elle soit tombée, j'ignore pourquoi.

Son désarroi était presque total. Ses yeux n'accommodaient pas, ses gestes étaient brusques et saccadés. De plus, Jim était certain de voir l'ombre commencer à se former autour d'elle — des traces d'obscurité vagues et tachetées qui s'accrochaient à l'air comme des caillots de sang.

— Jim ! appela John Trois Noms.

— Catherine, tu peux dire non si tu le veux, répéta Jim. Tu n'as qu'un mot à dire, et nous partons !

— C'est impossible, répondit-elle, et sa voix fut brusquement caverneuse et rauque. Une promesse est une promesse. Un serment est un serment.

Sur ce, elle se dirigea d'un pas raide vers la caravane. Jim cria « Catherine ! » mais elle gravit les marches et disparut à l'intérieur. John Trois Noms fit signe à Jim de venir, une fois encore, et déclara :

— Allons, Jim. C'est la seule façon.

Jim regarda vers la Galaxy, où attendaient Sharon et Mark. Puis il prit une profonde inspiration et s'avança vers la caravane.

— Tout va bien, Jim, dit John Trois Noms en lui tendant la main. Il accepte de vous parler, bien que vous soyez un homme blanc.

Jim chercha à percer l'obscurité à l'intérieur de la caravane. Une odeur bizarre s'en échappait, comme une odeur de sueur rance et de chiens, mais il y avait une autre odeur... la senteur de feuilles en train de brûler, de forêts, de longs jours d'automne, et de *cuir,* pour une raison ou pour une autre. L'odeur d'un bracelet de montre en cuir que l'on a porté trop longtemps.

— Avancez, dit John Trois Noms.

Jim fit un pas vers l'obscurité. C'était un épais rideau noir, accroché dans l'embrasure de la porte pour que la lumière ne puisse pas entrer. A l'intérieur, la caravane était peinte en noir, comme à l'extérieur. Elle comportait des meubles au capitonnage noir, et elle était éclairée uniquement par de minuscules lampes aux ampoules pas plus grosses que des perles.

Catherine avait déjà pris place sur l'un des canapés, ses mains ramenées sur sa poitrine dans son attitude familière du « saut en parachute ». Ses cheveux luisaient dans la lumière des lampes. Elle faisait face à un homme grand et mince qui était assis en tailleur dans un large fauteuil ancien aux accoudoirs dorés et fanés. Le siège avait dû être jadis d'un magnifique velours noir comme la nuit, mais à présent ce n'était plus qu'un amas de fils grisâtres.

L'homme était nu jusqu'à la taille, et son corps était très maigre et musclé, sans la moindre graisse superflue. Ses tétons étaient percés d'anneaux, où étaient accrochées des perles et des ailes d'oiseau. Il avait de longs cheveux noirs qui recouvraient ses épaules. Ses yeux étaient dissimulés par de petites lunettes aux verres jaunes. Son visage était dur, anguleux et effilé, comme si son bisaïeul avait été un loup, mais il était également beau, une beauté très primitive. Il portait un pantalon en cuir noir très moulant, à moitié délacé sur le devant.

— Jim... je vous présente Frère Chien, dit John Trois Noms. Frère Chien... je vous présente Jim Rook.

— Tu es celui qui voit ? demanda Frère Chien.

Sa voix était lente et rauque, comme s'il n'avait guère l'habitude de s'entretenir avec quelqu'un.

— Je suppose que l'on pourrait m'appeler ainsi, répondit Jim. Et vous... vous êtes celui qui jette des sorts aux gens ?

— Jim..., l'avertit John.

— Non, non. Je suis ici pour cette raison, fit Jim. Je suis venu ici pour éviter que d'autres meurtres soient commis par votre bête-esprit !

Frère Chien leva sa main droite. Sur la paume était tatouée la forme de la créature sombre, semblable à un ours, qui avait attaqué Susan à Window Rock.

— Tu es un homme sage, pour un Blanc. Rares sont les Navajos qui croient encore aux bêtes-esprits de nos jours, encore moins les Blancs !

— Je crois à cette bête-esprit parce que je l'ai vue.

— Tu l'as vraiment vue de tes propres yeux ? Tu veux bien me dire à quoi elle ressemble ?

— Elle ressemble à un ours gigantesque, avec des griffes. Et avec des yeux comme des charbons ardents dans un fourneau.

— Oui, tu l'as *vue,* dit Frère Chien avec un sourire qui découvrit des dents pointues. Je n'avais jamais pensé que quelqu'un la verrait un jour. Bon... tu peux retourner auprès des tiens et leur dire que tout cela n'était qu'un mauvais rêve. Dis-leur que c'est terminé, et que la Jeune Fille Se Changeant En Ours ne les tourmentera plus. A moins, bien sûr, qu'elle choisisse de le faire. On ne peut jamais savoir avec la Jeune Fille Se Changeant En Ours. Elle est toujours tellement instinctive.

Il rit, un rire dur comme des branchages secs que l'on casse. Dans la lumière ténue, Jim distinguait Catherine, assise sur le canapé, les épaules voûtées, les mains posées sur ses genoux, paumes tournées vers le haut. John Trois Noms était assis à côté d'elle, manifestement tendu. Il n'arrêtait pas de battre le rappel sur ses genoux et de traîner les pieds. Si un ruban de téléscripteur était sorti de son cerveau, il aurait indiqué « *Allez, allez, venez-en au fait ! Bordel de merde, Jim ! Laissez tomber les amabilités et foutons le camp d'ici !* »

Jim se pencha en avant afin de regarder directement vers les lunettes aux verres jaunes de Frère Chien.

— Cessons de tourner autour du pot, d'accord ? Henry Aigle Noir m'a autorisé à vous faire une offre. Actions, titres et argent liquide. Tout ce que vous avez à faire, c'est fixer votre prix.

Frère Chien le considéra durant un long, très long moment sans rien dire. Puis, comme s'il venait de se réveiller d'un coma, il dit :

— Un prix ? De quoi parles-tu ? Quel prix ?

Jim glissa la main dans sa poche et en tira son organizer. Sur celui-ci, il avait dressé soigneusement la liste des actions, titres et placements d'Henry. Il avait également noté que, en dernier ressort, Henry lui donnerait un tantième sur son prochain contrat avec la Fox département Télévision, et un tantième sur toutes ses royalties, « à perpétuité et à tout jamais », comme l'énoncent les contrats à Hollywood.

— Henry peut aller jusqu'à 950 000 dollars. Vous n'avez qu'un mot à dire, et tout cet argent est à vous. Vous n'aurez plus à vivre dans une caravane, hein ? Avec cet argent, vous pourrez vous faire construire une superbe maison, avec piscine.

— Est-ce qu'il s'agit d'une sorte de... *dot ?* demanda Frère Chien.

— Non, non. Je crois que vous n'avez pas compris. Henry vous offre ces 950 000 dollars pour que vous ne poursuiviez plus Catherine.

— Je ne la poursuivrai plus, c'est promis. Pourquoi ferais-je cela ? Elle sera ici, assise à mes côtés.

Jim ôta ses lunettes de lecture et les rangea dans sa poche de chemise.

— Frère Chien, il y a malentendu ! Henry Aigle Noir vous offre cet argent pour libérer Catherine... pour rompre votre accord de mariage. L'argent n'est absolument pas une dot. C'est une forme de dédommagement. Un geste de bonne volonté, si vous préférez.

Frère Chien se tourna vers John et lança d'un ton cassant :

— Tu m'avais dit que cet homme blanc me ramenait Catherine Oiseau Blanc !

— Il l'a fait, non ?

— Excusez-moi, dit Jim. Vous ne songez tout de même pas à prendre les deux, hein ? La fille *et* l'argent ? Parce que c'est l'un *ou* l'autre, désolé ! Ou bien vous vous obstinez à vouloir Catherine, laquelle m'a fait parfaitement comprendre qu'elle n'avait pas l'intention de revenir vivre sur la réserve même si vous lui donniez toutes les cacahuètes de Géorgie. Ou bien vous prenez l'argent. Mais pas les deux.

— Non, dit Frère Chien.

— Non, quoi ? Non, vous êtes conscient que vous ne pouvez pas avoir les deux ? Ou bien, non, vous ne voulez pas l'argent mais vous voulez la fille ? Ou bien, non, vous voulez l'argent mais vous ne vou...

— Assez ! dit Frère Chien. Tu m'as ramené cette femme et tu as bien travaillé. Maintenant tu peux partir.

Il se leva de son fauteuil et prit Catherine par le poignet.

— Tu vois cette cicatrice ? fit-il. C'est là que notre sang a été mélangé quand elle avait douze ans. Elle m'a appartenu depuis ce jour. Tu ne peux pas changer cela avec de l'argent.

— Frère Chien, déclara Jim, je sais que vous avez le sentiment que Catherine vous appartient, mais le fait est que, au regard de la loi, vos fiançailles ne valent pas un pet de lapin !

— Calmez-vous, Jim, l'avertit John Trois Noms.

— Comment ça, « calmez-vous » ? répliqua Jim. Dans quel camp êtes-vous ?

— Nous ne pouvons pas lutter, Jim. Vous l'avez constaté par vous-même. Lorsque ce garçon de votre collège est mort, et que Paul et Nuage Gris ont été accusés de l'avoir tué... Henry a compris qu'il n'avait pas le choix.

— Vous voulez dire qu'il ne m'a pas du tout envoyé ici pour faire un marché ? Il voulait uniquement que je ramène Catherine à cet énergumène aux tétons ornés de plumes ?

— Jim ! Ils ne pouvaient pas risquer d'autres meurtres !

— Alors pourquoi ne sont-ils pas revenus ici pour livrer ce fumier aux flics ?

— Qui les aurait crus ? Même les flics navajos ne les auraient pas crus.

Frère Chien tenait toujours Catherine par le bras, et il continuait d'arborer un large sourire. Ses dents donnaient l'impression qu'il était capable de mordre dans un plateau de table en acajou de dix centimètres d'épaisseur.

— John Trois Noms a raison. Personne ne croira jamais que tu as vu la Jeune Fille Se Changeant En Ours. Tu seras mis sous les verrous par les personnes à qui tu as demandé de l'aide, et elles jetteront la clé!

— Vous refusez l'argent? demanda Jim.

— J'accepterai l'argent avec plaisir, si Henry Aigle Noir désire me le donner.

— Mais vous ne laisserez pas Catherine partir librement?

— Absolument pas. Elle sera mon épouse. Elle me donnera des enfants. Elle me fera à manger, me lavera et me vénérera. Elle léchera la sueur entre mes orteils.

Catherine le regardait fixement. Un remous d'obscurité l'entourait. Il était clair que John Trois Noms ne voyait pas cette obscurité, mais Jim la voyait, et la façon dont Frère Chien se moquait de Catherine amena Jim à se demander s'il la voyait, *lui* aussi... ou bien s'il la percevait, à tout le moins.

— Je ne veux pas t'épouser! répliqua Catherine. Je ne t'épouserai jamais!

— Bien sûr que si. Tu en viendras à m'aimer tellement que tu te mettras à pleurer chaque fois que je serai loin de toi.

— Certainement pas! Je te hais!

L'obscurité commença à bondir et à danser, animée d'une vie qui lui était propre, à se coaguler autour de ses épaules en des nœuds d'ombre compacts.

— Allons, Frère Chien, laissez-la partir, dit Jim.

— Toi! fit Frère Chien avec mépris. Tu as été prévenu, n'est-ce pas? Tu vas mourir aujourd'hui!

— On me l'a suffisamment répété, j'en ai pour la semaine! répliqua Jim.

A présent il était furieux... furieux, fatigué et frustré.

— Vous la laissez partir, ensuite nous pourrons négocier et régler cette affaire comme des gens raisonnables!

— Tu crois qu'on t'a envoyé ici pour *négocier*? se

moqua Frère Chien. Tu as été envoyé ici pour deux raisons seulement... me ramener Catherine Oiseau Blanc et voir que la Jeune Fille Se Changeant En Ours s'en retourne vers le Grand Dehors, d'où elle était venue, parce que tu es le seul qui peut voir cela. C'était l'unique condition que Henry Aigle Noir a posée, avant de faire revenir sa magnifique fille, et comment aurais-je pu refuser? Une promesse est une promesse.

— John, est-ce que c'est vrai? demanda Jim.

John Trois Noms hocha la tête.

— Je suis désolé, Jim. Cela ne me plaisait pas du tout de vous tromper, mais c'était le seul moyen. Frère Chien et Catherine doivent échanger leurs promesses de mariage... et lorsqu'ils le feront, vous devez attester que la bête-esprit est bien repartie vers le monde des esprits.

— Splendide! Alors vous m'avez dit des mensonges depuis le commencement.

Frère Chien sourit.

— Ce n'était pas exactement des mensonges, monsieur Rook. C'était simplement un moyen de vous faire venir ici, accompagné de Catherine. Vous avez vu la bête. Vous avez vu ce qu'elle est capable de faire. Même *moi* je ne peux pas la contrôler parfois.

— Oh, je l'ai vue, merci bien! et j'ai vu ce qu'elle est capable de faire. Elle a tué un jeune homme de beaucoup d'avenir. Elle a saccagé mon appartement et tué ma chatte. Elle a transformé les vestiaires de West Grove en une région sinistrée. Et hier elle a tué... une femme à qui je portais beaucoup d'affection.

— Alors vous aimeriez la voir partir définitivement? demanda John Trois Noms.

— Vous vous fichez de moi?

— Dans ce cas, laissez Frère Chien et Catherine se marier, et toute cette affaire sera terminée.

— Et que faites-vous de Paul et de Nuage Gris?

— Vous pouvez rentrer à Los Angeles et déclarer sous serment ce que vous avez vu.

— Oh, bien sûr, et un jury va me croire?

— Vous pouvez vous soumettre au détecteur de mensonge.

— C'est une preuve irrecevable. Vous le savez très bien !

— Et si une autre personne était tuée exactement de la même façon, à des centaines de kilomètres de distance, alors que Paul et Nuage Gris sont toujours en détention préventive ?

Jim le regarda avec stupeur.

— Vous voulez parler de *Susan* ?

— Trop grièvement brûlée, j'en ai peur. Vous comprenez, Susan était un sacrifice indispensable à Coyote. On ne pénètre pas dans le territoire du maître sans lui rendre hommage.

— Vous voulez dire que Susan était une *offrande* ?

John Trois Noms haussa les épaules.

— J'avais fait ce feu pour cette raison. Je m'attendais à ce qu'elle sorte pour chercher Catherine, mais je ne *vous* attendais pas. Néanmoins, vous m'avez été d'une grande aide. Dommage pour la couverture !

— Vous voulez dire que vous avez fait venir cette bête ? Vous avez fait cela de propos délibéré ? Afin que Susan puisse être tuée et brûlée ?

— Coyote apprécie toujours l'odeur de la chair humaine brûlée en son honneur, déclara Frère Chien. Cela le rend plus bienveillant envers la race humaine. Jadis, on brûlait des vierges, et des bisons, et on les faisait brûler vifs.

— Attendez un peu, dit Jim. S'il ne s'agit pas de Susan, tuée exactement de la même façon, alors de *qui* parlez-vous ?

— Vous avez amené des amis avec vous, exactement comme Henry Aigle Noir vous l'avait demandé, n'est-ce pas ? sourit Frère Chien.

— Nom de Dieu ! s'écria Jim. Personne ne touchera à un seul cheveu de mes élèves ! Vous avez parlé de promesses ? J'ai fait trois promesses lorsque j'ai accepté de venir ici. J'ai promis à Henry Aigle Noir que j'essaierais de négocier afin que Catherine soit déliée de cet engagement ridicule. J'ai promis à mes élèves que je veillerais sur eux. Et je me suis promis à moi-même que je ne mourrais pas. Pas aujourd'hui.

— Des promesses plutôt difficiles à tenir, répliqua Frère Chien.

Il s'approcha lentement de Jim, jusqu'à ce que celui-ci puisse voir chaque point noir de chaque pore de son nez.

— Je prends Catherine, n'ayez aucun doute à ce sujet, et je donnerai à Henry Aigle Noir toutes les preuves dont il a besoin pour faire sortir ses fils de prison, et si vous soulevez la moindre objection, alors croyez-moi, je vous persécuterai jusqu'à la fin de vos jours, je détruirai tout ce à quoi vous tenez, et je tuerai toute personne que vous aimez. C'est ce que mourir signifie, mon ami. C'est ce que mourir signifie *vraiment*. C'est ce que les hommes blancs nous ont fait, il n'y a pas si longtemps que cela. Ils ont détruit nos tipis, brûlé nos récoltes et tué notre bétail. Nos femmes et nos enfants sont morts de faim, et qu'avez-vous fait ? Vous avez craché sur nos tombes.

« Aujourd'hui, vous mourez, répéta Frère Chien. Demain, vous mourez. Chaque jour, pour le restant de votre vie, vous mourez.

Jim le regarda fixement et pensa : *Bordel de merde ! qu'est-ce que je fais ?* Il lança un regard à John Trois Noms, qui soutint son regard un moment avant de détourner les yeux d'un air embarrassé. Puis il regarda Catherine. Son expression était un mélange de désarroi et de peur.

— OK, d'accord, dit-il finalement. Je pense que si c'est Catherine que vous voulez, alors vous pouvez l'avoir. Comment pourrais-je m'y opposer ?

Frère Chien sourit lentement.

— C'est bien. J'aime les gens réalistes. A présent, lequel de vos élèves pouvons-nous avoir, ou bien allons-nous prendre les deux ?

Jim était épouvanté par l'insensibilité de Frère Chien. *Comment me serait-il possible de sacrifier l'un de mes élèves ? Et même si j'en étais capable, lequel choisirais-je ? Sharon, qui a un avenir tout tracé d'assistante sociale ou même de politicienne locale défendant la cause des Noirs... ou bien Mark, qui finira probablement comme son père, à marteler des tôles de voitures, mais dont le sens de l'humour et la compréhension de la poésie briseraient le moule de l'ignorance de son père, et ferait en sorte que* son *fils ait une chance ?*

— Je devrais peut-être leur demander de jouer ça à pile ou face, répondit-il. Ils n'ont pas besoin de savoir pour quelle raison !

Cela sembla plaire à Frère Chien.

— J'ai su que vous étiez un homme intelligent, dès que je vous ai vu. Henry Aigle Noir choisit toujours avec discernement.

— Catherine ? dit Jim.

Il s'efforça d'attirer toute son attention... s'efforça de faire appel à Catherine Oiseau Blanc, et non à la silhouette imprécise qui se formait autour d'elle.

— Catherine, je suis désolé. Tu vois dans quelle situation je me trouve.

— Je... je ne comprends pas, fit Catherine. Qu'essayez-vous de me dire ?

— J'essaie de te dire que tu dois épouser Frère Chien. Je n'ai pas le choix.

Il s'approcha d'elle et prit sa main. Il sentait déjà le picotement de poils rêches, invisibles, comme de l'électricité statique.

Il se pencha vers elle, comme pour l'embrasser sur la joue.

— Je vais serrer ta main très fort, murmura-t-il. Lorsque je ferai cela, *tu t'enfuis*, tu as compris ?

Il se redressa. Il n'y avait rien sur le visage de Catherine pour lui indiquer si elle avait compris ou non — uniquement le même désarroi, la même peur.

— Bon, dit-il à Frère Chien. Je crois que je vais aller demander à mes élèves lequel des deux vivra et lequel des deux s'en ira vers les Prairies des Chasses Eternelles !

— Je crois que je vais sortir, moi aussi, déclara John Trois Noms. J'ai vu suffisamment de sang comme ça, croyez-moi !

Il tourna les talons et Frère Chien s'écarta pour le laisser passer. A ce moment, Jim poussa en arrière Frère Chien. Celui-ci perdit l'équilibre et tomba à la renverse contre son fauteuil. John Trois Noms se retourna, mais Jim l'écarta d'un violent coup d'épaule. Il saisit la main de Catherine et cria :

— *Maintenant !*

Il voulut la tirer par la main. Au même instant, Frère Chien émit un cri strident, surnaturel. La main de Catherine sembla exploser dans la sienne. Une seconde plus tôt, ses doigts étaient fuselés et doux... à présent il tenait une gigantesque griffe couverte de poils raides. Il cria « *Ahh !* » et ôta vivement sa main. Derrière lui, il n'y avait plus une jeune fille élancée aux longs cheveux, mais une ombre massive, semblable à un ours, qui atteignait presque le plafond de la caravane. La créature avait de tout petits yeux qui brillaient d'une lueur rouge comme les perforations dans la porte d'un fourneau, et des griffes qui *cliquetèrent* littéralement tandis qu'elle les levait.

Jim se jeta à terre tout en se protégeant le visage avec son bras. Au même instant, une griffe le frôla, si près qu'elle arracha la peau sur ses jointures. La griffe heurta le flanc de la caravane dans un fracas retentissant, brisa en deux un placard en Formica et transperça la paroi en aluminium, de telle sorte que cinq étoiles de lumière passèrent brusquement à travers.

— *Catherine !* hurla Jim vers la créature.

Mais la bête s'avança d'un pas lourd, et toute la caravane vibra. Elle abattit ses griffes vers Jim à plusieurs reprises, mais celui-ci s'écarta en roulant de côté sur le plancher et se glissa sous l'un des canapés. Il entendit Frère Chien hurler et pousser des cris de joie, puis entonner une sorte de chant monotone et strident :

— *Aheeiioo... ahane... aheeiioo... saabate...*

La bête assenait des coups dans toutes les directions,

et ses griffes lacéraient tout — cuir, métal, contreplaqué. Le vacarme était à briser les tympans, et cela ne s'arrêtait pas. Jim avait l'impression qu'une bombe avait explosé au ralenti. Le rembourrage de mousse de plastique au-dessus de sa tête fut déchiqueté, le plancher éventré, des verres écrasés, des meubles disloqués. L'air fut envahi par un blizzard de vaisselle de porcelaine brisée et de lambeaux de tissu. Tandis qu'elle se déplaçait et frappait, la Jeune Fille Se Changeant En Ours éventrait les flancs de la caravane, si bien que la lumière du soleil entrait de toutes les directions.

Le châssis de la caravane commença à céder. Les parois étaient bosselées et déformées, et même complètement éventrées par endroits. L'ensemble de la caravane pencha d'un côté, puis ses roues s'affaissèrent. Frère Chien fut projeté en arrière et se cogna la tête contre la table du téléviseur. John Trois Noms tentait d'atteindre la porte, et il devait s'agripper aux rideaux pour ne pas basculer à la renverse. Jim — sous le canapé — était acculé dans un recoin, ses jambes ramenées sous lui. Il parvint à s'adosser à la paroi de la caravane et à se dégager, au moment où la griffe de la Jeune Fille Se Changeant En Ours traversait les coussins au-dessus de lui et défonçait la cloison avec toute la puissance d'un chariot élévateur.

Jim comprit qu'il devait s'enfuir. Il ne survivrait peut-être pas, mais n'importe quoi valait mieux que d'attendre ici pour se faire arracher la tête, comme ce qui était arrivé à Susan. Il prit une profonde inspiration, compta jusqu'à trois, puis s'extirpa de sous le canapé, roula sur le plancher et saisit le premier support qu'il put trouver — en l'occurrence, la cheville de John Trois Noms. Celui-ci, pris de panique, glapit « Lâchez-moi ! Lâchez-moi ! » Il lança des ruades pour repousser la main de Jim, mais ce dernier tint bon. Il se traîna vers l'avant de la caravane jusqu'à ce que John Trois Noms et lui soient allongés côte à côte.

— Vous savez ce que vous avez fait ? lui hurla Jim.

Vous avez tué deux personnes innocentes, uniquement parce que vous étiez trop terrifié pour tenir tête à une saloperie de démon complètement démodé ! Vous pensiez vraiment que j'allais vous laisser massacrer d'autres personnes ?

John Trois Noms se débattit pour se dégager.

— Que savez-vous, vous les hommes blancs ? Tout ce pays est un pays navajo, et il le sera pour toujours ! Nous attendons le moment, c'est tout ! Nous prenons soin de nos esprits, nous les faisons tous sortir de leurs cachettes, un à un, nous faisons revivre les anciennes croyances, et nous attendons le moment ! Je vais vous dire une chose, monsieur Rook... dans un proche avenir, chaque communauté d'hommes blancs entre ici et Los Angeles sera peuplée uniquement de cadavres. Ce sera un véritable paradis pour les mouches à viande !

Le plancher vibra sous eux. Jim leva les yeux. La Jeune Fille Se Changeant En Ours se dressait au-dessus d'eux, froide et sombre. Ses poils rêches étaient hérissés, ses yeux flamboyaient d'une lueur rouge, et elle émettait un son guttural, rauque, comme des hommes que l'on étrangle. Elle abattit ses griffes vers Jim, déchirant sa chemise et lui lacérant l'épaule. Il sentit du sang lui couler dans le dos. John Trois Noms l'agrippa, lui donna des coups de pied et tenta de le soulever pour que le prochain coup assené par la bête atteigne Jim à la tête. Jim se laissa tomber en arrière et fit rouler John Trois Noms sur lui. John Trois Noms saisit ses poignets et tenta de reprendre le dessus. Jim sentait la sueur de John lui dégouliner sur le visage et respirait l'odeur de café rance de son haleine.

— Nous devions oublier, hein ? vociféra-t-il. Nous devions oublier ce que vous nous avez fait ? Toutes ces femmes et tous ces enfants qui sont morts ici à Fort Defiance ?

Sa colère était tellement vive qu'il semblait avoir complètement oublié la bête-esprit qui faisait trembler la caravane autour d'eux.

Au-dessus de son épaule, Jim aperçut une patte

levée — une patte noire et velue, avec des griffes qui accrochaient la lumière du soleil. John Trois Noms l'injuriait et le frappait, pourtant il tenta de le repousser de côté, pour l'écarter de la trajectoire. Mais il y eut un *tchaac* ! et un horrible son cartilagineux, comme si quelqu'un tordait la patte d'un poulet pour l'arracher. Jim fut brusquement aspergé de sang chaud. John Trois Noms le lâcha et se tint le côté de la tête.

— Mon oreille ! Elle m'a arraché l'oreille !

La caravane sembla exploser. La bête arrachait le plafond et éventrait les parois. Des débris d'aluminium volaient partout, ainsi qu'un nuage tourbillonnant de mousse de plastique, de plumes et de draps en lambeaux. Une averse de riz, de farine et de lait en poudre s'abattit sur Frère Chien, évanoui.

John Trois Noms essaya de se relever, le visage strié de sang. Il voulut s'appuyer sur une paroi qui avait disparu, et chancela. A ce moment, la Jeune Fille Se Changeant En Ours le saisit avec ses deux griffes et le souleva au-dessus de sa tête. John Trois Noms hurla. Ses jambes s'agitèrent frénétiquement. Les griffes de la bête avaient transpercé sa cage thoracique des deux côtés, et s'étaient enfoncées dans ses poumons et dans son foie.

— Non ! couina-t-il. Non ! Je t'ai servie ! Je t'ai sauvée !

La bête écarta largement ses griffes et, dans un craquement retentissant, elle déchira son corps du cou jusqu'à l'entrecuisse, puis elle le secoua violemment. Il se vida complètement sur le plancher de la caravane — cœur et poumons, estomac et intestins — en un amas visqueux et clapotant. La bête laissa tomber son corps flasque et étripé, tout en bras et en jambes telle une marionnette, et elle se tourna vers Jim.

Mais Jim ne l'avait pas attendue. Dès que la bête avait saisi John Trois Noms, il s'était traîné vers la porte et s'était laissé tomber vers le sol. A présent il se dirigeait vers la Galaxy où Sharon et Mark attendaient.

Il faisait très chaud, et Jim était foutrement commotionné. Il entendait ses chaussures chuinter dans la poussière, et cela lui donnait l'impression que quelqu'un se trouvait juste derrière son dos. Sharon était déjà sortie du véhicule et regardait avec stupeur la caravane qui volait en morceaux. Mark était assis sur la banquette arrière et pianotait éperdument sur le téléphone cellulaire de John Trois Noms.

— Sharon ! Remonte dans la voiture ! lui cria Jim tout en courant dans sa direction.

— Quoi ? Et Catherine ?

— *Remonte dans la voiture !*

Il jeta un regard par-dessus son épaule. La bête s'était lancée à sa poursuite et courait par petits bonds, lourds et menaçants, pareille à un grizzly. Mais elle était énorme, quasiment trois fois la taille d'un ours réel, et ses griffes cliquetaient sur le sol, comme quelqu'un qui aiguise des couteaux à découper.

— Sharon, bon Dieu ! Fais ce que je te dis !

Il atteignit la Galaxy et poussa Sharon vers son siège. Il se glissa derrière le volant, claqua la portière et fit s'emballer le moteur.

— Catherine ! lui cria Sharon. Et Catherine ?

Jim fit une marche arrière puis un demi-tour pour regagner l'allée principale.

— Catherine n'est pas Catherine, lui dit-il. Plus maintenant, en tout cas.

— Mais elle est là-bas ! s'exclama Sharon en saisissant son bras et en le secouant. Regardez, monsieur Rook, elle est là-bas !

Jim écrasa l'accélérateur et la Galaxy fit une embardée dans la poussière. Jim jeta un coup d'œil dans le rétroviseur et vit que Catherine courait derrière eux. Ses cheveux voletaient tandis qu'elle courait. Mais lorsqu'il se retourna, il vit seulement l'ombre énorme et foncée de la Jeune Fille Se Changeant En Ours qui tentait implacablement de les rattraper.

— Monsieur Rook, arrêtez-vous ! le supplia Sharon. Vous ne pouvez pas laisser Catherine ici !

Jim bloqua les freins.

— Sharon, ce n'est pas Catherine. C'est quelque chose d'autre. Pour toi, cela ressemble peut-être à Catherine, mais pour moi, c'est une créature tout à fait différente !

— J'ai prévenu les flics ! dit Mark avec optimisme en montrant le téléphone cellulaire. Ils ont dit qu'ils seraient là dans une demi-heure, si possible !

Catherine continuait de courir dans leur direction. Dans le rétroviseur, Jim voyait que son expression était figée, ses yeux vitreux. Elle courait comme quelqu'un qui était résolu à les rattraper, coûte que coûte.

— Accrochez-vous ! dit-il.

Et il appuya sur l'accélérateur. Les pneus de la Galaxy chassèrent sur la terre battue, puis ils adhérèrent et répondirent. A ce moment, cependant, ils sentirent un choc violent à l'arrière du véhicule, et la lunette arrière vola en éclats vers l'habitacle. Puis ils entendirent un horrible grincement, suivi d'un crissement strident et d'une vibration, et Jim sentit le volant de la Galaxy tressauter dans ses mains comme s'il avait une volonté qui lui était propre.

— Que se passe-t-il ? hurla Sharon, terrifiée.

Jim regarda derrière lui. La Jeune Fille Se Changeant En Ours courait de plus en plus vite, et les rattrapait. Elle s'élança et arracha la portière arrière de la Galaxy qui tomba et rebondit sur le sol poussiéreux. Puis elle brisa les feux arrière et arracha la garniture. Des morceaux de plastique se répandirent sur le sol.

— C'est *Catherine* ! s'exclama Mark. Mais qu'est-ce qu'elle fait, bon sang ? Elle est en train de mettre en pièces cette foutue voiture !

— C'est exactement ce que j'ai dit, Mark, répondit Jim. Ce n'est pas Catherine, pas pour le moment. C'est une sorte de bête. La même bête que celle qui a tué Martin Amato. La même bête que celle qui a saccagé les vestiaires.

— Mais qu'est-ce que vous racontez ? glapit Sharon. Vous voulez dire que *Catherine* a tué Martin ? Vous voulez dire que *Catherine* a commis tous ces dégâts ?

Jim se retourna et vit que la bête se rapprochait. Elle heurta le pare-chocs arrière en produisant un bruit sourd, et il fut obligé de faire des embardées d'un côté et de l'autre. A présent, ils filaient sur l'allée principale entre les caravanes, des enfants et des chiens couraient partout. Pourtant il n'osait pas ralentir. L'arrière de la Galaxy était bosselé, déchiqueté et couvert d'éraflures, mais il savait que s'il s'arrêtait maintenant, la bête bondirait à l'intérieur du véhicule et les mettrait en pièces avant qu'ils aient le temps d'ouvrir les portières.

— *Monsieur Rook!* cria Sharon.

Devant eux, une vieille femme navajo avec des lunettes Zimmer traversait l'allée. Elle était accompagnée d'une fillette âgée de six ou sept ans qui lui souriait, lui parlait et lui présentait ses fleurs des champs.

Jim les vit comme une photographie — parfaitement nettes, dans le moindre détail. Il roulait à plus de 110 et il n'avait aucune chance de s'arrêter avant de les heurter. Il eut juste le temps de crier « Accrochez-vous ! » avant de braquer violemment et de sortir de l'allée. Il défonça la palissade de quelqu'un, faucha un jardin potager où poussaient des haricots verts, des courges et des citrouilles, heurta un tonneau rempli d'eau de pluie, arracha une autre palissade tout du long, comme une fermeture à glissière géante, contourna de justesse l'arrière d'une autre caravane en sectionnant une corde sur laquelle avait été récemment étendue la lessive, et revint sur l'allée en brinquebalant.

Il sortit du camping, tourna à droite dans un crissement de pneus, et fonça vers Window Rock, le pied au plancher.

Il regarda dans le rétroviseur. Catherine ne les poursuivait plus. Elle s'était arrêtée à l'entrée du camp et les observait s'éloigner à toute allure. Il tourna la tête et elle était redevenue Catherine. La bête avait disparu. Il ressentit l'envie quasi irrésistible de faire demi-tour pour aller la chercher. Et merde, il était son professeur, et elle était placée sous sa responsabilité ! Il était incapable de se représenter les moments affreux qu'elle traversait, les peurs qu'elle éprouvait. Mais il savait que tant qu'elle ne serait pas délivrée de l'influence de Frère Chien, elle était capable de les tuer tous.

— Vous allez la *laisser* ici ? demanda Mark.

— Je n'ai pas le choix. Cet homme qu'elle devait épouser lui a jeté un sort, faute d'un meilleur terme. Il y a un instant, lorsqu'elle courait derrière nous, vous avez vu Catherine mais je voyais une énorme bête noire.

Mark se retourna et regarda vers la route, juste à temps pour apercevoir Catherine qui faisait demi-tour vers le camping.

— Une bête ? C'est difficile à croire !

— Regarde les dégâts qu'elle a faits à notre voiture. Si elle n'était pas possédée par cette *créature*, elle n'aurait même pas pu la cabosser !

— Allons, Mark, intervint Sharon. Tu sais bien que M. Rook peut voir des trucs comme des esprits, des fantômes et tout le tremblement !

— D'accord, mais une *bête*... en plein jour ! Mince alors, j'aurais bien voulu voir ça !

— Bon, écoutez-moi, maintenant, dit Jim.

Et il leur raconta la légende de la Jeune Fille Se Changeant en Ours, comme John Trois Noms la lui avait racontée. Mais il ne leur dit pas que John Trois Noms était mort, ni que Susan avait été tuée, elle aussi, et brûlée, en offrande à Coyote.

Ils arrivèrent à Window Rock et Jim se gara devant l'hôtel Nation Navajo.

— Qu'est-ce qu'on fait, maintenant ? demanda Sharon.

— On fait nos bagages et on fout le camp d'ici !

— Que va dire le paternel de Catherine lorsqu'il verra que vous êtes revenu sans elle ? demanda Mark.

— Je suis très impatient de le savoir.

— Hé, un instant ! Vous voulez dire qu'il ne *s'attendait* pas à ce qu'elle revienne ?

— A mon avis, il ne s'attendait pas à ce qu'aucun

de *vous* ne revienne. Uniquement moi, afin que je puisse confirmer que la bête était partie définitivement. Ensuite, je doute fort que j'aurais vécu très longtemps !

— Je pige pas ! Alors nous devions *tous* mourir ?

Jim acquiesça de la tête.

— Henry Aigle Noir a emmené ses enfants en Californie afin de se dérober à sa promesse de donner Catherine à Frère Chien. Mais il avait sous-estimé la puissance de la magie de ce dernier, ainsi que sa portée. Lorsque Martin a été tué, et que Paul et Nuage Gris ont été arrêtés pour meurtre, il a réalisé qu'il devait tenir sa promesse. Il désirait que nous soyons tués par la Jeune Fille Se Changeant En Ours afin de prouver que ses fils n'avaient pas pu tuer Martin. Ce que, bien sûr, ils n'ont pas fait. Ils sont allés sur la plage cette nuit-là pour essayer de trouver Catherine avant qu'elle n'agresse quelqu'un.

Sharon franchit la porte vitrée et pénétra dans l'hôtel.

— Cela semble terrible d'abandonner Catherine de cette façon. Quoi qu'elle soit devenue maintenant, c'était une fille si gentille.

— Sharon, nous ne pouvons rien faire d'autre pour le moment. Si nous nous approchions d'elle, elle nous arracherait la tête ! Et je commence à subodorer que Frère Chien n'a absolument pas l'intention de renvoyer la Jeune Fille Se Changeant En Ours dans les limbes, ou je ne sais où. Je crois qu'il la trouve très bien comme ça !

Jim loua un break Pontiac et ils se rendirent de Window Rock à Gallup, où ils s'arrêtèrent pour acheter des cheeseburgers, puis ils firent plus de cent quatre-vingts kilomètres d'une traite jusqu'à Albuquerque. Ils arrivèrent à temps pour prendre un vol d'American Airlines direct jusqu'à Los Angeles, et ils décollèrent vers le soleil. Sharon et Mark dormirent durant la plus grande partie du vol. Jim était épuisé mais il était toujours gravement commotionné et il n'avait aucune envie de fermer les yeux, par peur de ce qu'il pourrait voir.

Il tira de sous sa chemise le sifflet en argent que Henry Aigle Noir lui avait donné. Il n'était pas tenté de donner un coup de sifflet, mais il se demandait à quoi ce sifflet servait au juste. Catherine lui avait expliqué que le sifflet alerterait Frère Chien et lui indiquerait où ils se trouvaient, mais Jim ne voyait vraiment pas l'utilité d'un sifflet qui ne faisait rien de plus que cela. Le sifflet avait fait sortir Catherine de sa transe « jeune fille se changeant en ours » alors que leur avion descendait en piqué vers la Forêt de Cibola, mais Jim ne comprenait pas comment cela s'était produit. Il avait une foue de questions à poser à Henry Aigle Noir lorsqu'ils seraient rentrés à Los Angeles.

Il reconduisit Mark et Sharon chez eux. A présent il faisait nuit.

— Écoutez, leur dit-il, je crois qu'il serait préférable que vous ne racontiez pas à vos parents ce qui s'est passé à Fort Defiance. Ils exigeraient une enquête de la police, et s'il y a une situation que la police est incapable de gérer, c'est bien celle-là. Je songe principalement à Catherine. Si la police la trouve et qu'elle devient folle furieuse comme elle l'a fait au camping... ma foi, faites un petit effort d'imagination !

— Nous vous verrons demain au collège, monsieur Rook, fit Sharon, et, de manière inattendue, elle l'embrassa sur la joue. Merci de nous avoir sortis de ce pétrin.

— Je n'aurais pas dû vous *mettre* dans ce pétrin !

— Hé, que serait la vie sans quelques frayeurs ? fit remarquer Mark. Je me suis bien amusé. C'est mieux que de rester assis sur son cul à regarder la télé, en tout cas !

— Tu ne pensais pas cela lorsque nous piquions vers ces arbres, répliqua Sharon.

— J'ai pas fait dans mon jean, d'accord ?

— Si tu avais fait dans ton jean, j'aurais été la première à sauter de l'avion, avec ou sans parachute !

— Vous n'êtes pas obligés de venir au collège

demain si vous n'en avez pas envie, dit Jim. Vous avez peut-être besoin de vous reposer.

— Essayez de nous en empêcher, monsieur Rook. Essayez donc de nous en empêcher !

8

Il se rendit chez George Babouris et trouva celui-ci assis sur la véranda, en train de pincer distraitement les cordes de son bouzouki.

— Jim... tu es déjà revenu ! Tu veux un verre de retsina ? Tu vas écouter cette chanson que je viens de composer. Je l'ai appelée *Lorsque nous dansions à Aspropirgos*.

— Un titre facile à retenir, dit Jim. Je peux passer la nuit ici ? En principe, le régisseur a remis mon appartement en ordre, mais je ne suis pas sûr d'avoir la force de retourner là-bas, pas ce soir, en tout cas.

— Tu dors ici, bien sûr, pas de problème ! Tu as faim ? Hier, j'ai fait des poivrons farcis. Deux minutes au micro-ondes, et c'est prêt !

— Ne te donne pas cette peine, George. Je crois que j'ai juste besoin d'un verre.

George le fit entrer. Il fallait lui rendre cette justice qu'il avait apparemment fait le ménage depuis que Jim avait dormi ici. Les poissons rouges nageaient toujours dans une épaisse obscurité turquoise, et il y avait une paire de chaussettes sales sur le dossier du canapé, mais George avait jeté à la poubelle la plus grande partie de ses brouillons et de ses boîtes de bière vides, et il y avait même une coupe contenant des oranges sur la table basse.

— Ne me dis pas que tu es amoureux, fit Jim.

— Euh, pas exactement, avoua George. Mais j'ai fait la connaissance de cette femme et le courant passe entre nous ! Je pense que tu la connais, en fait. Enfin, tu *devrais* la connaître. Elle habite dans ton immeuble.

— Continue, dit Jim d'un air méfiant en posant son sac de voyage.

— Tu avais laissé mon numéro de téléphone à ton réparateur, si jamais il avait un problème, d'accord ? Bon, il m'a téléphoné et il a dit qu'il ne pouvait pas remplacer les placards de ta cuisine avec les portes à l'identique, mais est-ce que ces autres portes conviendraient ? Alors je suis allé là-bas et elles étaient superbes, les portes, je veux dire. Elles étaient exactement comme tes anciennes portes mais de meilleure qualité. Si ce n'est que j'ai rencontré ta voisine du rez-de-chaussée. La femme en question.

— Tu veux parler de Mlle *Neagle* ?

— C'est ça. Valerie ! Et je vais te dire une chose, Jim. Nous avons tout de suite sympathisé, Valerie et moi. Une attirance réciproque ! C'était super ! Et elle est folle de musique populaire grecque !

— Ma foi, George, je ne sais pas quoi te dire. Je suis très content pour toi... pour vous deux.

— Je dois faire un saut chez elle plus tard dans la soirée. Dis donc, et si tu venais avec moi ? Tu pourrais voir l'avancement des travaux dans ton appartement.

— Je ne sais pas. Je ne voudrais pas vous déranger.

George ouvrit le réfrigérateur et prit deux boîtes de Pabst.

— Pas du tout ! Alors, et ce voyage ? Tu as réussi à tout régler ?

— Pour te dire la vérité, George, cela a été un désastre.

— Comment ça ? Je croyais que tu étais ravi d'aller là-bas. Faire office de conseiller conjugal auprès d'Indiens. Fumer le calumet de la paix. Danser autour du totem !

— Henry Aigle Noir m'a menti sur toute la ligne. Il ne voulait pas que j'accompagne Catherine à la réserve afin de casser sa promesse de mariage. Il voulait simplement que je lui serve de chaperon, afin d'être sûr qu'elle arriverait là-bas saine et sauve, et qu'elle épouserait ce type. Il avait fait un marché avec un démon, George, et ensuite il a découvert qu'il ne pouvait pas revenir sur sa parole.

— Lorsque tu dis « *démon* »...

— Je veux dire exactement cela. Démon, diable, esprit maléfique, je te laisse le choix ! L'homme que Catherine est censée épouser est en mesure d'évoquer le plus néfaste de tous les esprits navajos, Coyote. Cet homme s'appelle Frère Chien. Il peut transformer des gens en bêtes.

— Il peut transformer des gens en *bêtes* ? répéta George en haussant un épais sourcil noir.

— Je sais que cela semble peu crédible, mais il y a des douzaines de récits mythologiques provenant de toutes sortes de cultures à propos de démons qui changent des hommes et des femmes en animaux. En Irlande, il y avait une fée jalouse qui changeait des hommes en chiens. En Afrique, il y avait un démon qui changeait des femmes en singes. J'ignore si ces mythes ont un réel fondement, mais ici en Amérique il y a un esprit qui peut changer une jeune fille comme Catherine en une énorme créature noire semblable à un ours. C'est Catherine qui a saccagé les vestiaires du collège. C'est Catherine qui a saccagé mon appartement. C'est Catherine qui a assassiné Martin Amato. Et il y a pire. Elle a également tué deux autres personnes.

— J'ai du mal à croire ça, avoua George. Qui ?

— John Trois Noms, le guide navajo qui nous a conduits là-bas pour rencontrer le futur époux de Catherine. Elle l'a déchiqueté.

Il hésita, et il s'aperçut que c'était à peine s'il pouvait parler.

— L'autre personne était Susan.

— Susan ? Susan Randall ? Tu ne parles pas sérieusement !

Les yeux de Jim furent brusquement voilés de

larmes. C'était la première fois qu'il se permettait de montrer ses émotions depuis que Susan avait été tuée.

— La bête s'est jetée sur elle, George. Elle lui a arraché la tête. Elle l'a éventrée. J'ai crié pour prévenir Susan, mais je ne pouvais absolument rien faire.

— Et que... où cela s'est-il passé ?

— A Window Rock... derrière notre hôtel. Nous avons brûlé son corps sur un feu.

George pressa sa boîte de bière sur son front.

— Nom de Dieu, Jim ! Catherine s'est changée en bête et a tué Susan, et ensuite tu as fait brûler le corps de Susan sur un feu ?

Jim ôta ses lunettes et dit :

— Je le jure devant Dieu, George. C'est la vérité. Tout ce que je viens de te raconter. C'est la vérité. Tu n'as qu'à interroger Sharon et Mark.

— Et pour ce John Trois Noms ?

— Cela s'est passé dans la caravane de Frère Chien. J'essayais de faire sortir Catherine. Elle s'est... ma foi, une seconde plus tard c'était une créature noire complètement déchaînée, capable de faire des trous dans de l'acier.

— Bordel de merde, Jim ! Qu'est-ce que tu vas faire ?

— Je ne *peux* faire qu'une seule chose. J'ai une dette envers Catherine, à cause de ce que j'ai fait, en la remmenant à la réserve. D'accord, on m'avait menti, et j'ignorais ce qui allait lui arriver. Mais elle est innocente dans toute cette affaire, George, et j'ai contribué à la remmener vers une vie dont elle ne veut pas et vers un homme qu'elle n'aime pas.

— Mais elle a *tué* Susan !

— Ce n'est pas elle, George. C'est la Jeune Fille Se Changeant En Ours... la bête... qui a tué Susan.

— Qu'as-tu l'intention de dire au Dr Ehrlichman ? Qu'as-tu l'intention de dire aux parents de Susan ? Tu penses qu'ils vont te croire ? Ecoute, je te connais, et j'ai confiance en toi, pourtant je ne suis même pas sûr de te croire !

— Ce que je dirai aux gens devra attendre. Pour le moment, il n'y a qu'une seule façon de venger Susan et d'épargner à Catherine toute une vie à vivre sur la réserve avec cette espèce de Frère Chien... et c'est de faire exorciser Catherine, ou ce que l'on est censé faire quand quelqu'un est possédé par une créature invisible qui fait plus de trois mètres de haut et qui a des griffes semblables à des putains de cimeterres !

— Tu es bouleversé, tu sais, fit observer George. Je n'irai pas jusqu'à dire que tu as perdu la boule, mais tu devrais penser à tout ça demain matin.

— Je n'arrête pas d'y penser en ce moment.

— Écoute, allons chez Valerie. Qui sait, le fait de voir ton appartement réaménagé te changera peut-être les idées ?

Jim prit la main de George et la serra avec force. George fut quelque peu embarrassé.

— Je vais te dire une chose, George. Je n'avais encore jamais vu rien de tel. J'ai vu des fantômes, des esprits, et j'ai vu un homme sortir de son corps et se promener dans les rues pendant des heures d'affilée, et les voitures passaient à travers son corps comme s'il n'était pas là ! Mais cela... non, c'est différent. Ce n'est pas simplement un tour de passe-passe spirituel. C'est une force qui vient tout droit de l'air que nous respirons et du sol que nous foulons. C'est un pouvoir colossal, George. C'est la véritable magie indienne.

George lui donna une tape sur le dos.

— Pas de doute, Jim, tu ne fais jamais rien à moitié ! Quand tu disjonctes, tu disjonctes un max ! Tu as déjà essayé le Prozac ?

— Tu ne crois pas que je suis suffisamment dopé comme ça ?

— En ce moment, probable que oui !

— Permets-moi de te demander quelque chose. Même si tu ne crois pas un seul mot de ce que j'ai dit, est-ce que tu reconnais que je suis sincère ?

— Bien sûr, oui, je suis persuadé que tu es sincère.

— Alors soutiens-moi, aide-moi. Même si tu penses que j'ai pété les plombs.

De manière tout à fait inattendue, George le prit dans ses bras et l'étreignit. Sa bedaine était énorme. Sa barbe grattait, et il empestait les kebabs et le déodorant *Sure*.

— Ne t'inquiète pas, Jim. Même si tu débloques complètement, ce bon vieux George te donnera toujours un coup de main !

Ils se rendirent à Electric Avenue dans l'énorme camionnette Silverado délabrée de George. Cela faisait un étrange effet à Jim de revenir ici, alors que le félin répondant jadis au nom de Tibbles avait été tué, et que son appartement avait été dévasté. Il avait l'impression que ce n'était plus sa maison, et d'une certaine façon, ce ne serait plus jamais sa maison. Lorsque votre maison a été cambriolée, lorsque votre maison a été saccagée, elle perd son caractère sécurisant, et le fait d'ajouter des serrures la rend encore moins sûre.

— Va jeter un coup d'œil à ton appartement, ensuite rejoins-nous en bas, lui dit George. Ils ont fait un boulot superbe. Ça te plaira.

Jim gravit les marches jusqu'à la terrasse du premier étage et se dirigea vers sa porte d'entrée. Il vit un store bouger juste en face, et il comprit que c'était Myrlin qui l'épiait, afin de s'assurer que Jim ne *l*'épiait pas. Il hésita un moment, puis il introduisit la clé dans la serrure. Il y avait une forte odeur de peinture fraîche et de bois. Il alluma les lumières et vit que George avait dit vrai : les murs avaient été repeints d'une couleur que Jim pouvait seulement qualifier de « chameau fané ». Toutes les éraflures dans le plâtre avaient disparu, et les portes des placards de la cuisine avaient été remplacées.

Tous ses objets personnels étaient entassés sous une grande bâche en plastique poussiéreuse : ses livres, ses tableaux, ses CD, même l'un de ses cardigans. Il avait l'impression de pénétrer dans l'appartement de quelqu'un qui était mort récemment.

Il se retournait pour partir lorsqu'il aperçut son grand-père debout devant la fenêtre. Ce soir, il paraissait beaucoup plus vieux, les épaules voûtées, les mains enfoncées dans ses poches. Jim s'approcha de lui et dit :

— Grand-père ? Pourquoi es-tu revenu ? Tu vas bien ?

— Si je vais bien ? Non, je ne le pense pas, répondit son grand-père.

— Alors qu'y a-t-il ? Réponds-moi. Mon amie a dit que des proches parents revenaient uniquement pour une raison très grave.

— Comment ton amie sait-elle cela ?

— Parce qu'elle est morte, exactement comme toi. Elle s'appelle Alice Vaizey et... tu ne vas sans doute pas le croire, mais elle me parle par l'intermédiaire de la femme qui a emménagé dans son appartement lorsqu'elle est morte.

— Pourquoi ne croirais-je pas cela ? C'est le genre de chose qui arrive tout le temps. Les morts qui s'accrochent aux vivants.

— Alors qu'est-ce qui cloche ? demanda Jim.

Il avait tellement envie de toucher son grand-père... juste prendre sa main et caresser ces vieux doigts desséchés et ces veines semblables à des racines sinueuses. Juste effleurer cette joue à la peau douce, rasée de près. Il sentait même la lotion capillaire de son grand-père, ainsi que l'odeur de son tabac.

— Cette créature contre laquelle je t'avais mis en garde... elle est venue, hein ? dit son grand-père. Cette créature très ancienne, froide et hérissée.

Jim hocha la tête.

— Oh oui, elle est venue ! Regarde autour de toi. On vient juste de réparer le gâchis.

— Mais ce n'est pas le seul gâchis, n'est-ce pas, Jim ?

— Non, grand-père, en effet. Il y avait une femme dont j'étais amoureux. Susan Randall. La créature l'a tuée.

Son grand-père suçota son dentier.

— J'ai vu Susan. C'est pour cette raison que je suis venu.

— Tu l'as *vue? Où* ça?

— Jim, il n'y a pas de *où* quand tu es mort. Les cloches sonnent et tu contemples ces toits aux tuiles mouillées. Un instant plus tard, tu remontes la Huitième Avenue. Et puis, avant que tu comprennes, tu te promènes sur le rivage à Hilton Head, et tu lances des bâtons pour que ton chien les rapporte.

— Comment était-elle? voulut savoir Jim. Réponds-moi, grand-père. J'ai essayé de la sauver. J'espère qu'elle le sait.

— Elle ne savait pas grand-chose. Elle était très choquée, comme les gens le sont habituellement quand ils ont été décapités. Il leur faut un sacré moment pour se remettre de la façon dont ils sont morts. Mais elle m'a dit une chose, et elle parlait sérieusement, Jim. Elle a déclaré : « Dites à Jim de partir du collège de West Grove et d'aller aussi loin qu'il le pourra. Dites-lui d'aller en Europe. Dites-lui d'aller au Japon. Dites-lui d'aller n'importe où pour échapper à cette bête, parce qu'elle le recherchera. »

— Tu penses la revoir? demanda Jim. Est-ce qu'il te serait possible de lui transmettre un message?

Son grand-père lui décocha un regard impatient.

— Je ne suis pas un intermédiaire, Jim. Je ne suis pas un genre de facteur spirituel.

— Néanmoins, est-ce que tu pourrais lui dire que je l'aime, et que je l'aimerai pour toujours? Est-ce que tu pourrais lui dire que je vais tout faire pour qu'elle obtienne justice?

— La justice ne signifie pas grand-chose pour les morts, Jim. La justice, c'est bon pour les vivants.

— Néanmoins, tu pourrais le lui dire?

Son grand-père haussa les épaules.

— Je peux toujours essayer. Mais je ne te promets rien.

A ce moment, on frappa à la porte et Mlle Neagle entra. Elle portait un négligé noir à fronces et des sandales à talons hauts retenues par des lanières.

— Jim? lança-t-elle. George et moi nous demandions si vous aviez envie de venir prendre un verre avec nous. Il a dit que vous aviez fait un voyage *très* intéressant en Arizona.

Elle s'immobilisa brusquement, battit des paupières et regarda fixement le grand-père de Jim.

— Oh ! s'exclama-t-elle. Excusez-moi. Je pensais que vous étiez seul.

Surpris, Jim lui demanda :

— Vous pouvez le *voir ?*

— Bien sûr. Il n'arrête pas de clignoter et de papilloter comme une vieille télé, mais je peux le voir, pas de problème !

— Qui êtes-vous pour me traiter de vieille télé ? protesta le grand-père de Jim.

— Je pense que c'est Mme Vaizey, grand-père, dit Jim.

Il se tourna vers Mlle Neagle.

— Exact ?

Mlle Neagle sourit.

— C'est exact. Je ne pourrais pas le voir par moi-même, mais Mme Vaizey, si. C'est pour cette raison qu'il *clignote* de cette façon !

— Bon sang, que se passe-t-il ? demanda le grand-père de Jim d'un air soupçonneux. S'agit-il de l'amie dont tu m'as parlé ? Celle qui est morte ?

— C'est exact, grand-père. Mlle Neagle ici présente a repris son appartement, ainsi que son esprit.

Le grand-père de Jim s'approcha lentement de Mlle Neagle et fit halte devant elle. Il leva sa main gauche et la tint à trois ou quatre centimètres de son front. Il était clair qu'il désirait la toucher, mais ne le pouvait pas.

— Je la vois, déclara-t-il. Je la vois, oui ! C'est comme s'il y avait deux femmes, l'une à l'intérieur de l'autre.

Brusquement, des larmes apparurent dans les yeux de Mlle Neagle et coulèrent sur ses joues.

— Vous savez quoi ? dit-elle. C'est la première fois

que quelqu'un me voit depuis que je suis morte. Je commençais à croire que j'étais invisible pour tout le monde, même pour d'autres esprits.

— Allons, vous ne devriez pas vous tourmenter pour ça, la réconforta le grand-père de Jim. *Je* vous vois... Je vous vois, clair comme le jour !

— Alors je suis comment ? demanda Mlle Neagle en minaudant comme l'aurait fait Mme Vaizey.

— Vous êtes svelte, très svelte, vous avez un corps de danseuse. Pas du tout comme cette dame. Et vous êtes une très belle femme, en vérité !

— Vous êtes très flatteur, fit Mlle Neagle. Et même si nous ne devions jamais nous revoir...

Le grand-père de Jim lui sourit et lui envoya un baiser.

— Je n'arrive pas à le croire, grand-père ! intervint Jim. Tu viens ici pour m'avertir et voilà que tu te mets à faire du gringue à l'esprit de la femme qui habitait au rez-de-chaussée !

— Jim, je ne fais pas du gringue. Lorsque les gens meurent, ils ont besoin de réconfort... encore plus qu'ils n'en avaient besoin de leur vivant. C'est déjà moche pour une femme de vieillir et de perdre sa beauté, à tel point que plus personne ne la remarque. Alors, à ton avis, que ressens-tu lorsque tu meurs et que tu n'obtiens pas la moindre réaction de quiconque ? Tu n'es rien, tu es invisible. Tu crois que c'est bon pour ton moral ? Tu ne sais pas combien je suis chanceux d'avoir un petit-fils qui puisse me voir !

Brusquement, son expression se fit plus grave.

— Écoute, Jim, cette créature veut te tuer et tu vas devoir faire l'une de ces deux choses : ou bien tu fais tes valises et tu t'en vas quelque part où elle ne pourra pas te suivre, ou bien tu trouves un moyen de la vaincre.

— Jim, vous étiez censé mourir aujourd'hui, et vous n'êtes pas mort, d'accord ? fit remarquer Mlle Neagle. Alors si j'étais vous, je ne perdrais pas courage !

— Je suis un homme mort, répondit Jim. Tant que cette créature restera dans ce monde, elle me poursuivra.

— Alors pars, déclara son grand-père. C'est la seule solution. Pars !

Jim réalisa pourquoi son grand-père avait dit de lui-même qu'il était un raté. Il *était* un raté. Chaque fois que la moindre gageure apparaissait à l'horizon, sa réponse avait toujours été de tourner les talons et de partir à toute allure dans la direction opposée. Jim n'était pas comme ça. Jim était le fils de sa mère, et sa mère avait toujours fait front. Elle avait refusé d'aider son père quand celui-ci avait monté son affaire d'assurances maritimes. A la place, elle avait appris toute seule à jouer du piano. « Si tu ne deviens pas riche par toi-même, alors tu ne mérites pas d'être riche. Mais tu réussiras, et tu le deviendras, et si je n'apprends pas à jouer du piano, qu'est-ce que tous tes amis riches écouteront, lorsque nous les inviterons à dîner ? »

— Non, grand-père, dit Jim. Je vais rester. Les Indiens parlent toujours de l'honneur tribal. Catherine est mon élève. Elle fait partie de la Classe Spéciale II. Et c'est une tribu que personnellement je considère comme des plus honorables.

Son grand-père le considéra un long moment, puis il hocha la tête.

— Des paroles courageuses, Jim. M'est avis que je peux seulement te souhaiter bonne chance dans ce monde, et cent fois plus dans l'autre !

— Au revoir, grand-père, dit Jim. Je n'oublierai pas cela, c'est promis.

Son grand-père se dirigea vers la porte grande ouverte et sortit dans l'obscurité. Jim le suivit et l'observa s'éloigner sur la terrasse. Son image sembla s'estomper petit à petit, et lorsqu'il atteignit les marches, la lumière des réverbères luisait à travers lui. Il fit halte, se retourna, regarda dans la direction de Jim, et le salua de la main. Il n'avait même pas descendu la première marche qu'il disparut complètement, et il n'y eut plus dans la nuit que des réverbères, des coups de klaxon, et quelqu'un qui riait.

— Jim, dit Mlle Neagle. Venez prendre une bière chez moi.

— Non merci, Valerie. Je suis vanné.

— Mais George ne peut pas danser ces danses grecques tout seul !

— Entendu, acquiesça Jim.

Il se dit que n'importe quoi valait mieux que de rester allongé sur le canapé de George à écouter le réfrigérateur ferrailler toute la nuit — incapable de dormir, en pensant à la tête de Susan qui volait de ses épaules.

Mlle Neagle passa son bras autour du bras de Jim.

— Je n'avais jamais été très sûre à propos des Grecs, vous savez. Et puis j'ai fait la connaissance de George, et j'ai pensé : « Ce qui était bon pour Jackie doit être bon pour moi ! » Dites-moi, vous ne sauriez pas par hasard comment on dit en grec « j'adore votre barbe » ?

Avant de se rendre au collège le lendemain matin, il téléphona au frère de Susan, Bruce, lequel était scénariste et habitait Sherman Oaks.

— Susan est restée en Arizona quelques jours de plus.

— Ah oui ?

— Euh, j'ai pensé que je devais vous prévenir, au cas où vous vous inquiéteriez.

— Pourquoi je m'inquiéterais ? Elle était adulte, la dernière fois que je l'ai vue.

— Bon, d'accord. Mais j'ai pensé que je devais vous prévenir, c'est tout.

Il y eut un silence. Puis :

— Il n'y a rien qui *cloche*, hein ?

— Que voulez-vous dire ?

— Susan et moi, c'est à peine si on se parle. Nous avons une conception de la vie différente, si vous me comprenez. Elle pense que je suis un matérialiste de merde et je pense qu'elle devrait faire le tour du monde à la voile avec l'une de ses cartes anciennes et voir où *cela* l'amène.

— Oh ! Bon, d'accord.

Durant le trajet vers le collège, il se sentit bizarre, principalement parce que tout autour de lui paraissait tellement normal et familier. Le brouillard matinal ne s'était pas encore dissipé et la journée avait un aspect doux et estompé, comme un tableau impressionniste. Il se gara sur le parking du collège et attendit que sa voiture pétarade, ce qu'elle ne fit pas. Il descendit et il était presque arrivé à l'entrée principale lorsqu'elle émit une énorme détonation qui retentit tout autour des bâtiments.

Tous dans la salle des professeurs étaient impatients de tout savoir sur son voyage en Arizona, mais il avait beaucoup de mal à en parler. Il n'arrêtait pas de répéter :

— Bien sûr, c'était formidable. Fascinant. Susan a tellement aimé la réserve indienne qu'elle a décidé d'y rester quelques jours de plus.

Richard Bercovici, le professeur de sciences sociales, l'aborda. Il empestait le tabac de pipe.

— Quelle est votre opinion sur l'alcoolisme des Navajos ? D'après ce que j'ai lu, l'ivrognerie est le fléau des réserves.

— Richard, je pense que si vous aviez vu ce que j'ai vu, vous auriez besoin d'un verre, vous aussi, répondit Jim.

Finalement, l'heure de son premier cours arriva, et ce fut avec un certain soulagement qu'il remonta le couloir jusqu'à la Classe Spéciale II. Presque tous ses élèves étaient déjà là, à l'exception de Jane Firman, qui avait toujours des règles très douloureuses, et Jim eut la délicatesse de ne pas demander où elle était. Sue-Robin finissait de se mettre du vernis sur les ongles — un rose nacré — et Sherma farfouillait bruyamment dans un énorme sac d'épicerie en papier marron.

— Sherma ? Est-ce que nous pourrions nous entendre penser ?

— Excusez-moi, monsieur Rook. Je dois préparer une compote de pommes avec Mme Evers après votre cours, et je crois que j'ai oublié mes raisins secs.

Mark était assis derrière David Littwin. Il semblait très pâle et déprimé, contrairement à son habitude — à la grande frustration de son meilleur copain, Ricky, qui essayait de lui raconter des blagues stupides. « Docteur, je pense continuellement que je suis un épagneul. — Bon, allongez-vous sur le divan. — Je ne peux pas, je n'ai pas le droit ! » Sharon portait une robe noire moulante avec des colliers de jais et des rubans noirs dans les cheveux. Lorsque Jim était entré, tous deux l'avaient regardé avec l'intensité de personnes qui ont partagé une expérience traumatisante, et qui ont grand besoin d'en parler.

Jim annonça :

— Vous serez ravis d'apprendre que notre court voyage d'études en Arizona a été extrêmement fatigant et que vous n'avez rien raté, excepté des paysages magnifiques tout à fait mémorables et une nourriture répugnante tout à fait mémorable également. Néanmoins, nous avons appris énormément de choses sur la mythologie navajo et je suis très impatient de découvrir ce que vous avez été à même de trouver ici par vos propres moyens.

« Malheureusement, Catherine Oiseau Blanc a décidé de prolonger son séjour afin de... euh, afin de rendre visite à des personnes qu'elle connaissait. C'est pourquoi son apport personnel nous manquera, ce qui est dommage. Nous regretterons également l'absence de Mlle Randall, qui désirait rester là-bas un moment encore, afin de...

Il hésita et s'aperçut que Mark et Sharon le regardaient en fronçant les sourcils. Il détestait mentir — particulièrement à ses élèves — mais il savait qu'il n'avait pas le choix, aussi longtemps que la Jeune Fille Se Changeant en Ours n'aurait pas été exorcisée une bonne fois pour toutes.

— ... afin de rechercher des cartes historiques. Vous connaissez son intérêt pour les cartes anciennes.

Beattie McCordic leva la main et demanda :

— Quel est le statut des femmes navajos, par rapport aux hommes ? Est-ce que vous pensez qu'elles sont aussi égales que nous le sommes... vous savez, ici en Californie... ou pas aussi égales ?

— Personne n'est aussi égal que toi, Beattie ! lança Seymour Williams.

— Très bonne référence littéraire, dit Jim. De qui est-ce, Seymour ?

— Quoi ? s'exclama Seymour avec stupeur.

— *La Ferme des animaux* de George Orwell. « Tous les animaux sont égaux, mais certains sont plus égaux que les autres. »

— Oh, d'accord ! fit Seymour avec un large sourire.

Toute la classe se moqua de lui.

— Bon, pour répondre à ta question, Beattie, d'après ce que j'ai pu constater, la femme navajo a une position sociale très différente de celle de femmes dans d'autres parties de ce pays. Les hommes navajos semblent penser, encore aujourd'hui, qu'ils sont le chef incontesté de la famille. C'est une conception traditionnelle, historique. Mais la réalité est qu'il y a tellement de chômage que ce sont les femmes qui assurent la cohésion de la famille... les femmes qui détiennent le pouvoir... les femmes qui prennent toutes les décisions quotidiennes importantes.

— C'est bien possible, intervint Mark, mais vous devez reconnaître que c'est sacrément difficile d'essayer de devenir un grand guerrier et un grand chasseur et tout le reste, lorsqu'il n'y a personne à combattre et rien à chasser. Enfin, que pouvez-vous faire, piller les supermarchés ?

— Bon, dit Jim, reprenons et parlons de l'histoire et de la mythologie des Navajos. Certains d'entre eux affirment que c'est l'effondrement de leur magie qui a conduit à leur situation actuelle. Est-ce que quelqu'un a réussi à trouver quelque chose sur les légendes navajos ?

— J'ai trouvé un texte concernant un démon gigantesque appelé Big Monster, déclara Sue-Robin. Il faisait la moitié de la hauteur du plus grand des sapins, et il avait un visage horrible avec des raies bleues et noires. Il portait une armure faite de silex attachés avec les intestins et les tendons des gens qu'il tuait.

— C'est débectant ! fit Amanda.

— Allons, ce n'est qu'une histoire, lui dit Jim.

Néanmoins, il pensa à la façon dont le corps de John Trois Noms avait été déchiré en deux, et à ses viscères qui s'étaient déversés sur le plancher de la caravane.

Sue-Robin poursuivit :

— Finalement, Big Monster fut attrapé par deux dieux très courageux, appelés les Jumeaux. Ils tentèrent de s'approcher de lui par-derrière alors qu'il buvait un vaste lac, mais il vit leur reflet dans les dernières gouttes d'eau. Il leur décocha deux énormes flèches, mais ils saisirent un arc-en-ciel et s'en firent un bouclier. Big Monster se lança à leur poursuite, mais au moment où il allait les rattraper, il fut mortellement frappé par la foudre. Les Jumeaux lui tranchèrent la tête et la lancèrent vers l'ouest. Elle prit racine dans le sol, et elle est toujours là-bas, encore aujourd'hui. On l'appelle Cabezon Peak.

— Moi aussi, j'ai trouvé un truc sur Big Monster, intervint Titus en levant la main. Il y a un site sur Internet consacré à la mythologie indienne. Apparemment, Big Monster n'aurait pas été tué par la foudre, mais un autre démon coupa tous ses cheveux, ce qui laissa sa tête sans protection. L'autre démon s'appelait... attendez, je l'ai écrit quelque part... ah oui, Coyote !

Jim sentit sa nuque le picoter, comme si un insecte se promenait dessus.

— Coyote, hein ? Quelqu'un d'autre a trouvé quelque chose sur Coyote ?

— Oui, moi ! fit John Ng. A mon avis, c'était l'un des esprits les plus intéressants de toute la mythologie indienne, parce qu'il y a des esprits semblables à lui au Japon et au Viêt-nam. Il était très rusé et très fourbe, vous savez, et il aimait beaucoup les femmes. Il était toujours en train de leur courir après et d'essayer de soulever leurs jupes. J'ai trouvé un chant navajo. Ecoutez. « *Un jour en traversant un col de montagne, Coyote rencontra une jeune femme. Qu'est-ce que tu as dans ton sac ? demanda-t-elle. Des œufs de poisson. Je peux en avoir ? Si tu fermes les yeux et relèves ta robe. Elle fit ce qu'on lui disait. Plus haut, dit Coyote, et il ôta ses braies. Ne bouge pas afin que je puisse atteindre l'endroit. Je ne peux pas, quelque chose se glisse entre mes jambes. Ne t'inquiète pas, c'est une abeille, je vais l'attraper. La jeune femme rabattit sa robe. Tu n'as pas été assez rapide. Elle m'a piquée.* »

— Typiquement masculin ! fit remarquer Beattie. Même quand vous êtes un démon, il faut que vous sortiez votre engin !

— Hé, change de disque, Beattie ! lança Ricky Herman.

Mais Jim intervint et dit :

— Continue, John. Tu as trouvé autre chose sur Coyote ?

— Il était différent de tous les autres esprits parce qu'il avait du pouvoir sur la mort. Cela provenait du fait qu'il aimait tellement une femme qu'il accepta de mourir pour elle. Seulement il enterra ses poumons, son cœur, son sang et son souffle profondément dans le sol, afin de pouvoir les déterrer. Il mourut quatre fois pour cette femme et à chaque fois il revint à la vie. C'est pourquoi, à la fin, les esprits du monde d'en bas dirent qu'il n'aurait plus jamais à revenir.

— Alors on peut supposer qu'il est toujours en vie aujourd'hui ?

— Si vous croyez aux esprits, oui, probablement. Mais il est dit dans *Les Légendes navajos* que lui seul parvint à survivre lorsque les hommes blancs vinrent, en s'accouplant avec une femme. De génération en génération, il choisit la plus belle femme navajo qu'il peut trouver, et il lui donne un fils, et ce fils est lui, également, de telle sorte que lorsqu'il meurt, il est toujours vivant, si vous voyez ce que je veux dire.

« Autrefois, il avait un aspect tellement effrayant qu'il portait une peau de coyote sur son dos afin de se déguiser, et c'est pour cette raison qu'on l'appela Coyote. Son vrai nom navajo est Premier A Utiliser Des Mots Pour La Force. Aujourd'hui, il ressemble à un homme tout à fait ordinaire, si ce n'est qu'il est obligé de porter des lunettes aux verres jaunes pour que les gens ne voient pas qu'il a des yeux jaunes comme un chien.

Jim eut brusquement une image de Frère Chien, assis dans sa caravane. Les plumes, le pantalon de cuir, les lunettes aux verres jaunes. John Trois Noms lui avait menti, parce qu'il savait certainement que Jim n'aurait pas emmené Catherine le voir s'il s'était douté de la vérité.

Frère Chien n'était pas du tout un homme. Ou plutôt, il était seulement à moitié humain. Il n'avait pas eu besoin de trouver un faiseur de prodiges pour jeter un sort à Catherine. Il n'avait pas eu besoin d'invoquer Coyote. Frère Chien était Coyote.

Jim réalisa brusquement que John avait cessé de parler et le regardait, dans l'expectative.

— Continue, John. Je t'écoute. Tu as fait un excellent travail de recherches.

John poursuivit :

— Coyote est censé choisir ses épouses le jour de leur quinzième anniversaire. Il entaille son poignet et il entaille le poignet de la jeune fille, et ils échangent leur sang.

— Il n'est pas au courant pour le VIH ? demanda Seymour.

— C'est une *légende*, abruti ! lança Ray. Les légendes ne tombent pas malades.

— Superman tombe malade quand il est exposé à la kryptonite ! répliqua Ricky.

— Ouais, mais Superman est un personnage de bandes dessinées, pas une légende. De plus, il n'attraperait pas le VIH parce qu'il n'est pas gay.

— Il *a l'air* gay.

— Toi aussi mais je n'en discute pas en classe !

— Ça suffit, intervint Jim. John... finis de nous dire ce que tu as trouvé.

— Une fois que le sang de Coyote s'est écoulé dans les veines de la jeune fille, il peut la contrôler par la magie, où qu'elle aille, même si elle tente de s'enfuir loin de lui.

— Qu'est-ce que je vous disais ? fit Beattie. Un comportement dominateur typiquement masculin !

Jim se dirigea lentement vers le fond de la classe, d'un air pensif.

— Très bien, John. Tout cela est extrêmement intéressant. Néanmoins, je me demande... même si Coyote est apparemment exempté de la mort... a-t-on jamais découvert s'il était possible de se débarrasser de lui ? L'exiler, peut-être, dans un endroit d'où il ne pourrait pas s'échapper ? Ou bien lui prendre une partie de son pouvoir magique, comme il l'a fait avec Big Monster en lui coupant les cheveux ?

— *Les Légendes navajos* disent que jadis les faiseurs de prodiges appelaient Coyote à l'aide d'un sifflet, et ils faisaient un marché avec lui pour vaincre des tribus ennemies. Ecoutez : « En 1837, un faiseur de prodiges appela Coyote à l'aide de son sifflet et accepta de lui donner cinq vierges en échange d'une force invincible contre les Hopis. Le lendemain, les Navajos attaquèrent le village d'Oraibi, qui avait la réputation d'être la plus ancienne communauté en Amérique, et ils massacrèrent quasiment tous les habitants. »

John suivit les lignes imprimées de son index, puis il ajouta :

— Apparemment, la seule façon de se défaire de Coyote, ce serait de le faire tuer par un autre esprit... puis de déterrer son cœur avant qu'il puisse le faire, et de le cacher quelque part où il ne pourrait jamais le trouver.

— Monsieur Rook ? fit Beattie. J'ai trouvé quelque chose sur une femme qui se changeait en l'un de ces gros animaux couverts d'une fourrure qui vivent dans les forêts.

Beattie était atteinte d'anomie, ce qui voulait dire qu'elle avait du mal à se rappeler comment on appelait des objets.

— Tu veux parler de la Jeune Fille Ours, déclara John. C'est elle dont Coyote était éperdument amoureux.

— Je pense que nous avons suffisamment parlé des légendes navajos pour aujourd'hui, dit Jim. Je suis rassasié de Navajos pour la semaine ! Mais la semaine prochaine, j'aimerais que vous écriviez une histoire moderne basée sur un mythe indien. En le mettant au goût du jour, pour essayer.

— Oh, d'accord ! s'exclama Beattie. Juste quand nous en arrivons à des femmes démons, nous devons nous arrêter !

Ils rassemblèrent leurs livres et leurs cahiers, et sortirent bruyamment de la classe. Jim regagna son bureau et consulta son planning pour le restant du mois. Il était toujours penché dessus lorsque Mark et Sharon s'approchèrent. Tous deux avaient un air solennel.

— Comment ça va, vous deux ? Je crois savoir ce que vous allez dire.

— Tout ça n'est pas très clair, monsieur Rook, déclara Sharon. Mlle Randall a vraiment eu une crise d'asthme, comme vous nous l'aviez dit en Arizona, ou est-elle restée là-bas pour chercher des cartes anciennes ? Ou bien ni l'un ni l'autre ?

— Je vous dois des excuses à tous les deux, répondit Jim. Vous savez que je tiens à ce que l'on dise toujours la vérité. Mais là-bas à Window Rock, je ne voulais pas vous bouleverser plus que je ne le devais.

— Que s'est-il passé ? demanda Mark. Mlle Randall va bien, n'est-ce pas ?

— Je vais vous demander de garder ça pour vous, pour la même raison que je ne vous ai rien dit. Cette histoire avec Catherine n'est pas encore terminée, et je ne serai pas en mesure de l'aider si je ne suis pas libre de mes mouvements.

Il marqua un temps, puis il dit :

— Mlle Randall a eu un accident. Malheureusement, elle a été tuée.

— Elle est *morte* ? s'exclama Sharon, choquée.

— Quelle sorte d'accident ? demanda Mark.

Jim leur adressa un petit haussement d'épaules impuissant.

— Cela avait quelque chose à voir avec Catherine, mais pour le moment je ne peux vraiment pas vous expliquer. Dès que cela me sera possible, je vous raconterai tout, c'est promis.

— Mais vous avez dit à tout le monde qu'elle était restée en Arizona... même au Dr Ehrlichman !

— Je sais, et lorsque le moment sera venu, je devrai leur faire des excuses, également.

— Mince alors ! murmura Mark. Je n'arrive pas à croire qu'elle est morte. Je vois encore son visage.

Jim posa une main sur son épaule.

— Crois-moi, Mark, moi aussi je le vois !

Jim rangeait ses affaires à la fin de la journée lorsque le Dr Ehrlichman entra dans la salle de classe.

— Je suis ravi que vous ayez fait un voyage intéressant, Jim. Je dois reconnaître que j'avais des doutes concernant vos aventures ethniques. Je ne voyais vraiment pas ce que cela avait à faire avec des cours d'anglais. Mais j'ai eu vent de certains commentaires favorables de la part du ministère de l'Éducation, et j'en déduis que vous obtenez des résultats tout à fait satisfaisants.

— La communication est la communication, déclara Jim. Je crois que si mes élèves parviennent à comprendre leur milieu les uns les autres, et ce qui les amène à penser comme ils le font, cela leur permettra d'expliquer plus clairement leur propre milieu, et leurs propres idées.

— Oh, bien. Très bien ! Le *Los Angeles Times* a

peut-être l'intention de publier un grand article sur ce sujet.

— Je pense que mes élèves peuvent se passer de ce genre de publicité, répondit Jim. Entre ces quatre murs, cela ne les gêne pas de reconnaître leurs handicaps, mais ils n'ont pas envie de dire au monde entier qu'ils sont arriérés !

— Un tel article serait très positif pour le collège, vous savez... particulièrement après la tragédie de la semaine dernière.

— Bon, nous verrons. J'y réfléchirai durant le week-end.

— Nous vous verrons demain après-midi, j'espère ?

— Pour quelle raison ?

— Le match contre Azusa. Ben Thunkus estime que nous avons plus d'une chance sur deux de gagner.

— Le match aura lieu ? Après ce qui est arrivé à Martin ?

Le Dr Ehrlichman se frotta les mains, produisant un crissement particulièrement désagréable.

— J'ai parlé à ses parents. Ils sont d'accord. J'ai parlé aux joueurs de l'équipe. Ils veulent tous jouer ce match. Ce sera un hommage à tout ce que Martin a fait pour eux.

— Entendu... si tel est leur sentiment.

— Tout à fait, Jim. Tout à fait. Et c'est également mon sentiment. Ce collège a eu un semestre très, très perturbé. J'aimerais que nous revenions sur la bonne voie. Rappelez-vous la devise de West Grove... « La Réussite dans la Joie ».

— Je crois que nos élèves disent plutôt « Réussir en s'en payant une tranche », répliqua Jim.

— Je l'ignorais, murmura le Dr Ehrlichman. Et j'aurais préféré ne pas le savoir.

— Je vous verrai pour le match, lui dit Jim.

9

De bonne heure ce soir-là, il se rendit chez Henry Aigle Noir. Une jeune et jolie Hispanique était sur le pas de la porte, occupée à astiquer énergiquement sa plaque de cuivre.

— M. Aigle Noir est chez lui ? demanda Jim.

— Non, *señor*. Mais vous le trouverez au Café del Rey.

— Vous l'avez vu aujourd'hui ?

— Bien sûr. Il ne travaillait pas aujourd'hui. Il a dit qu'ils tournaient des scènes sans lui.

— Il était de quelle humeur ? Vous pouvez me dire ça ?

— *¿Qué ?*

— Est-ce qu'il était heureux, enjoué, fredonnant des chansons ? Ou bien était-il triste et déprimé ?

— Il avait des démangeaisons.

— Hein ? Vous voulez dire qu'il se grattait tout le temps ?

— Non, non, il ne tenait pas en place, comme s'il attendait quelque chose. Chaque fois que le téléphone sonne, *vroum* ! il court répondre.

— *Vroum*, répéta Jim d'un air pensif. Okay, vous êtes très serviable. Merci beaucoup.

Il remonta dans sa voiture et se dirigea vers l'océan. Il restait encore une heure avant le coucher du soleil et les rues étaient striées de lumière couleur confiture d'oranges. Il tourna dans Admiralty Way et continua jusqu'à la marina. L'air chaud venant de la mer soufflait dans ses cheveux. S'il n'avait pas été aussi préoccupé, cela aurait été une soirée parfaite.

Il trouva Henry Aigle Noir assis au comptoir du bar-restaurant, d'où les célibataires peuvent contempler les yachts amarrés au quai de la marina et manger en paix. Celui-ci avait attaqué un steak et une salade au fenouil, avec un grand verre de vin rouge. Jim s'approcha de lui par-derrière et se percha sur le tabouret de bar inoccupé d'à côté.

— Comment est le steak, monsieur Aigle Noir? Assez saignant à votre goût? Ou bien préférez-vous une viande cuite à point? Calcinée, peut-être?

Henry Aigle Noir se redressa d'une saccade, ses yeux grands ouverts de saisissement.

— Oh, excusez-moi, dit Jim. Je vous ai fait peur?

— Qu'est-ce que vous faites ici? demanda Henry Aigle Noir.

Puis il parcourut du regard la salle bondée comme s'il cherchait à apercevoir quelqu'un.

— Où est Catherine?

— Vous voulez savoir ce que je fais ici? répliqua Jim. Je suis ici pour régler un compte. Quant à Catherine... ma foi, mission accomplie, pour la plus grande partie. Je suis parvenu à l'emmener au campement de Fort Defiance et à la remettre à son futur époux, ce qui était exactement ce que vous vouliez que je fasse, d'accord? Le seul problème, c'est que l'affaire a un peu cafouillé.

— Cafouillé? De quoi parlez-vous?

— Votre ami John Trois Noms ne vous a pas téléphoné pour vous mettre au courant? En fait, cela ne me surprend pas outre mesure. A l'heure qu'il est, John Trois Noms ressemble à ce à quoi ce steak ressemble probablement, dans votre estomac!

— John Trois Noms est mort?

— C'est exact. Ainsi que Susan Randall, qui m'avait accompagné afin de veiller sur votre fille.

— Et vos élèves ?

— Oh, merci pour votre sollicitude. Ils sont en parfaite santé, et ce n'est pas grâce à vous, ni à la Jeune Fille Se Changeant En Ours, ni à Premier A Utiliser Des Mots Pour La Force.

— Écoutez, dit Henry Aigle Noir en repoussant son assiette. Je n'avais pas le choix. Si je n'avais pas renvoyé Catherine vers Coyote, elle aurait continué de massacrer des gens. Que pouvais-je faire ?

— Renvoyer Catherine vers Coyote était une chose. Mais vous avez sacrifié la vie d'une femme totalement innocente et vous étiez tout à fait prêt à sacrifier la vie de deux adolescents totalement innocents, uniquement pour faire sortir vos fils de prison !

— Ce n'était pas la seule raison, monsieur Rook. Coyote savait à quel point vous teniez à cette femme, et il savait ce que ces élèves représentaient pour vous. Il désirait vous montrer que si jamais vous vous opposiez à lui, ou tentiez de lui prendre Catherine, vous étiez un homme mort.

— Alors il n'avait pas l'intention de *me* tuer ?

— Cela dépend de votre définition de la mort, monsieur Rook. Il aurait tué toutes les personnes que vous aimez et détruit tous les objets qui vous sont chers. C'est sa façon d'agir.

— Mais pour quelle raison ? Et merde ! qu'est-ce que je lui ai donc fait ?

— Vous êtes un homme blanc, monsieur Rook. Cela en soi serait amplement suffisant. Mais qui plus est, il sait que vous avez le don de vision. Il l'a certainement senti dès que vous vous êtes approché de Catherine. Son sang coule dans les veines de Catherine, rappelez-vous !

— Et ?

Henry Aigle Noir baissa les yeux un moment, puis il releva la tête et lança à Jim un regard perçant.

— Et il a un tout petit peu peur de vous, voilà pourquoi.

— Mais que pourrais-je lui faire, alors qu'il possède

le genre de magie qui peut transformer votre fille en une bête telle que la Jeune Fille Se Changeant En Ours ?

— Il n'a pas oublié ce que les hommes blancs ont fait à tous les autres esprits, monsieur Rook. Il est seul à présent, le dernier esprit capable d'arpenter cette terre. Dire qu'il « a peur » est peut-être exagéré, mais il se méfie de vous, à coup sûr. Il pense que vous êtes certainement en contact avec les esprits de l'homme blanc, et il ne veut pas prendre le risque d'offenser un démon qui pourrait être plus fort que lui.

Jim considéra Henry Aigle Noir un moment, et il ne savait pas s'il devait éprouver du dégoût ou de la compassion. Finalement, il demanda :

— Qu'allez-vous faire, maintenant ?

— Que *puis*-je faire ? Vous m'avez pris en défaut, et je ne saurais vous dire à quel point j'ai honte de moi, et à quel point je me sens coupable. J'aurai la mort de votre amie sur la conscience jusqu'à la fin de mes jours, et la mort de mes fils, également, si le jury les déclare coupables. Si j'avais su, lorsque ma femme se mourait, que c'était ce qui arriverait si je faisais un marché avec Coyote, alors j'aurais préféré ne rien faire, et la laisser mourir.

— Je vous ai peut-être pris en défaut, mais je ne peux absolument rien faire à ce sujet, déclara Jim. Vous n'avez enfreint aucune loi, excepté les lois de l'humanité ordinaire.

— Ma tête est baissée de honte, dit Henry Aigle Noir.

— Alors vous pouvez peut-être la redresser en m'aidant à récupérer votre fille. Je pense que nous lui devons bien cela, non ?

— C'est impossible. Il suffira à Coyote de la transformer en la Jeune Fille Se Changeant En Ours encore et encore, et à chaque fois, la bête sera plus énorme, et la transformation durera plus longtemps. Finalement, elle sera une bête pour toujours, et elle sera obligée de rôder sur la réserve toutes les nuits afin de tuer des hommes. Vous imaginez quel cauchemar ce serait ? Et j'aurais également sur la conscience chaque nouveau massacre !

« Si nous la laissons tranquille, monsieur Rook, Coyote la délivrera de sa malédiction et il la traitera bien. Elle sera traitée avec le plus grand respect par tous les habitants de la réserve. Elle aura une vie bien plus agréable que la plupart des femmes navajos.

— Monsieur Aigle Noir, ce n'est pas la vie que Catherine désire avoir. Nous devons la délivrer de lui, nous lui devons cela.

— C'est impossible, répéta Henry Aigle Noir. Et qui sait quelle vengeance Coyote exercerait ?

— Bon Dieu, dit Jim, pas étonnant que les Indiens aient perdu l'Ouest !

— Monsieur Rook... si je savais comment récupérer ma fille... si je pensais qu'il y avait un moyen de réparer ce que j'ai fait...

— Ce moyen existe. Vous et moi, nous retournons en Arizona demain et nous allons trouver ce satané Coyote dans son antre !

— Pour faire *quoi* ? Vous n'avez aucune idée de son pouvoir.

— La légende dit qu'on peut le neutraliser en le faisant tuer par un autre esprit, puis en prenant son cœur et en le cachant. Allons, vous connaissez certainement des faiseurs de prodiges qui pourraient évoquer un autre esprit !

— Nuage Gris en connaît, oui. Mais même si vous trouviez un faiseur de prodiges qui soit disposé à faire cela, vous ne trouveriez pas un autre esprit qui accepterait de tuer Coyote sans rien demander en échange. Les esprits réclament toujours un paiement !

— Alors un humain pourrait peut-être le tuer. *Nous* pourrions peut-être le tuer.

— Je regrette, monsieur Rook, mais nous n'aurions pas l'ombre d'une chance. Personne ne défie Coyote à moins d'être ivre mort ou fatigué de vivre.

— Je peux trouver un moyen, j'en suis sûr.

Henry Aigle Noir leva la main pour demander la note. Après l'avoir réglée, il dit :

— Entendu, monsieur Rook, je vais réserver deux places d'avion pour demain après-midi. Si je ne peux pas vous empêcher d'aller là-bas, alors le moins que je puisse faire, c'est de vous accompagner. Si la Jeune Fille Se Changeant En Ours nous tue tous les deux, la police remettra peut-être en liberté Paul et Nuage Gris.

Jim griffonna le numéro de téléphone de George Babouris sur un dessous de carafe en papier.

— Vous pouvez m'appeler ici jusqu'à midi. Ensuite, vous me trouverez au collège. Il y a un match de football demain après-midi.

Henry Aigle Noir se leva et lui tendit la main.

— Je ne sais pas quoi vous dire, monsieur Rook. Je ne m'attends pas à ce que vous me pardonniez. Tout ce que je vous demande, c'est d'essayer de me comprendre.

— Ah, une dernière chose, fit Jim en tirant le sifflet en argent de sous sa chemise. A quoi sert ce sifflet au juste ?

— Il attire l'attention de Coyote. Jadis, tous les faiseurs de prodiges en avaient un, lorsqu'ils voulaient le faire venir du monde d'en bas. Ce sifflet émet le même ultra-son que le petit cri aigu d'une chauve-souris, et avant qu'il devienne à moitié humain, Coyote avait une prédilection pour les chauves-souris.

— Laissez-moi vous raconter quelque chose. Nous étions partis d'Albuquerque et volions vers Gallup, lorsque notre avion est tombé en panne. Plus de moteurs, plus rien du tout. Catherine fixait le tableau de bord et je voyais l'ombre de la bête autour d'elle. C'est un miracle que nous ne soyons pas descendus en piqué vers la forêt. Mais j'ai donné un coup de sifflet et tout s'est passé comme si Catherine se réveillait, et les moteurs ont fonctionné de nouveau. Si nous avions heurté ces arbres, nous aurions été tués sur le coup, sans aucun doute.

Ils sortirent du bar-restaurant et s'avancèrent sur le

trottoir. Le soleil disparaissait dans l'océan et un vent frais commençait à souffler. Des papiers gras virevoltaient entre les roues des derniers amateurs de roller de la journée, et le soleil accrochait les rayons d'un vélo qui passait près d'eux. Henry Aigle Noir semblait pensif.

— Ce que vous venez de me dire... c'est très étrange. Coyote aurait fait tout ce qu'il pouvait pour s'assurer que Catherine le rejoigne saine et sauve. Jamais il n'aurait désiré qu'elle fasse s'écraser l'avion de cette façon. Il ne désirait pas qu'aucun d'entre vous trouve la mort avant que vous soyez arrivés à Window Rock, et il ne désirait certainement pas que *vous* soyez tué.

Ils continuèrent de marcher, puis Henry Aigle Noir reprit :

— Vous savez, j'ai l'impression que, quelque part en elle, Catherine savait ce qui allait vous arriver. Après tout, le sang de Coyote coule dans ses veines. Elle savait ce qui allait vous arriver, et elle savait que ce serait infiniment plus terrible que de mourir dans un accident d'avion. Alors elle a utilisé les propres pouvoirs de Coyote pour faire tomber en panne les circuits électriques de votre appareil. Il peut faire cela, vous savez. Jadis, lorsque les hommes blancs commencèrent à poser leurs lignes du télégraphe, il était capable de les réduire au silence simplement en les regardant fixement, de même que certaines personnes peuvent faire taire un chien à l'aide d'un simple regard.

— Alors, quand j'ai donné ce coup de sifflet...

— Exactement. Vous avez alerté Coyote, et lorsqu'il a compris ce qui se passait, il l'a stoppée.

— Mais cela signifie que Catherine a une sorte de volonté qui lui est propre, même lorsqu'elle se transforme en la Jeune Fille Se Changeant En Ours.

— Peut-être. Mais même si c'est le cas, cela m'étonnerait que Coyote la laisse dorénavant faire acte de volonté. Rappelez-vous ce que j'ai dit. Plus de fois elle changera, plus elle deviendra une bête.

Jim arriva à sa voiture.

— Téléphonez-moi demain, dit-il, et Henry Aigle Noir acquiesça de la tête.

Jim le regarda dans le rétroviseur comme il démarrait. Il se dit qu'il n'éprouvait pas la moindre sympathie pour lui, après ce qu'il avait fait, mais il donnait l'impression d'être l'homme le plus seul au monde.

Jim dormit très mal cette nuit-là. Il n'arrêta pas de rêver de l'homme aux lunettes jaunes, et ce rêve l'emplissait d'une terreur indicible. Il lui sembla qu'il se réveillait, il scruta la pièce et aperçut quelqu'un, enveloppé dans une couverture carbonisée d'où s'élevait de la fumée, assis dans un fauteuil. Il pensa : *Mon Dieu, c'est Susan, elle n'est pas morte, tout compte fait!* Il se leva du canapé et s'approcha d'elle. Mais le personnage-couverture ne bougea pas, et il était trop terrifié pour écarter les pans de la couverture et regarder ce qu'il y avait à l'intérieur. Il tendit la main. A ce moment, il se réveilla et réalisa que c'était également un rêve. Il était trempé de sueur et il tremblait.

Durant le petit déjeuner, George le considéra à travers la légère brume du bacon qu'il faisait frire, et déclara :

— Tu as l'air vanné, Jim. Après tout ce qui s'est passé, tu devrais prendre des vacances, tu le sais!

— Je vais probablement retourner en Arizona ce soir.

— Vraiment? Mais pourquoi, bon sang?

— Disons que j'ai une affaire à régler.

George s'assit en face de lui et entreprit d'enfourner dans sa bouche d'énormes bouchées de bacon et d'œufs sur le plat trop liquides.

— Ne commets pas de bêtises, Jim. Je te connais. Il y a « kamikaze » écrit sur ton front!

— Oh, et tu ne crois pas qu'un petit déjeuner de quatre mille calories est un véritable suicide?

— Jim... je dois me sustenter. Cette sacrée Valerie, crois-moi, elle est insatiable!

— Vous n'avez pas...?

— Nous avons dansé jusqu'à deux heures du matin.

Polka, fox-trot, valse, shimmy, shake, charleston, twist, rock, locomotion, et j'en passe !

— Mais tu as adoré ça, hein ?

— Bien sûr. Et je vais te dire un truc. Je crois que je suis amoureux.

Jim le laissa à ses œufs au bacon et se rendit au collège. Après les rêves de la nuit dernière, il désirait consulter l'ouvrage que John Ng avait apporté en classe — *Les Légendes navajos.* Il avait besoin de savoir le plus de choses possible sur les éventuels points faibles de Coyote — sa vanité, ses jalousies mesquines, sa façon de jouer des tours. Il était convaincu que la seule façon de l'emporter sur un être fourbe consistait à se montrer encore plus fourbe que lui.

Le campus était quasiment désert ce matin, excepté trois ou quatre élèves qui accrochaient les drapeaux pour le match de cet après-midi. West Grove avait de vieux comptes à régler avec Azusa, principalement parce que l'équipe d'Azusa n'avait jamais battu l'équipe de West Grove par moins que 38 à 7. Jim leva les yeux en traversant le parking. Le ciel était étrange, et des nuages s'amoncelaient. Il eut le sentiment qu'il y avait quelque chose de menaçant dans l'air.

Il remonta le couloir vers la Classe Spéciale II. M. Wallechinsky, le garde de la sécurité, sortait de la salle de classe de Sue Randall et refermait la porte à clé.

— Ah, monsieur Rook ! Savez-vous quand Mlle Randall doit revenir ? Elle a emprunté un projecteur pour diapositives au département des sciences naturelles, et je sais qu'ils sont très impatients de le récupérer.

— Je pense qu'elle sera absente pour quelques jours encore, monsieur Wallechinsky. Et si vous leur rapportiez ce projecteur, tout simplement ?

— Oui, bien sûr.

Jim ouvrit la porte de sa salle de classe et poussa le battant. Immédiatement, il se figea sur place. La salle avait été complètement saccagée. Toutes les tables avaient été renversées, et les pieds de certaines avaient été arrachés. Des ordinateurs personnels jonchaient le sol, écrans brisés, claviers déchiquetés, imprimantes écrasées. Les portraits de Shakespeare, de Mark Twain et de Walt Whitman avaient été décrochés des murs et piétinés. Les néons pendaient du plafond au bout de leurs fils. Le bureau de Jim gisait sur le côté et le contenu de ses tiroirs avait été répandu sur le sol.

Le pire de tout, cependant, c'était les marques sur les murs. Il y avait des entailles partout, comme des éraflures faites par des griffes gigantesques. Des plaques entières de plâtre avaient été arrachées, en de profondes rayures parallèles, et une marque de griffe avait traversé le cadre du tableau noir, et sa surface. Elle ne l'avait pas simplement éraflé, elle l'avait traversé quasiment jusqu'au mur derrière.

Jim fit deux ou trois pas dans la salle et huma l'air, comme l'aurait fait Mme Vaizey. Il la décelait maintenant. Un animal... ou peut-être deux animaux différents. La puanteur prenante d'un ours, et l'odeur plus aigre, rance, d'un chien sauvage. Il ramassa un livre qui lui appartenait, une édition originale de *Fruits verts* de John Peale Bishop. Son père lui avait offert ce livre lorsqu'il avait reçu ses diplômes. A présent le dos était en morceaux et la moitié des pages tombèrent sur le sol.

Elle est ici, pensa-t-il. Cela ne lui était pas venu à l'esprit qu'elle pourrait le suivre jusqu'ici à Los Angeles, mais elle l'avait fait, de toute évidence. *Elle est ici, et elle fait en sorte que je souffre.*

Il redressa son bureau et le remit sur ses pieds. Pour une raison ou pour une autre, il n'avait pas pensé que la Jeune Fille Se Changeant En Ours se lancerait à sa poursuite. Pas étonnant que son grand-père lui ait conseillé de partir — aussi vite et aussi loin qu'il le pourrait ! Il était clair que Coyote n'avait pas l'intention d'oublier et de pardonner, même s'il avait à présent sa future épouse, et s'il n'avait aucune raison de se douter que Jim essaierait de délivrer Catherine. Mais peut-être était-ce le cas. Il avait peut-être décelé chez Jim ce sens de l'abnégation qui lui avait donné l'envie d'enseigner à des jeunes en difficulté. Peut-être savait-il que Jim n'abandonnerait jamais Catherine.

Jim commença à redresser les chaises et les tables, une à une. Le sol était jonché de poèmes et de devoirs déchirés en morceaux, et d'éclats de verre. Dieu sait que c'était suffisamment difficile pour la plupart de ces élèves d'écrire une seule phrase cohérente. Et maintenant la plus grande partie de leur travail laborieux du semestre était éparpillée. Jim ramassa l'explication de texte de *Rip van Winkle* de Mark Foley : « Rip van Winkle laisse ses enfans courir alors qu'ils ont jamais de chaussures et que le pantalon de son fis tombe toujours ». Lorsqu'il songeait aux explications de texte que Mark était capable de rédiger à présent, cela lui faisait vraiment de la peine que quelqu'un ait pu traiter ses premiers efforts avec un tel manque de respect. Il ramassa une autre feuille de papier et c'était le tout dernier travail de Mark sur Walt Whitman : « Walt Whitman était gay. Il embrassai des soldats mourents pendant la Guerre civile ce qui était en partie humin, mais cela l'excittai également. Pourtant il aimait sa mère et il était jamais grossier avec les femmes. Il a écrit "une maisonnée remplie de jeunes filles" et "Je n'ai jamais vu autant de femmes aux cheveux grisonnants aussi belles... comme seuls notre époque et notre pays pouvaient en avoir". »

L'orthographe de Mark était toujours catastrophique, mais son aptitude à lire et à *commenter* ce qu'il avait lu avait fait d'énormes progrès. Henry Aigle Noir avait dit vrai : Coyote savait attaquer ses ennemis là où ça faisait mal. Il savait ce qui leur était le plus cher, et il n'avait aucun scrupule à le détruire.

Il continuait de ramasser des papiers, des livres et des morceaux de verre lorsque M. Wallechinsky entra.

— Bon sang, que s'est-il passé ici ? s'exclama-t-il.

— Notre vandale est revenu, dit Jim.

— Regardez-moi dans quel état est cette salle. Je n'arrive pas à le croire. J'ai jeté un coup d'œil ici il y a une heure à peine !

— Et vous n'avez rien entendu, et vous n'avez vu personne ?

— Juste cet élève à vous, ce gros tas de graisse... c'est quoi son nom, déjà ? Gloach ?

— Russell Gloach, c'est exact. Et je préférerais que vous ne l'appeliez pas « gros tas de graisse ». Pensez à une autre façon de le décrire. Pensez à ses cheveux, par exemple.

— D'accord ! J'ai vu cet élève à vous, ce gros tas de graisse aux cheveux en brosse. Il était ici, il y a peut-être quinze minutes de ça.

— Quelqu'un d'autre ?

— Je ne sais pas. Voyons voir... il y en avait deux ou trois qui allaient et venaient. Cette Peau-Rouge, oui, je me rappelle maintenant !

— Catherine Oiseau Blanc ? Catherine Oiseau Blanc était ici ?

— Je l'ai vue de mes propres yeux. Elle s'éloignait dans le couloir. Elle se brossait les cheveux.

— Est-ce que vous savez où elle est allée ensuite ?

— Comment je le saurais ? En tout cas, elle était pas du tout pressée.

Elle est revenue, pensa Jim. *Et maintenant elle veut avoir ma peau.*

— Merci, monsieur Wallechinsky, dit-il. Ne vous en faites pas. Nous allons fermer à clé la porte de cette classe pour le moment.

— Vous ne voulez pas que je nettoie un peu ?

— Non, je veux que vous laissiez cette salle comme elle est. Après le match de cet après-midi, je préviendrai la police, et je ne tiens pas à ce que des indices éventuels soient balayés ou brouillés.

— Dans ce cas, vous feriez peut-être bien d'arrêter de remettre de l'ordre dans cette salle. Je parie que maintenant vous avez laissé tellement d'empreintes digitales partout que les flics seront en mesure de prouver que *vous* avez commis ces dégâts.

Jim laissa tomber sur le sol le devoir de Mark sur Whitman.

— Vous avez raison, dit-il. Mais il y a quelque chose que je *vais* remettre en ordre !

Il ressortit et fit le tour des bâtiments, mais n'aperçut Catherine nulle part. Il se dirigea vers le terrain de footbal. Greg Lake était là-bas, assis dans les gradins. Il bavardait avec Sherri Hakamoto.

— Bonjour, monsieur Rook. Vous attendez avec impatience le match de cet après-midi ?

Jim s'abrita les yeux de la main et scruta les alentours du terrain.

— Est-ce que tu as vu Catherine aujourd'hui ?

Le visage de Greg passa par une série compliquée de contorsions avant de se décider finalement à prendre un air modérément étonné.

— Catherine ? Non, je croyais qu'elle était toujours en Arizona.

— Moi aussi, Greg, mais apparemment il n'en est rien. A propos, je vais être obligé de te demander de ne pas entrer dans la salle de classe aujourd'hui. Un nouvel acte de vandalisme a été commis.

— Hé, j'espère que mes affaires n'ont pas été abîmées ! J'ai laissé des trucs importants là-bas !

— Je n'en sais rien. Tu pourras vérifier plus tard. Mais en attendant, ouvre l'œil et préviens-moi si tu aperçois Catherine, d'accord ?

— Pas de problème, monsieur Rook !

Jim emprunta à M. Wallechinsky un double de ses clés et passa les vingt minutes suivantes à parcourir le campus. C'était samedi, et la plupart des bâtiments étaient fermés à clé, néanmoins il inspecta l'atelier d'arts plastiques, le département d'esthétique industrielle, et le gymnase. Il fouilla même les vestiaires des filles (en prenant soin de crier « Il y a quelqu'un ? » avant d'entrer). Il ouvrit le casier de Catherine Oiseau Blanc mais il n'y avait rien à l'intérieur qui indiquait qu'elle était revenue. Des livres, des revues, des

T-shirts, des produits de beauté — ainsi que des photographies — découpées dans des magazines — de mannequins et de jeunes rock-stars à la mine maussade. Kurt Cobain faisait une grimace, punaisé à côté du miroir de Catherine, et Jim pensa : *Si tu penses que ce qui t'est arrivé était flippant... attends donc de voir ce que la Jeune Fille Se Changeant En Ours est capable de faire.*

Finalement, il fut obligé d'abandonner. Il rendit à M. Wallechinsky ses clés et se rendit à la salle des professeurs pour téléphoner. Il attendit et attendit. Henry Aigle Noir finit par décrocher.

— Monsieur Aigle Noir? Jim Rook. Non, peu importe que vous n'ayez pas encore réservé les places d'avion. Non, je suis content que vous ne l'ayez pas fait. Nous n'avons pas besoin d'aller en Arizona. Catherine est ici.

— Que voulez-vous dire? demanda Henry Aigle Noir d'une voix glacée.

— Catherine est ici. Ma salle de classe a été saccagée, de la même façon que les vestiaires et mon appartement l'ont été. Notre vigile m'a dit qu'il avait vu Catherine dans le couloir.

— Mais alors... maintenant qu'il l'a... Coyote ne laisserait pas Catherine s'éloigner de lui.

— Je ne comprends pas.

— C'est extrêmement simple, monsieur Rook. Si Catherine est ici, alors Coyote est forcément ici, lui aussi.

— J'espère que vous plaisantez!

— Non, monsieur Rook. Je vous ai dit combien il est possessif.

— Alors que veut-il, à votre avis?

— A mon avis, monsieur Rook, lorsque vous êtes parti, il était fou de rage. Coyote aime à se considérer comme le trompeur, et non comme le trompé. Il a beau se méfier de vous, comme je l'ai dit, il est apparemment venu ici pour vous montrer qui est le patron!

— Je ne comprends absolument pas. Pourquoi prendrait-il cette peine? Je ne suis qu'un homme blanc.

— Il a vu à quel point vous vous occupiez de vos élèves. Peut-être sait-il que vous ferez tout pour lui reprendre Catherine.

Jim pensa : *Il y a une autre raison. Même si je tentais de récupérer Catherine, Coyote pourrait lâcher la Jeune Fille Se Changeant En Ours sur moi, ou utiliser toutes sortes de magie pour me tuer avant même que je puisse l'approcher. Il n'a absolument rien à craindre de ma part, ou pas vraiment. Alors pourquoi a-t-il fait tout ce trajet pour me persécuter ?*

Et puis il comprit. *Peut-être a-t-il quelque chose à craindre de ma part... quelque chose qu'il sait mais que j'ignore. Peut-être suis-je en mesure de le tuer, tout compte fait.*

Cela doit avoir un rapport avec le fait que je peux voir des esprits. Non seulement les esprits de l'homme blanc, mais également les esprits indiens.

— Vous êtes toujours là ? demanda Henry Aigle Noir d'un ton impatient.

— Oui, oui, je suis toujours là. Ecoutez, je vais vous dire ce que je veux que vous fassiez pour moi. Allez voir Paul et Nuage Gris, et demandez-leur quel esprit indien est l'ennemi juré de Coyote. Demandez-leur quel esprit on pourrait persuader le plus facilement de le tuer.

— Il y en a beaucoup. Je ne les connais pas tous.

— Justement, posez la question à vos fils. Ensuite venez au collège, et venez aussi vite que possible !

— Mais, monsieur Rook...

— Il n'y a pas de « mais », monsieur Aigle Noir. Vous me devez cela. Bien plus, vous le devez à votre fille. C'est peut-être la seule façon de la sauver.

Les joueurs d'Azusa et leurs supporters arrivèrent juste après midi, en une longue file de cars et de voitures. Le Dr Ehrlichman avait fait préparer un barbecue sous les arbres, du côté nord du collège, et l'air était déjà imprégné de l'odeur âcre de mesquite. Jim fit le tour du campus, sa veste jetée sur son épaule, regardant à droite et à gauche, à la recherche de Catherine ou de Coyote. S'ils étaient toujours là, ils éviteraient de se montrer, mais Jim était certain qu'il serait à même de percevoir leur présence. Il voyait continuellement des mouvements furtifs derrière les arbres, et des ombres tremblotantes là où il ne pouvait pas y avoir d'ombres. Il avait également des picotements sur la peau, et il pensa à *Macbeth* : « Le picotement sur mes pouces me dit que quelque chose de funeste approche. »

Il s'avança entre les tables en bois du pique-nique où l'équipe de West Grove déjeunait. Mitch Magro, le nouveau capitaine, s'efforçait de chauffer Les Empotés et de leur insuffler un esprit combatif.

— Nous le devons à Martin, d'accord ? Il n'est pas mort pour que nous soyons battus par Azusa. Il nous a entraînés, d'accord ? Il a animé cette équipe. Alors cet après-midi, nous allons foutre une raclée à ces types !

« Si nous morflons, nous tenons le coup. Si cela fait mal, nous pensons à ce que Martin a enduré. Si nous avons envie de baisser les bras, nous attaquons de plus belle. Je vais vous dire une chose : je préférerais mourir plutôt que de perdre ce match, et je veux qu'il en soit de même pour vous ! »

Russell Gloach était assis un peu à l'écart des autres et il coupait en tout petits morceaux un hamburger dont il avait jeté le petit pain.

— Tu résistes à la tentation, Russell ? lui demanda Jim.

— Oh, pas de problème ! J'adore ces hamburgers allégés. Mais je crois que je pourrais en manger quatre cents !

— Allons, Russell. Tu as la ligne !

— Je suis faible, monsieur Rook, je vous assure. Je suis si foutrement faible que je peux à peine tenir sur mes jambes, encore moins jouer au football. Je n'ai pas mangé de Twinkie depuis bientôt deux semaines. J'ai même oublié le goût du beurre de cacahuète !

— Écoute, Russell, dit Jim. Quelque chose de très bizarre s'est produit aujourd'hui. Catherine est revenue.

— Qu'y a-t-il de bizarre à cela ?

— Euh, elle n'est pas tout à fait elle-même. Elle fait une sorte de dépression. C'est pourquoi, si tu la vois, tu l'empoignes et tu envoies quelqu'un me prévenir.

— L'empoigner ? Et si elle n'a pas envie qu'on l'empoigne ? Surtout si c'est moi. Pourquoi ne pas demander ça à Brad Kaiser ?

— Empoigne-la tout de même. Et pour l'amour du ciel, ne la lâche pas !

— Vous avez raison, fit Russell. *C'est* bizarre. Vous ne voulez pas me dire ce qui se passe ?

— Je ne crois pas, répondit Jim. Mais j'ai bien peur que ce ne soit quelque chose de très grave.

— Ce n'est pas comme cette affaire de vaudou, hein ? Vous savez, cela m'a flanqué les jetons. J'ai fait des cauchemars pendant des semaines !

— Je n'en sais rien. Mais si je peux compter sur toi pour que tu maîtrises Catherine si tu la vois, et pour que tu me dises s'il se passe quoi que ce soit de vraiment bizarre...

— Bien sûr, monsieur Rook, je le ferai. Vous pouvez me faire confiance !

A ce moment, Jim leva les yeux et aperçut la silhouette d'une jeune femme entre les arbres. L'air était rendu brumeux par la fumée du barbecue, et des élèves et des parents allaient et venaient, traversant son champ de vision. Il regarda à nouveau et fronça les sourcils, parce que la jeune femme avait disparu. Néanmoins, il dit à Russell « Excuse-moi », quitta la table, et commença à se diriger vers les arbres. Il fit halte et jeta un regard à la ronde. Il décela l'odeur infime du musc blanc apportée par le vent, et sentit ce picotement d'électricité statique. Il lui sembla entendre également le son d'un tambour : un battement, puis un silence, puis un autre battement.

Il rebroussa chemin vers la table. Russell avait déjà terminé son hamburger et inscrivait combien de calories il avait pris sur sa feuille de régime.

— Ils nous disent d'être totalement sincères... c'est comme une confession.

— Que se passe-t-il si tu manges en secret tout un sachet de Reee's Pieces ? Que se passe-t-il alors ?

Russell devint rouge comme une pivoine. Il fut évident pour Jim que Russell *avait* mangé tout un sachet de Reee's Pieces, ou quelque chose d'analogue, et gardait ça pour lui.

— Je fais cinq fois le tour du terrain de football au petit trot en espérant que j'ai tout éliminé, c'est tout. Ces régimes, au jour d'aujourd'hui, ils sont très indulgents !

— OK... mais n'oublie pas ceci. Je ne veux pas que tu fasses preuve d'indulgence cet après-midi. Tu entres sur le terrain et tu massacres ces types, compris ! Tu es un bélier, Russell. Je veux que tu les enfonces. Je veux que dans vingt ans les gens disent : « Vous vous rappelez ce samedi ? Le samedi où Russell Gloach à lui tout seul a passé au rouleau compresseur l'équipe d'Azusa. Il était formidable. On aurait dit un éléphant qui charge ! »

— Attendez un peu et vous verrez ! fit Russell avec un large sourire.

Mais Jim poursuivit :

— Il est possible qu'autre chose se produise également. Quelque chose de totalement inattendu. Et si c'est le cas, je veux que tu sois prêt à cela, également.

— Quelque chose de totalement inattendu ? Comme quoi ?

— Comme... je n'en sais rien. Aussi grave que cette affaire de vaudou, peut-être pire.

Russell eut brusquement un air solennel.

— Vous ne plaisantez pas, hein, monsieur Rook ?

— Non, Russell, absolument pas. Aujourd'hui, ce ne sera pas un jour comme les autres, crois-moi. Regarde ces nuages, là-bas à l'ouest. Le vent a tourné. Quoi qu'il arrive cet après-midi, souviens-toi de tes camarades de classe, souviens-toi de tes amis, et fais ce que tu estimes être juste.

— Je ne suis pas sûr de comprendre, monsieur Rook.

— Le moment venu, tu comprendras, crois-moi !

— Entendu, monsieur Rook. (Il contempla son assiette vide d'un air lugubre.) Vous savez ce que je prenais au petit déjeuner, il y a seulement six semaines de cela ? Deux sandwiches au beurre de cacahuète et à la gelée, avec du bacon bien croquant et des frites.

— C'est ce qui a tué Elvis, fit remarquer Jim.

— Oh, bien sûr, je le sais. Mais je ne faisais pas d'excès. Avec, je mangeais une tomate et une feuille de laitue.

A trois heures, lorsque le match devait commencer, le ciel était devenu complètement couvert. Dans le lointain, au-dessus des montagnes de Santa Monica, des éclairs scintillaient derrière les nuages comme une cabine de photos automatique masquée par un rideau. L'orchestre du collège de West Grove jouait *Pasadena* comme s'il avait hâte d'en finir, et les pom-pom girls faisaient des bonds et se trémoussaient. Une forte odeur d'électricité flottait dans l'air.

Jim, assis dans les gradins à l'extrémité sud du terrain, n'arrêtait pas de consulter sa montre. Henry Aigle Noir n'était toujours pas arrivé, mais il essayait de se convaincre qu'il n'avait aucune raison de s'inquiéter. Il n'y avait aucun signe de Coyote ou de Catherine, et pour autant qu'il le sache, ils avaient peut-être décidé que saccager la salle de classe de Jim était suffisant et ne commettraient pas d'autres dommages. Mais il n'aurait pas parié là-dessus.

Juste comme l'équipe de West Grove donnait le coup d'envoi, George Babouris arriva, accompagné de Valerie Neagle. George portait un coupe-vent violet qui était trop petit de deux tailles pour lui et Valerie était habillée d'une robe à impression léopard au décolleté trop bas de cinq centimètres pour une femme de son âge. Tandis que les spectateurs se levaient et applaudissaient, Jim se fraya un chemin pour rejoindre Valerie et lui dire :

— Bonjour. Vous êtes très en beauté.

— Oh, merci ! fit Valerie, et elle appliqua un

énorme baiser rouge sur sa joue droite. J'ai toujours su que vous aviez bon goût.

— Écoutez, poursuivit-il, je sais que ce n'est ni le moment ni l'endroit, mais est-ce qu'il me serait possible de parler à Mme Vaizey ?

Valerie le considéra en faisant battre ses cils mouchetés de mascara.

— Vous voulez parler à Mme Vaizey ? A quel sujet ?

— Il va se passer quelque chose aujourd'hui... quelque chose de très grave. J'ai besoin que Mme Vaizey me serve d'intermédiaire pour parler au monde des esprits.

La réponse de Valerie fut recouverte par un tonnerre d'applaudissements alors que les joueurs d'Azusa marquaient leur premier but. George se cacha le visage dans les mains et Ray Vito, qui était assis trois rangées derrière eux, proféra une longue suite de jurons italiens, où il était question principalement de mères, de bossus et de paraplégiques.

— Qu'avez-vous dit ? demanda Jim.

— J'ai dit que Mme Vaizey m'avait quittée. Elle a estimé que le moment était venu pour elle de disparaître.

— *Maintenant* ? Elle a décidé de disparaître *maintenant* ?

Valerie haussa les épaules.

— Je n'ai pas pu la retenir, Jim. Elle a dit qu'elle s'était accrochée suffisamment longtemps, et que tout cela devenait trop fatigant pour elle.

— Mais *maintenant* ? Juste quand j'avais vraiment besoin d'elle ?

— Je suis désolée, Jim. Elle parlait avec votre grand-père, et ils ont disparu ensemble.

— Je n'arrive pas à le croire, soupira Jim. Tous deux m'ont prévenu que je courais un très grand danger. Ils ont prédit que j'allais être tué. Et maintenant ils sont partis, et ils me laissent affronter cette situation tout seul.

— Mme Vaizey a laissé un message à votre intention.

— Oh, oui ? Et quel est ce message ? « Reposez en paix » ?

— Non. Elle a dit que vous n'aviez plus besoin d'elle. Vous avez suffisamment de pouvoirs par vous-même. Elle a dit que vous deviez avoir confiance en vous, et en ce que vous êtes capable de faire.

— Splendide ! L'ennui, c'est que je *ne sais pas* ce que je suis capable de faire. J'espérais tellement que Mme Vaizey pourrait me le dire.

— Ma foi, je n'en ai pas la moindre idée, déclara Valerie. C'est tout ce qu'elle a dit. Ensuite elle s'est... évaporée, vous savez ? J'ai eu la plus douce des sensations... une délicieuse sensation de bonheur... et elle n'était plus là.

— Nous avons marqué un but ! rugit George, si près de l'oreille de Jim qu'il faillit lui briser le tympan. Magro a marqué un but ! Tu as vu cette course ? Ce garçon est un génie !

Jim prit la main de Valerie et l'embrassa.

— Merci, Valerie. Si jamais vous percevez Mme Vaizey à nouveau, dites-lui qu'elle me manque énormément.

Il se rassit. A présent l'après-midi était encore plus sombre, et les nuages commençaient à défiler lentement dans le ciel tels des draps trempés dans de l'encre de Chine.

— J'espère qu'il ne va pas pleuvoir, dit George. J'ai laissé mes sandales dans le jardin.

— Tes sandales ?

— Ce sont des sandales grecques. Je les ai achetées à Agnos Ioannis. Elles sont formidables tant qu'elles ne sont pas mouillées. Sans quoi, elles s'enroulent comme du poisson séché !

Tandis que George parlait, Jim parcourut du regard le terrain de football où les joueurs casqués s'affrontaient, puis la foule des supporters d'Azusa qui agitaient des fanions et des bannières du collège d'Azusa.

Tout en haut des gradins, de l'autre côté du terrain, deux personnages foncés se découpaient sur le ciel menaçant. Catherine Oiseau Blanc, ses longs cheveux virevoltant dans le vent, portant une veste de cuir noir aux épaules renforcées. Frère Chien, vêtu d'un long poncho gris, ses yeux dissimulés par les verres jaunes de ses lunettes. Coyote, le Premier A Utiliser Des Mots Pour La Force, ici, au collège de West Grove.

— Excuse-moi, George, je reviens tout de suite, dit Jim.

Il se fraya un passage le long de la rangée des élèves de West Grove qui poussaient des acclamations, et descendit les marches. Il ne quitta pas des yeux Frère Chien et Catherine tandis qu'il faisait le tour du terrain de football. Il ne savait pas s'ils l'avaient vu ou non, mais il y avait fort à parier que c'était le cas.

— Hé, monsieur Rook ! lança Sue-Robin Caufield en agitant ses pom-poms, près de la ligne de touche. C'est un match formidable, non ? Vous ne trouvez pas que cet arrière d'Azusa est beau comme un dieu ? Je crois que j'ai choisi le mauvais collège. Pour les garçons, en tout cas, se reprit-elle en hâte. Pas pour les professeurs !

Jim lui fit un sourire et un signe de la tête, bien qu'il l'ait à peine entendue. L'un des avants d'Azusa venait de tromper la défense de West Grove et courait pour marquer un touché-en-but. Brusquement, tout le monde se leva. Durant un moment, les spectateurs lui cachèrent Frère Chien et Catherine, et il était obligé de faire des bonds sur place pour essayer de les apercevoir. Puis un rayon de soleil se réfléchit tel un héliographe sur les verres jaunes des lunettes de Frère Chien, et il les repéra à nouveau. Il ne savait pas au juste ce qu'il ferait quand il les aurait rejoints, mais ils étaient dangereux, tous les deux, et il ne voulait pas qu'ils soient ici, à West Grove, pour menacer ses élèves.

Il était presque arrivé à l'autre extrémité du terrain lorsqu'il reçut une formidable tape dans le dos. Il se retourna et leva son bras instinctivement pour se protéger, mais c'était seulement Ben Thunkus, l'entraîneur de l'équipe de West Grove.

— Quel match, Jim ! Je sens que nous allons gagner ! Fais une passe, Beidermeyer, nom de Dieu ! Tu n'es pas marié avec ce putain de ballon !

— Ben, je veux que vous ouvriez l'œil, lui dit Jim. La personne qui a tué Martin est ici.

— Vous savez qui c'est ? Je croyais que c'était ces deux Indiens !

— Non, ce n'était pas eux. Mais je ne peux pas vous expliquer qui a commis ce meurtre, pas pour le moment.

— Dites-moi juste le nom, Jim, et mes garçons lui rentreront dans le lard, le temps que vous appeliez les flics !

— Ce n'est pas aussi facile que ça, Ben. Je vous demande simplement de guetter quoi que ce soit d'anormal.

— Entendu, Jim. Comme vous voudrez.

Jim avait atteint les gradins où Frère Chien et Catherine étaient assis. Tandis qu'il montait les marches, cependant, l'arbitre accorda à West Grove un autre essai, et il y avait seulement quinze mètres à parcourir jusqu'à la ligne de but d'Azusa. Tous les spectateurs se levèrent en même temps et se mirent à pousser des acclamations, à taper dans leurs mains et à scander des encouragements. Dans la confusion, Jim perdit de vue Frère Chien et Catherine pour la seconde fois.

Il repéra la rangée où il pensait qu'ils se trouvaient, et il se fraya un passage en jouant des coudes.

— Pardon, excusez-moi. Désolé. Pardon. Désolé.

Cependant, quand il arriva à l'endroit où il les avait vus pour la dernière fois, ils avaient de nouveau disparu. Il regarda désespérément autour de lui. Il attrapa par le bras un homme corpulent coiffé d'une casquette de golf, visière sur la nuque, de telle sorte que ses cheveux rebiquaient sur le devant.

— Excusez-moi, monsieur. Avez-vous vu deux personnes qui étaient assises ici, il y a un instant? Une jeune fille avec une veste noire et un homme avec des lunettes de soleil aux verres jaunes?

L'homme se retourna et regarda derrière lui comme s'il s'attendait à ce qu'ils se dissimulent derrière son énorme postérieur. Puis il se tourna vers Jim et secoua la tête d'un air stupide.

Jim s'avança le long de la rangée. Azusa avait repris le contrôle du ballon et la surexcitation était retombée. Comme tout le monde s'asseyait de nouveau, Jim fut à même d'embrasser du regard les abords du terrain. Il ne comprenait pas comment Frère Chien et Catherine avaient pu filer sans qu'il les aperçoive.

Bon, pensa-t-il, *il y a un moyen sûr à cent pour cent de découvrir où ils sont!*

Il tira le sifflet de sous sa chemise et donna un coup de sifflet. L'homme corpulent à la casquette de golf le regarda avec une curiosité apathique. Il attendit et scruta le terrain et les pelouses du collège au-delà. Rien... Aucune trace de Catherine ou de frère Chien. Il donna un autre coup de sifflet, puis un troisième.

A ce moment, Frère Chien leva les bras et Jim les repéra. Il fut stupéfait. Ils se trouvaient de l'autre côté du terrain, à quelques rangées seulement de l'endroit où Jim avait parlé avec George Babouris. C'était impossible. Personne n'aurait pu faire le tour du terrain en quelques secondes seulement, même un coureur olympique. Pourtant ils étaient là-bas, et maintenant ils savaient qu'il était ici, et qu'il les surveillait.

Jim commença alors à prendre la mesure de l'immense pouvoir occulte auquel il était confronté, et pour la première fois depuis bien longtemps, il se sentit terrifié.

10

Il quitta les gradins et se dirigea vers les bâtiments du collège. A présent le ciel était complètement noir, et un vent violent cinglait les massifs. Il ne savait pas du tout ce qu'il allait faire. Il ne pouvait pas appeler la police, parce qu'il était incapable de prouver que Frère Chien et Catherine avaient fait quoi que ce soit de répréhensible. Et maintenant que Mme Vaizey était partie, il n'avait même plus la possibilité de faire appel à son unique conseiller du monde des esprits.

Il avait presque atteint l'entrée principale lorsque Henry Aigle Noir apparut, venant du parking. Il portait sa veste à franges en daim noir, et un bandeau autour du front. Il tenait dans sa main un petit paquet en peau de bison, enroulé, soigneusement attaché avec des cordelettes cirées et décoré de vieilles plumes flétries.

— J'ai réussi à parler à Paul et à Nuage Gris, annonça-t-il. Tous deux sont très inquiets... le fait que Coyote soit ici. Il est très vindicatif, vous savez, et ils pensent qu'il a l'intention de tuer un grand nombre de gens afin de vous montrer qu'il est plus puissant que tous les esprits de l'homme blanc.

— Est-ce qu'ils savaient comment on peut le mettre hors d'état de nuire ?

— Ils ont dit la même chose que dans nos légendes. Coyote doit être tué par l'un de ses semblables, et on doit lui prendre son cœur. Le seul esprit qui hait

Coyote encore plus qu'il ne le craint est l'Esprit de la Pluie. On raconte que Coyote amena par la ruse la fille de celui-ci à faire l'amour avec lui. Ensuite elle en mourut de honte, parce qu'elle était censée rester pure pour un grand chasseur appelé Tueur de Cerfs.

— Comment allons-nous faire pour nous assurer le concours de cet Esprit de la Pluie ?

Henry Aigle Noir montra le paquet en peau de bison.

— Ce sac contient des ossements sacrés que Nuage Gris a rapportés de la réserve de Wide Ruins. Jadis, on les utilisait pour appeler l'Esprit de la Pluie durant les périodes de sécheresse. Cette fois, nous allons lui demander de nous rendre une autre sorte de service.

— Il ne veut pas quelque chose en échange ?

— Bien sûr que si, répondit Aigle Noir. Il voudra un don. Que pourriez-vous lui offrir, à votre avis ?

— Cela dépend du don qu'il aime. Enfin, que peut-on donner à un Esprit de la Pluie qui a probablement tout ce qu'il désire ?

— Vous pourriez lui donner votre don de vision surnaturelle.

— Il accepterait ?

— Pourquoi pas ? C'est un don comme un autre. Un homme a donné sa voix mélodieuse à l'Esprit du Bison, en échange d'une nourriture abondante pour toute sa famille.

Jim fronça les sourcils. Lorsqu'il avait découvert qu'il pouvait voir des esprits, il aurait donné sa vision à la première personne qui en aurait voulu, et il s'en serait débarrassé avec joie. Mais à présent elle lui semblait tellement naturelle et normale que ce serait comme de se faire arracher un œil. Néanmoins, on pouvait encore voir avec un seul œil, et l'important était de sauver Catherine et de délivrer le monde de Coyote.

— Entendu, dit-il. Il peut avoir ma vision, s'il le désire. Je n'ai vraiment rien d'autre !

— Vous avez de la chance d'avoir cela, déclara

Henry Aigle Noir. Parfois un esprit exige une main, ou un pied, ou même la virilité d'un homme.

— La vision, d'accord ? Il peut avoir la vision.

— Alors nous devons nous dépêcher, dit Henry Aigle Noir. Est-ce que vous avez aperçu Coyote et Catherine près d'ici ?

La dernière fois que je les ai vus, ils étaient dans la foule. J'ai essayé de les rejoindre, mais lorsque je suis arrivé à l'endroit où je les avais aperçus, ils se trouvaient de l'autre côté du terrain de football.

— Et qu'auriez-vous fait, si vous les *aviez* rattrapés ?

Jim haussa les épaules.

— Je n'en sais rien. Je n'y avais pas vraiment réfléchi.

— Avec Coyote, vous devez réfléchir ! Il est trop rusé pour qu'on l'aborde de front. Bon, allons sous ces cèdres et essayons d'appeler l'Esprit de la Pluie.

Des acclamations parvinrent du terrain de football comme Russell Gloach recevait une passe parfaite de vingt mètres effectuée par Micky McGuiver.

— Cours, Russell, cours ! hurla le capitaine. Remue tes putains de jambes !

Jim n'essaya pas de voir ce qui se passait. Il se représenta Russell en train de se déplacer de son pas lourd d'éléphant, et il savait que celui-ci aurait de la veine s'il pouvait parcourir plus d'un mètre avant de se faire plaquer par les quarterbacks d'Azusa. Il suivit Henry Aigle Noir vers les trois cèdres majestueux qui se dressaient sur une éminence à l'angle nord-ouest du collège. Sous leurs branches en surplomb, l'endroit était silencieux, sombre, et abrité du vent.

Henry Aigle Noir s'assit en tailleur sur le sol et délia le paquet en peau de bison. Jim se tenait près de lui et l'observait.

— Je ne suis pas un faiseur de prodiges, dit Henry Aigle Noir. C'est pourquoi je compte sur *vos* dons spirituels pour contacter l'Esprit de la Pluie. Tout ce que je peux faire, c'est accomplir le rituel.

Il déroula la peau de bison sur le sol. A l'intérieur, il y avait cinq os jaunis. Jim trouva que cela ressemblait à de vieux os de bras humains. Les extrémités de chaque os étaient attachées avec des touffes de cheveux et des rubans rouges fanés. Henry Aigle Noir en prit deux et les tapa l'un contre l'autre en une cadence rapide et hésitante.

— Asseyez-vous devant moi, demanda-t-il à Jim. Videz votre esprit de toute pensée concernant Coyote et Catherine. Videz votre esprit de toute pensée vous concernant — peurs, interrogations, doutes. Votre esprit doit devenir aussi sombre et aussi vide que l'univers au-delà des étoiles, où il n'y a plus d'étoiles, uniquement les ténèbres, où vivent les Grands Anciens, très loin au-delà de la portée des hommes.

Jim s'assit en tailleur sur le gazon desséché. Il ne s'était pas assis dans cette position depuis qu'il avait dîné au Koto, le restaurant japonais, et ensuite il avait passé le restant de la soirée à marcher comme Groucho Marx. Henry Aigle Noir entrechoqua les os à nouveau, et encore, et à chaque fois la cadence devenait plus rapide et plus frénétique. Il commença à fredonner, puis à chanter, en navajo et en anglais.

— *L'Esprit de la Pluie vit à l'ouest... Il demeure au sommet des plus hautes montagnes, enveloppé de nuages qui lui font un manteau... Il transporte de l'eau dans son manteau et la répand sur le sol desséché... Il est généreux et juste, le protecteur de toute vie... A présent nous lui demandons d'apparaître pour nous permettre de lui rendre hommage, et de lui demander un service particulier...*

Cela continua et continua, un chant monotone et rythmé. Jim n'eut pas besoin de faire de gros efforts pour vider son esprit... le chant d'Henry Aigle Noir était tellement hypnotique qu'il effectuait ce travail à sa place. Il gardait les yeux ouverts, mais il sentait toute idée consciente s'écouler hors de sa tête. Bientôt il n'y eut plus que l'obscurité et le vide.

— *Lève-toi maintenant, ô Esprit de la Pluie, et*

prête-nous ta force... Lève-toi afin que nous puissions te voir... Défais-toi de ton manteau de nuages et dresse-toi devant nous afin que nous puissions être témoins de ton retour... Apparais, Esprit de la Pluie! Apparais! Apparais!

Henry Aigle Noir chantait cela si fort que deux élèves qui passaient à proximité firent halte et lancèrent à Henry et à Jim le plus singulier des regards. Alors qu'ils s'éloignaient, il y eut un éclair aveuglant et un craquement assourdissant, et le cèdre sous lequel ils étaient assis fut fendu en deux jusqu'à mi-hauteur de son tronc, et s'enflamma brusquement.

— Henry! Pour l'amour du ciel, foutons le camp d'ici! s'écria Jim en tentant de démêler ses jambes.

Mais Henry resta où il était, continua d'entrechoquer les os, de murmurer et de chanter, tandis que des flammèches tombaient tout autour d'eux, et que le cèdre brûlait et crépitait.

Plusieurs personnes commencèrent à courir dans leur direction. A ce moment, Henry Aigle Noir leva les os au-dessus de sa tête et poussa un hurlement tel un animal triomphant.

— *Permets-nous de te voir, ô Esprit de la Pluie! Permets-nous de te voir! Apparais et sois notre gardien! Apparais et sois notre protecteur!*

Comme il tapait les os l'un contre l'autre une dernière fois, le sol fut secoué par la répercussion d'un énorme coup de tonnerre, semblable à toutes les timbales de tous les orchestres du monde entier, toutes retentissant en même temps. Avant même que les premiers secouristes puissent les rejoindre, la pluie s'abattait du ciel en un torrent impétueux qui faillit les clouer sur place. La pluie noya le feu dans le cèdre et tomba entre les branches en crépitant. Jim regarda vers le terrain de football, et il vit des gens qui couraient se mettre à l'abri et d'autres qui tenaient des vestes ou des journaux au-dessus de leur tête. Cependant, le match continuait. West Grove et Azusa s'affrontaient pour leur honneur, et aucune des deux équipes ne laisserait un orage interrompre ce match. Les joueurs de West Grove voulaient leur première victoire de la saison, et les joueurs d'Azusa étaient résolus à ne pas être battus par Les Empotés, coûte que coûte ! Des rafales de pluie déferlaient sur le terrain de football telles des rideaux de tulle trempés, et en l'espace de quelques minutes seulement, la pelouse fut à moitié inondée. Les joueurs faisaient des passes, esquivaient et mettaient le ballon en mêlée en soulevant des gerbes d'eau, tandis que la pluie dégouttait de leurs casques et ruisselait sur leurs tenues.

— Merde ! que se passe-t-il ? hurla Jim à Henry Aigle Noir. Il y a de la pluie en abondance, mais où est l'Esprit de la Pluie ?

— *Croyez !* lui cria Henry Aigle Noir en retour. *Vous devez croire !*

A présent la pluie était si forte que Jim distinguait tout juste le terrain de football. Elle déborda des gouttières des bâtiments et remplit les parterres de rosiers près de l'entrée principale, et une eau boueuse commença à se déverser des murets et à dévaler l'allée vers le parking. Beaucoup de parents et de supporters avaient des voitures décapotables, et tous se précipitèrent vers le parking afin de relever leur capote.

Un autre coup de tonnerre dévastateur traversa le ciel, et le sol trembla à nouveau.

— *Croyez !* cria Henry Aigle Noir. *Vous devez croire !*

Jim se leva et sortit de dessous le cèdre. Il fut immédiatement trempé jusqu'aux os par la pluie glaciale. Sa veste pendait sur lui, ses cheveux étaient plaqués sur son front. Il y *a* un Esprit de la Pluie, se répétait-il. Il y *a* un Esprit de la Pluie et je crois à lui. J'ai le don. J'ai la vision. Je crois à lui et je peux le voir. Je crois à lui et...

Je peux le voir !

Là, sous la pluie torrentielle, juste devant lui, Jim discernait les contours noyés d'eau d'une créature de haute taille. Elle ressemblait presque à un homme, pourtant ce n'était pas du tout un homme. Elle avait un visage fier, distant, aussi incolore que la pluie, et un corps enveloppé de nuages qui tourbillonnaient et fumaient.

Jim perçut son pouvoir — froid, vif, aussi cinglant que la pluie. Il n'avait jamais cru que de tels esprits existaient... que les éléments eux-mêmes étaient contrôlés par des êtres vivants et pensants. Pourtant, ici, devant lui, il en avait la preuve. Les traits noyés d'eau ondoyaient, pâles et déformés, un visage datant de l'époque où l'Amérique avait été créée avec des rochers, du vent et de l'eau.

Il tomba à genoux sur l'herbe. Il se sentait épuisé et humble. Il avait le sentiment que tout ce qu'il avait toujours considéré comme allant de soi venait d'être balayé, comme la boue et les feuilles qui étaient emportées par l'orage de l'Esprit de la Pluie.

Henry Aigle Noir le rejoignit et posa une main sur son épaule.

— Vous le voyez, n'est-ce pas ? demanda-t-il.

Jim acquiesça de la tête.

— Il est là. Il ressemble à la pluie.

— Vous ne pouvez pas savoir à quel point je vous envie, déclara Henry Aigle Noir. Voir ce qu'un esprit peut faire est une chose. La pluie, le tonnerre, les éclairs, c'est déjà impressionnant. Mais voir le visage d'un esprit...

— Que faisons-nous, maintenant ? dit Jim. Comment allons-nous le persuader de tuer Coyote ?

— Nous le lui demandons. C'est la seule façon de procéder.

Henry Aigle Noir s'agenouilla à côté de Jim et leva ses deux mains.

— O Grand Esprit, dit-il, nous avons été lésés par le Premier A Utiliser Des Mots Pour La Force. Il est ici aujourd'hui, avec ma fille, Catherine Oiseau Blanc, dont il veut faire son épouse. Il m'a trompé de la même façon qu'il t'a trompé, ô Esprit. Pour moi, et pour ma fille, je te supplie de le tuer et de prendre son cœur.

Jim avait les yeux fixés sur l'Esprit de la Pluie mais il ne vit pas la moindre réaction. L'Esprit continuait d'ondoyer sous la pluie, et son manteau de nuages tourbillonnait et fumait. Parfois c'était quasiment impossible de voir s'il y avait vraiment quoi que ce soit ici.

— Je t'en prie, Grand Esprit. Je me prosterne devant toi.

Sur ce, Henry Aigle Noir se mit à plat ventre sur le sol, les bras tendus, tandis que la pluie continuait de se déverser sur lui.

Franklin Sharp, un élève noir, s'approcha de Jim, son T-shirt du collège trempé. Franklin était incroyablement lent d'esprit, mais c'était presque un génie pour tout ce qui touchait à la menuiserie.

— Ça va, monsieur Rook ? demanda-t-il en lançant un regard méfiant à Henry Aigle Noir.

— Bien sûr, Franklin, tout baigne ! Retourne donc là-bas et continue d'encourager notre équipe.

— J'ai encore jamais vu une pluie pareille, monsieur Rook.

— Ma foi, moi non plus. Tu devrais peut-être commencer à nous construire une arche. Tu sais, comme Noé ?

Un nouvel éclair illumina la pluie torrentielle tel la lueur d'un stroboscope. Franklin détala et Jim se tourna vers l'Esprit de la Pluie. Il sembla à Jim que celui-ci s'estompait, comme si son manteau de nuages se brisait en morceaux.

— Il faut que tu nous aides ! cria-t-il. Tu ne peux pas nous laisser affronter Coyote seuls ! Il faut que tu nous aides ! J'ai le don de vision ! Il est à toi, si tu tues Coyote pour nous !

Jim entendit des mots confus dans son esprit. C'était comme si quelqu'un à la voix très grave chuchotait tout près de son oreille. Henry Aigle Noir se releva et dit :

— Je te remercie, Grand Esprit. Je te remercie.

— Quoi ? voulut savoir Jim.

— L'Esprit de la Pluie a accepté de le faire. Il va tuer Coyote pour nous. Tout ce qu'il veut en échange, c'est votre don de vision et l'un de mes doigts.

— Vous vous fichez de moi ! L'un de vos *doigts* ?

— Monsieur Rook... ce sera un prix dérisoire à payer pour récupérer ma fille.

— Mais vous ne pouvez pas le laisser prendre l'un de vos doigts !

Henry Aigle Noir leva sa main droite.

— Il l'a déjà pris, dit-il.

Son majeur avait disparu. Il ne restait plus qu'un moignon d'os brisés d'un demi-centimètre de long. Du sang ruisselait sur le dos de sa main et coulait dans sa manche.

Jim se toucha le front.

— Il n'a pas encore pris mon don de vision, hein ?

— Seulement lorsqu'il aura tué Coyote. Il veut que vous le voyiez le tuer.

Jim entendit d'autres mots brouillés. Henry Aigle Noir tira un mouchoir de sa poche et l'enroula autour de sa main.

— Nous devons le suivre, dit-il. Il va trouver Coyote et lui arracher le cœur.

L'Esprit de la Pluie se retourna et commença à descendre le talus vers le terrain de football. La pluie continuait de s'abattre avec la même violence qu'auparavant, et Jim avait du mal à le suivre. Celui-ci n'arrêtait pas de s'estomper, puis de réapparaître, aussi immatériel qu'une traînée de fumée montant d'un feu de jardin.

Ils le suivirent tandis qu'il contournait l'arrière des gradins et atteignait le côté opposé du terrain. Là, quasiment seuls tout en haut, il y avait Frère Chien, ses cheveux ruisselants de pluie, et Catherine, le col de sa veste relevé. Jim gravit les marches vers les gradins supérieurs et fit halte devant eux. La pluie se déversait de son menton comme un robinet ouvert en grand.

— Eh bien, que veux-tu ? demanda Frère Chien. Tu ne m'as pas causé suffisamment d'ennuis comme ça ?

— Je viens chercher Catherine, répondit Jim. Si tu laisses Catherine partir, je te laisserai peut-être partir.

— Je suis venu ici pour te tuer, déclara Frère Chien. (Des gouttelettes d'eau frissonnaient sur les verres jaunes de ses lunettes.) Je suis venu ici pour détruire tout ce que tu touches et tous ceux que tu aimes. Tes élèves seront les premiers à mourir. Ensuite je tuerai toute personne qui a compté un jour ou l'autre *dans ta vie*. Tu te souviens de ta cousine Laura, dont tu étais éperdument amoureux ? Tu te souviens de ce poème que tu lui avais écrit, *Ma tendre amie aux cheveux d'or*, alors qu'elle ne savait pas lire ? Tu apprendras ce qui est arrivé à Laura dans les prochains jours, quand la sœur de ta mère te téléphonera et te dira qu'elle est morte.

— Que cherches-tu à me faire ? lui cria Jim.

Frère Chien arbora un large sourire.

— Seulement ce que vous les hommes blancs m'avez fait. Vous avez tué mon peuple, et lorsque vous avez tué mon peuple, vous m'avez tué. A présent c'est *votre* tour de découvrir ce que l'on ressent !

Jim se tourna vers Catherine. Ses longs cheveux dégouttaient de pluie et elle semblait extrêmement pâle.

— Catherine, la supplia-t-il. Tu vas rester là et regarder des personnes innocentes se faire massacrer ?

— Et pas n'importe quelle personne innocente, sourit Frère Chien. Tes camarades d'études, Catherine. Ta précieuse Classe Spéciale II, où on t'a appris à oublier les coutumes navajos et les croyances navajos... où on t'a appris à *m*'oublier.

— Si jamais tu touches à l'un de mes élèves..., commença Jim.

Mais Frère Chien leva la main. C'était une main longue et étroite — elle ressemblait plus à une griffe qu'à une main — avec un poignet mince, couvert de poils.

— Je vais tous les tuer, Jim Rook, déclara-t-il. David, Sharon, Muffy, Mark, et tous les autres. Il y aura tellement de sang que tu auras l'impression de te noyer dedans !

— Catherine, dit Jim. Catherine, je t'en prie. Réfléchis à ce que tu es en train de faire. Ce sont tous tes amis. Il a l'intention de massacrer tous tes amis !

Catherine détourna la tête mais Jim aurait juré avoir entrevu une petite lueur de réaction dans ses yeux.

— Catherine, répéta-t-il. Ecoute-moi, Catherine !

— Tu ne peux pas m'arrêter, fit Frère Chien. Tes esprits sont bien plus faibles que les miens.

Jim descendit trois marches. Le tonnerre gronda exactement au-dessus d'eux, et il eut l'impression que le ciel se disloquait.

— *Mes* esprits sont peut-être plus faibles que les tiens, Coyote. Mais les *tiens* ne le sont pas. Je t'appelle, Grand Esprit, je te demande d'apparaître et de voir ce que Coyote est devenu. Et je t'ordonne de le détruire. Eteins son souffle, arrache ses poumons, prends son cœur !

Le père d'un élève à la moustache rousse se tourna vers Jim et dit :

— Excusez-moi, monsieur. Il y a des enfants ici. Si vous avez envie de dire des choses pareilles, vous deux, allez donc vous disputer ailleurs !

— Oh, désolé, répondit Jim.

Mais il écarta largement les bras et cria :

— *Grand Esprit, viens et tue Coyote ! Grand Esprit, viens et arrache-lui le cœur !*

— Nom de Dieu ! s'exclama le père à la moustache rousse. Je me plaindrai au principal !

A ce moment, une bourrasque de pluie déferla sur les gradins, et Jim vit que l'Esprit de la Pluie était en train de monter les marches. Son visage noyé d'eau avait une expression de vengeance implacable. Il tenait dans une main un énorme javelot à la forme compliquée. De l'eau ruisselait continuellement de la pointe et des gouttes de pluie tombaient de la hampe.

— *Ton heure est venue, Coyote*, dit l'Esprit de la Pluie, quelque part dans la tête de Jim. *Et ce n'est pas un bon jour pour mourir.*

— Attends, fit Frère Chien en levant la main. Est-ce que tu peux m'accorder un dernier désir avant de me tuer ?

Catherine se serrait contre son bras. Jim lui cria « Catherine ! *Catherine* ! » plusieurs fois, mais elle ne le regarda même pas.

— Pourquoi devrais-je t'accorder un dernier désir, après ce que tu as fait à ma fille ? rétorqua l'Esprit de la Pluie.

— Je désire simplement choisir la façon dont je vais mourir, déclara Frère Chien.

Il continuait de sourire. Autour d'eux, les rares spectateurs qui avaient bravé la pluie encourageaient l'équipe de West Grove sur le point de marquer un autre touché-en-but.

— *Allez, West Grove ! Allez, West Grove !*

— *Tu peux mourir de la façon que tu souhaites*, répondit l'Esprit de la Pluie. *Choisis, mais fais vite. Mon javelot est impatient de transpercer ton cœur.*

— Tu es l'esprit des orages... tue-moi par la foudre ! Laisse-moi tenir ton javelot et recevoir toute la force de ta colère ! Je suis à moitié un esprit, mais je suis à moitié un homme, et la foudre me tuera aussi vite que l'on mouche une chandelle !

L'Esprit de la Pluie hésita un moment.

— Ne l'écoute pas, intervint Jim. Frappe-le avec ton javelot et prends son cœur !

— *Quand un ennemi demande de mourir d'une façon particulière, ce serait indigne de ne pas lui accorder ce désir.*

— Tu vas lui donner ton javelot ? C'est puissamment réfléchi !

— *Je suis de l'eau, mon ami. Je suis seulement de la pluie. Mon javelot ne peut me faire aucun mal.*

— Bon, d'accord. Alors fais-le. Mais fais-le maintenant. Quant à toi, Frère Chien, dis à Catherine de s'éloigner de toi.

— Tu crois que je ferais du mal à la plus belle jeune fille que j'aie jamais connue ?

— Veille à ce qu'elle s'éloigne de toi, d'accord ?

L'Esprit de la Pluie lança son javelot à Frère Chien. Personne à part Jim ne pouvait voir cette scène. Personne ne pouvait voir l'Esprit de la Pluie, dans son manteau de nuages. Personne ne pouvait comprendre pourquoi Frère Chien leva brusquement la main comme s'il saisissait quelque chose. Mais Jim le voyait, debout dans la dernière rangée des gradins, le javelot de l'Esprit de la Pluie brandi dans sa main droite, pointé vers les nuages noirs qui accouraient.

— Je suis prêt, dit Frère Chien.

Il ôta ses lunettes aux verres jaunes et laissa apparaître des yeux qui étaient jaunes, eux aussi.

L'Esprit de la Pluie leva un doigt vers le ciel. Il y eut un moment de silence, tandis que la pluie continuait de s'abattre autour d'eux. Puis un éclair, signe avant-coureur d'une énorme décharge électrique, traversa les nuages en ondulant comme une langue de serpent et vint droit vers eux. Jim s'écarta et fit reculer le père à la moustache rousse.

— Hé, qu'est-ce qui vous prend, mon vieux ? s'exclama ce dernier.

A ce moment, l'éclair aveuglant toucha la pointe du javelot de l'Esprit de la Pluie. Comment Frère Chien disposa-t-il de la fraction de seconde nécessaire pour faire cela, Jim ne le saurait jamais. Mais il lança à nouveau le javelot vers l'Esprit de la Pluie. Celui-ci le rattrapa instinctivement... à l'instant où la foudre frappait le javelot, une décharge massive de plus de deux cent mille volts.

Jim entrevit brièvement l'expression de l'Esprit de la Pluie — un masque de douleur. Puis il explosa, dans un bruit de jet de vapeur à vous crever les tympans, et rappelant le sifflet d'une antique locomotive. De nombreux spectateurs se retournèrent pour voir ce qui s'était passé, mais ils virent seulement les dernières volutes de vapeur emportées par le vent.

Néanmoins, il continua de pleuvoir, comme si les cieux pleuraient la perte de leur esprit, celui qui les avait guidés siècle après siècle, même lorsque les hommes blancs étaient là.

Frère Chien chaussa ses lunettes à nouveau et dit à Jim :

— Aucun esprit ne peut me toucher. Aucun homme ne peut me tuer. Maintenant je vais te montrer ce que Coyote est capable de faire, quand on le met en colère.

Il se tourna vers Catherine et posa une main sur son épaule.

— *Non!* s'écria Henry Aigle Noir. Laisse-la tranquille !

— Elle n'est plus à toi, vieil homme, répliqua Frère Chien. Elle est à moi, et elle restera mienne. Catherine, voyons un peu quelles souffrances tu peux infliger à l'équipe de M. Rook. Tu m'as dit qu'ils n'avaient jamais remporté un match. Bien, voyons de quelle façon catastrophique ils peuvent perdre celui-ci !

— *Catherine, non!* lui cria Jim.

Mais il voyait déjà les ombres se former autour de sa tête, ses épaules se voûter, ses yeux commencer à s'étrécir et à briller d'une lueur écarlate.

— *Non!*

Il voulut saisir ses bras, mais ils étaient déjà épais et couverts de poils, et elle l'écarta d'une poussée.

Henry Aigle Noir ne pouvait pas voir la métamorphose de Catherine, mais il comprit ce qui lui arrivait. Il gravit les marches jusqu'à Frère Chien et essaya de l'empoigner par son poncho.

— Tu ne peux pas faire ça ! Catherine est une enfant ! Elle ne peut pas se transformer quand quelqu'un la regarde ! Laisse-la tranquille !

— Lorsque je suis là, elle peut se transformer chaque fois que je le désire. Et je désire qu'elle se transforme !

Sur ce, Frère Chien saisit les revers de la veste d'Henry Aigle Noir et lui donna un coup de tête. Celui-ci bascula à la renverse et roula jusqu'au bas des marches. Il y eut des cris et des exclamations de stupeur, et George Babouris lança à Jim :

— Bon sang, que se passe-t-il, Jim ? Qu'est-ce que ça veut dire ?

— Appelle une ambulance ! Préviens les flics ! lui cria Jim. Fais interrompre le match ! Dis à tout le monde de foutre le camp d'ici !

— Je veux savoir ce qui se passe !

— Fais-le, George, c'est tout ce que je te demande ! Fais-le !

Frère Chien descendit les marches, saisit Jim par l'épaule, et le gifla violemment. Jim voulut lui donner un coup de poing, mais Frère Chien le gifla à nouveau.

Derrière lui, Catherine était devenue plus grande et plus sombre, et à présent elle *se hérissait*, comme le grand-père de Jim l'avait prédit. Ses griffes ressemblaient à des croissants de lune noirs, et elle avait rangées sur rangées de dents hideusement recourbées.

— C'est ma vengeance, homme blanc, déclara Frère Chien. C'est ce qui arrive aux gens qui tentent de s'opposer à moi. Catherine Oiseau Blanc est à moi. Elle a toujours été à moi, et elle le sera pour toujours, même lorsqu'elle m'aura donné le fils dont j'ai besoin, et qu'elle ne sera plus qu'une bête !

George était arrivé sur le terrain et agitait les bras pour arrêter le match. Ben Hunkus protestait violemment, ainsi que l'entraîneur d'Azusa. Les joueurs des deux équipes se tenaient immobiles, déconcertés et ouverts de boue. Les spectateurs s'étaient écartés de Frère Chien et de Jim, mais ils auraient filé à toutes jambes s'ils avaient vu la bête que Catherine était en train de devenir.

— A présent je vais massacrer tes enfants, dit Frère Chien à Jim. Je vais massacrer tes enfants de la même façon que les hommes blancs ont massacré nos enfants.

Il fit un geste de la main, et la Jeune Fille Se Changeant En Ours commença à descendre les marches. Tout ce qu'on pouvait voir c'était Catherine... marchant avec une certaine raideur, peut-être, et les épaules voûtées. Mais Jim voyait une créature-ombre, énorme et noire, avec des griffes et des dents — une créature capable de tuer tous les adolescents sur le terrain de football et de mettre leurs corps en lambeaux.

— *Catherine!* hurla-t-il. *Catherine, écoute-moi!*

Frère Chien continuait de le tenir, mais son sourire s'agrandit.

— C'est inutile, monsieur Rook. Le moment du carnage est arrivé!

— Catherine, répéta Jim. Catherine, cette créature n'est pas toi. Ce n'est qu'une illusion. De la magie, une duperie, c'est tout! Tu es toujours là, Catherine, quelque part. Catherine Oiseau Blanc, qui est libre. Catherine Oiseau Blanc, qui veut mener une vie à elle.

— Vous ne pouvez pas l'arrêter, monsieur Rook, sourit Frère Chien. Pourquoi ne pas vous asseoir et profiter du spectacle, mmh? Ce sera encore mieux que les jeux de cirque de la Rome antique!

— Catherine, l'implora Jim. Tu n'as jamais voulu retourner sur la réserve, n'est-ce pas? Tu n'as jamais voulu être l'épouse de Frère Chien, d'accord? Allons, Catherine, écoute-moi. Tu dois te libérer. Tu dois être *toi*!

Il s'interrompit pour respirer, puis il récita:

Ainsi dans l'hiver se dresse l'arbre solitaire,
Et il ne sait pas que les oiseaux ont disparu un à un
Pourtant il sait que ses branches sont plus silencieuses qu'avant:
Il ne peut dire quelles amours sont venues et reparties;
Moi seule sais que l'été a chanté en moi
Un petit moment, et qu'il ne chante plus en moi.

La bête-esprit fuligineuse hésita. Elle tourna la tête vers Jim et il y avait une expression de souffrance dans ses yeux, l'expression d'une souffrance infinie.

— Va! lui ordonna Frère Chien. Eventre-les, arrache leurs poumons! Tranche leurs têtes d'un coup de dents! Allons, des têtes! Je veux voir des têtes!

Mais la Jeune Fille Se Changeant En Ours demeura immobile, puis elle fit demi-tour et revint vers Frère

Chien. Elle se dressa au-dessus de lui. Sa fourrure était striée de pluie.

— Tue, dit Frère Chien d'une voix peu convaincante.

La Jeune Fille Se Changeant En Ours le regarda fixement et ne bougea pas.

— *Tue !* vociféra Frère Chien. *Tue ces salopards, sinon je te tue !*

La Jeune Fille Se Changeant En Ours abattit brusquement ses griffes dans les épaules de Frère Chien. Il émit un cri strident et tenta de se dégager. Mais la Jeune Fille Se Changeant En Ours le souleva du sol, et ses pieds gigotèrent en l'air tel un pendu.

— *Lâche-moi !* hurla-t-il. *Lâche-moi !*

Il était à moitié un esprit, mais également à moitié un homme, et il n'avait pas la force nécessaire pour se libérer. Seul un être de sa propre espèce pouvait le tuer, mais elle était comme lui — mi-bête, mi-esprit — et c'était ce qu'il avait oublié.

Elle poussa un grondement qui donna à Jim des picotements tout du long de son échine. Puis elle ouvrit sa poitrine d'un formidable coup, déchirant peau, muscles et côtes, et arracha son cœur palpitant. Elle le brandit dans sa poigne ensanglantée et gronda à nouveau.

Jim entendit d'autres cris autour de lui. Pour la foule horrifiée, cela devait donner l'impression que Catherine avait arraché le cœur de Frère Chien. Du sang giclait partout. Frère Chien tituba, glissa et tomba sur le sol en se tenant la poitrine. Il toussait et suffoquait.

Il leva la main vers la Jeune Fille Se Changeant En Ours pour qu'elle lui rende son cœur, mais elle fit un pas en arrière et commença à descendre les marches. A chaque marche, les ombres autour de ses poils hérissés s'estompèrent, et les ombres diminuèrent. Les griffes disparurent et dans ses yeux la lueur rouge s'éteignit. A la septième marche, elle était redevenue Catherine. Son visage était livide à cause du choc, et elle tenait toujours le cœur de Frère Chien dans sa main, mais elle était redevenue Catherine Oiseau Blanc.

Frère Chien se redressa et s'agrippa à la rampe de métal.

— Catherine, dit-il, rends-moi mon cœur.

Catherine se tenait immobile, son cœur en l'air. Du sang et de la pluie ruisselaient sur la manche de sa veste. Elle se tourna vers Jim et lui lança un regard éperdu.

— Je t'aime, Catherine, dit Frère Chien. Je t'en prie, rends-moi mon cœur.

Jim forma un mot avec ses lèvres.

— *Non!*

Frère Chien descendit les marches, une à une. Ses mains couvertes de sang glissaient le long de la rampe, centimètre par centimètre.

— Je t'en prie, Catherine. Je t'en supplie!

Catherine fit un autre pas en arrière. Frère Chien voulut se jeter sur elle, mais il trébucha et tomba à ses pieds. Il resta étendu de tout son long, un pied parcouru de spasmes. Puis il ne bougea plus. Du sang coula au bas des marches puis disparut dans l'herbe au-dessous. Henry Aigle Noir s'approcha, passa son bras autour des épaules de Catherine, et la serra contre lui.

— Je suis désolé, dit-il. Tu ne peux pas savoir à quel point je suis désolé.

— Est-ce qu'il est mort? demanda Catherine.

— Il est à moitié humain mais il est également à moitié un esprit. Il peut survivre quelque temps sans cœur.

— Il *a l'air* mort.

Jim parcourut du regard le terrain de football. Les spectateurs, immobiles sous la pluie, le regardaient fixement, abasourdis et terrifiés. Il entendit des sirènes dans le lointain. Sur le terrain lui-même, les joueurs étaient figés sur place, semblables à des statues. Frère Chien gisait sur les marches, brisé et silencieux. La pluie pénétrait son poncho et son sang tombait goutte à goutte des gradins vers le sol en contrebas.

— Allons, dit Jim à Catherine en tendant la main. Tu ferais mieux de me donner ça.

A ce moment, Frère Chien, d'une brusque détente, saisit la cheville de Catherine. Elle trébucha, se cogna contre son père, lequel trébucha à son tour. Frère Chien se remit debout avec difficulté et empoigna le bras de Catherine, essayant de reprendre son cœur.

— *Catherine!* cria Jim.

Et il leva les mains en l'air, encore plus haut. Il ne réalisa pas que Catherine lui avait lancé le cœur jusqu'à ce que celui-ci lui arrive dessus en tournant comme un soleil et en répandant du sang tout autour de lui. Il le rattrapa au vol, et le cœur produisit un claquement dans ses mains... le cœur avec ses artères qui dépassaient. Le tenant entre ses paumes, Jim s'élança vers le bas des gradins détrempés en essayant d'éviter les spectateurs ahuris. Certains tentèrent, sans beaucoup de conviction, de saisir les pans de sa veste pour l'arrêter, tout simplement parce qu'ils ne comprenaient pas ce qui se passait.

Frère Chien se lança à sa poursuite. Tous deux glissèrent et trébuchèrent sur le bois mouillé, mais Jim parvint à ne pas perdre l'équilibre jusqu'à ce qu'il atteigne le terrain. Il arriva comme un boulet de canon sur des spectateurs éberlués, se fraya un passage parmi eux, puis traversa le terrain aussi vite que possible, en zigzaguant entre les joueurs. La pluie lui cinglait le visage comme un plein seau de sel glacial, et ses chaussures faisaient gicler les flaques d'eau.

Il pensa qu'il était tiré d'affaire. Il pensa qu'il *devait* être tiré d'affaire. Puis il jeta un coup d'œil par-dessus son épaule et vit que Frère Chien se trouvait à cinq ou six mètres seulement derrière lui, et qu'il le rattrapait. Sa poitrine déchiquetée pendait mollement. Ses poumons étaient gonflés tels deux ballons ensanglantés. Pourtant il continuait de courir et ses yeux jaunes brûlaient de haine. Jim réalisa brusquement qu'il n'avait ni la vitesse de jambes ni la résistance nécessaires pour le distancer.

— *Mo!* cria-t-il à Mo Newton, l'un des plaqueurs de West Grove. *Mo, attrape ça et cours!*

Il lança le cœur à Mo et celui-ci le rattrapa au vol avant de comprendre ce que c'était.

— C'est *quoi*, ce truc ? Merde, c'est dégueu !

— *Cours !* hurla Jim.

Mo commença à courir et il était rapide, mais Frère Chien était encore plus rapide, même avec son corps éventré. Il fit un écart pour éviter Jim et eut juste le temps de dire « Salaud ! » avant de se lancer à la poursuite de Mo sous la pluie. Comme Jim, Mo avait certainement pensé qu'il était tiré d'affaire, et lorsqu'il atteignit la ligne des vingt mètres, il commença à ralentir son allure. A ce moment, Frère Chien saisit le dos de sa chemise de football et la déchira sur toute la longueur. Mo comprit qu'il n'avait aucune chance de se sauver. Il appela « Ron ! » et lança le cœur à Ron Hubbard, l'un de leurs demi-arrières. Celui-ci l'attrapa d'une main et se mit à courir vers la ligne de but d'Azusa.

Tout autour du terrain, la foule médusée regardait tandis que Frère Chien courait après Ron Hubbard et le rattrapait, mètre après mètre. Il était à moitié humain, et il ne pouvait pas survivre très longtemps sans un cœur, mais il courait pour sa survie, et cela faisait toute la différence. Ron Hubbard lança le cœur à Keith Altham, le quarterback, qui fit une passe presque tout de suite à Denzil Green, un autre plaqueur. Denzil était rapide et il adorait jouer au football histoire de rire. Il se mit à danser et à sautiller devant Frère Chien en brandissant le cœur de celui-ci comme un trophée de football, puis il pirouetta pour l'esquiver.

Mais Frère Chien saisit son casque et le tourna violemment, et Denzil fut seulement en mesure de lancer le cœur au hasard, d'un geste éperdu. Le seul joueur se trouvant à proximité était Russell Gloach. Il rattrapa le cœur au vol adroitement, le regarda d'un air totalement dégoûté, puis entreprit de remonter le terrain d'un pas lourd en soulevant des gerbes d'eau.

— *Cours, Russell !* lui cria Jim. *Pour l'amour du ciel, cours !*

Russell maintint son petit trot pesant et mesuré. Pendant ce temps, Frère Chien le rattrapait. Les pans de son poncho virevoltaient, il grinçait des dents, et son visage était un masque de haine absolue. Il se trouvait à trois mètres seulement de Russell lorsque celui-ci tourna la tête et le vit qui arrivait sur lui.

Ce fut une transformation complète. Russell rejeta sa tête en arrière, gonfla sa poitrine, et se mit à courir plus vite. Frère Chien tendit la main pour le saisir mais le manqua, et Russell courut encore plus vite. La pluie commença à diminuer d'intensité comme il fonçait à travers les flaques d'eau, franchissait la ligne des trente-cinq mètres, puis la ligne des cinquante mètres, en soulevant des gerbes d'eau. Tous les spectateurs criaient, poussaient des acclamations et applaudissaient, même si la plupart d'entre eux ne comprenaient pas ce qui se passait, et ne réalisaient pas que la poitrine de Frère Chien était ouverte.

Frère Chien perdit l'équilibre en atteignant la ligne des cinquante mètres, trébucha et tomba sur les genoux. Russell continua de courir jusqu'à la ligne de but et exécuta un petit ballet triomphal. A présent les nuages s'étaient éloignés, et l'air était chaud et moite. Jim s'approcha de Frère Chien et se tint devant lui. Frère Chien était sur le point de s'effondrer. Il ôta ses lunettes essuya les verres jaunes, puis il leva les yeux vers Jim. Il y avait une expression sur son visage qui n'était pas de la haine, ni de la colère. Cela ressemblait davantage à de la résignation.

— Alors, homme blanc, on dirait que tu m'as battu, finalement !

Jim demeura silencieux. Trois policiers traversaient le terrain dans leur direction, et il leva la main pour les avertir de rester à distance.

— Peut-être aurais-je dû comprendre que les temps ont changé, déclara Frère Chien. (Il cracha un filet de sang sur la pelouse.) Peut-être aurais-je dû comprendre que le monde n'a plus de place désormais pour des créatures comme moi.

— Tu voudrais que j'éprouve de la compassion pour toi ? Par ta faute, un garçon innocent a été assassiné, et j'ai perdu la femme que j'aimais... et quoi que je pense de John Trois Noms, il ne méritait pas de mourir, lui non plus.

— Si je pouvais récupérer mon cœur..., dit Frère Chien.

— Je ne te rendrai pas ton cœur. Tes jours sur cette terre sont terminés, Coyote.

— Mais tu oublies une chose. J'ai un certain pouvoir sur la mort. Des vies sont prises, oui. Mais des vies peuvent être rendues, n'est-ce pas ?

— De quoi parles-tu ?

— Je parle d'un marché, homme blanc. Je parle de récupérer mon cœur.

— Tu veux dire que tu peux ramener ces gens à la vie ? Mais qu'est-ce que tu racontes ! La femme que j'aimais, elle a été décapitée, et ensuite son corps a été brûlé. C'était un sacrifice en ton honneur.

— Qu'est un sacrifice ? Un présent, c'est tout. Et on peut toujours renvoyer des présents.

— Je ne te crois pas.

Frère Chien baissa la tête et cracha à nouveau du sang.

— C'est ton privilège. Mais ne serait-ce pas merveilleux si c'était *vrai* ?

Jim demeura silencieux de longs instants. Il jeta un regard à la ronde et vit que tous les spectateurs se tenaient aux abords du terrain, l'air anxieux. Il vit que les deux équipes l'observaient avec stupeur. Il vit que les nuages étaient emportés par le vent, et que le soleil faisait son apparition.

— Si je te rends ton cœur, dit-il, tu dois me promettre une chose. Tu dois promettre de laisser Catherine Oiseau Blanc en paix, pour toujours. Tu dois rentrer à Fort Defiance, et si tu veux une épouse, tu devras te trouver une jeune fille navajo qui désire vraiment t'épouser.

« Si jamais je subodore que tu t'approches à nouveau de Catherine Oiseau Blanc, alors, crois-moi, je te retrouverai et tu souhaiteras n'avoir jamais été conçu, ne serait-ce qu'en pensée !

Frère Chien acquiesça de la tête.

— Ne vous inquiétez pas, monsieur Rook. Je ne la toucherai plus jamais.

Jim fit signe à Russell d'approcher et celui-ci lui donna le cœur.

— Tu mérites une médaille, dit Jim.

Et il donna à Russell une bourrade amicale. Puis il tendit le cœur à Frère Chien. Celui-ci le contempla un moment, puis le prit et le fourra dans sa poitrine comme un homme range son portefeuille. Il se passa la main sur le devant du corps, et ses os se ressoudèrent en produisant un étrange craquement. Enfin, sa peau recouvrit sa plaie béante comme de la cire qui fond.

Il se remit debout.

— Peut-être aurais-je dû comprendre que les temps ont changé, dit-il à nouveau, presque avec regret. Un si grand nombre d'entre nous sont morts, mais cela s'est passé il y a longtemps, du moins ainsi que vous autres les humains voyez les choses. Il est peut-être temps d'oublier.

Il leva le sifflet que Jim portait à son cou.

— Si jamais tu éprouves le besoin d'avoir des renforts spirituels, siffle et je viendrai, d'accord ?

A ce moment, Catherine Oiseau Blanc les rejoignit, suivi d'Henry Aigle Noir.

— Je ne sais pas comment vous remercier, dit-elle à Jim.

— Tu peux commencer en pardonnant à ton père, répondit-il. Et ensuite tu peux essayer d'obtenir les meilleures notes en anglais de tous les temps !

Il se retourna pour parler à Frère Chien, mais celui-ci avait disparu. Il n'avait même pas laissé d'empreintes de pas. Le soleil brillait sur le terrain de football et il y avait une forte odeur d'ozone dans l'air. Le match avait été joué, les deux équipes avaient perdu, et son combat contre Coyote était terminé.

Catherine prit sa main et ils se dirigèrent ensemble vers le collège. Elle était trempée et ses cheveux pendaient lamentablement sur ses épaules, mais elle était toujours très belle.

— Vous arrive-t-il de sortir avec vos élèves ? lui demanda-t-elle en serrant sa main.

Il lui sourit et serra sa main à son tour.

— Non, répondit-il. Jamais.

Plus tard ce soir-là, à la morgue de West Grove, le corps de Martin Amato, le capitaine de l'équipe de football, se contracta brusquement et bougea. Dans une autre morgue, à Window Rock, Arizona, le corps de John Trois Noms, le journaliste navajo, émit une plainte rauque.

Et derrière l'hôtel Nation Navajo, le vent commença à souffler telle une petite tornade, et des lumières bleutées se mirent à scintiller. De la poussière et des cendres furent emportées dans l'air.

Puis, lentement, une main de femme sortit du sol.

Achevé d'imprimer en février 2000
sur les presses de l'Imprimerie Bussière
à Saint-Amand (Cher)

POCKET - 12, avenue d'Italie - 75627 Paris Cedex 13
Tél. : 01-44-16-05-00

— N° d'imp. 352. —
Dépôt légal : juin 1999.

Imprimé en France